*TEOLOGIA PÚBLICA
E O CONCÍLIO VATICANO II*

MARCIANO VIDAL

TEOLOGIA PÚBLICA E O CONCÍLIO VATICANO II
Um "novo modo" de ser cristão no mundo

DIREÇÃO EDITORIAL:
Pe. Marcelo C. Araújo, C.Ss.R.

COORDENAÇÃO EDITORIAL:
Ana Lúcia de Castro Leite

TRADUÇÃO:
Pe. Marcelo C. Araújo, C.Ss.R.

REVISÃO:
Ana Lúcia de Castro Leite
Cristina Nunes
Luana Galvão

CAPA E DIAGRAMAÇÃO:
Bruno Olivoto

Título original: *Concilio Vaticano II y teología pública: un "nuevo estilo" de ser cristiano en el mundo*
© Editorial El Perpetuo Socorro
Madri, Espanha, 2012

Dados Internacionais de Catalogação na Publicação (CIP)
(Câmara Brasileira do Livro, SP, Brasil)

Vidal, Marciano
    Teologia pública e o Concílio Vaticano II: um "novo modo" de ser cristão no mundo / Marciano Vidal; (tradução Marcelo C. Araújo) – Aparecida, SP: Editora Santuário, 2014.

    Título original: Concilio Vaticano II y teología pública: un "nuevo estilo" de ser cristiano en el mundo.
    Bibliografia.
    ISBN 978-85-369-0348-4

    1. Concílio Vaticano (2º: 1962-1965) – História 2. Cristianismo 3. Igreja Católica – História 4. Teologia I. Título.

14-07484   CDD-262.52

Índices para catálogo sistemático:
1. Concílio Vaticano 2º: História 262.52

Todos os direitos em língua portuguesa
reservados à **EDITORA SANTUÁRIO** – 2014

Composição, CTcP, impressão e acabamento:
EDITORA SANTUÁRIO - Rua Padre Claro Monteiro, 342
12570-000 - Aparecida-SP - Fone: (12) 3104-2000

DEDICATÓRIA

Com particular carinho, comemoro com esta obra o jubileu sacerdotal (9/9/1962) de um grupo de companheiros, que estudamos juntos humanidades em El Espino (Santa Gadea del Cid, Burgos); iniciamos juntos na Filosofia e Teologia em Laguna de Duero (Valladolid); no mesmo dia professamos em Nava del Rey (Valladolid); e fomos ordenados sacerdotes na mesma celebração em Laguna de Duero (Valladolid).

Ao apresentar nossos nomes e sobrenomes, recordamos nossos pais, nossos irmãos, nossos sobrinhos e sobrinhos-netos. Não nos esquecemos dos que estiveram conosco em alguma fase de nossa caminhada formativa. Também recordamos nossos professores e formadores, bem como os companheiros de etapas anteriores e posteriores.

Sentimo-nos ligados pelo afeto e apreço mútuo e estamos comprometidos com a mesma missão de serviço do Reino na Congregação do Santíssimo Redentor. Por ordem de idade e de chegada em El Espino, somos:

Rufino Tedejo Martínez – Pablo Vega Cavero – Marciano Vidal García – Manuel García Fernández – Luis Gil Pascual – Gerardo Caballero Álvarez.

APRESENTAÇÃO

Cada vez com maior nitidez, o Concílio Vaticano II se apresenta como o acontecimento eclesial mais importante do século XX. Nasceu de uma decisão do Papa João XXIII (1881-1963), que pensou "estar os tempos maduros para oferecer à Igreja Católica e a toda a família humana um novo concílio ecumênico que continuasse a série dos vinte grandes sínodos que, ao longo dos séculos, tanto contribuíram para o incremento da graça celeste nos espíritos dos fiéis e para o progresso do cristianismo"[1].

Com a morte do papa Roncalli (3 de junho de 1963), Paulo VI (1897-1978), eleito papa em 21 de junho de 1963, no dia seguinte a sua eleição, tomou a decisão de continuar o Concílio. De acordo com a legislação então vigente, ao morrer o papa que convocou um concílio, este último fica suspenso à espera da decisão do novo papa de dar-lhe continuidade ou não.

A bibliografia sobre o Concílio Vaticano II é abundante. A particularidade da abordagem que a presente obra faz do Concílio é a de interpretá-lo como dinamismo eclesial de grande atualidade e de notável força para orientar o Cristianismo do presente e do futuro. Mais precisamente, teve especial preocupação de ler no evento conciliar a proposta de um novo modo de presença dos cristãos no mundo de hoje, como

---

[1] Constituição Apostólica *Humanae Salutis* de 25.12.1961.

se quer expressar no subtítulo deste livro. Impulsionado por esse interesse, recorri a um texto, publicado na revista *Iglesia Viva*[2], no qual formulo minha compreensão a respeito da presença significativa do cristão na sociedade atual. Pode-se falar em linguagem acadêmica, que a leitura que se faz do Concílio Vaticano II no presente escrito corresponde preferencialmente ao campo disciplinar da *Teologia Pública*, de onde vem o título geral do livro.

Como está indicado na *Dedicatória*, com esta obra brindo pela vida de um grupo de companheiros, que um mês antes do começo do Concílio Vaticano II, fomos ordenados sacerdotes (9 de setembro de 1962) para o serviço da Igreja e da sociedade na Congregação do Santíssimo Redentor.

---

[2] N. 237 [2009], p. 37-65.

I

O SIGNIFICADO HISTÓRICO-TEOLÓGICO DO VATICANO II

1
A História dos Concílios

O Concílio Vaticano II situa-se no chamado "fenômeno conciliar", que é inerente e essencial ao cristianismo. Tal fenômeno tem uma dupla dimensão:

– A *dimensão teológica* que expressa e realiza o princípio eclesiológico da "*sinodalidade*". De acordo com uma expressão antiga, a Igreja é sínodo, isto é, comunhão de fato e celebração dessa comunhão.

– A *dimensão histórica,* considerando-se que todo concílio é um fato no devir histórico eclesial e que apresenta determinados significados para a Igreja e para sociedade em geral.

Antes do Concílio Vaticano II, foram celebrados 20 concílios, que podem ser classificados da seguinte forma:

Primeiro Grupo: Os oito primeiros concílios situam-se no cristianismo primitivo. Foram realizados no contexto geográfico-cultural-religioso do Império Romano oriental e são tidos como propriamente "ecumênicos":

Niceia (325), Constantinopla I (381), Éfeso (432), Calcedônia (451), Constantinopla II (553), Constantinopla III (680), Niceia II (787), Constantinopla IV (869-870).

Nesses concílios, foram tratadas, em especial, questões dogmáticas de caráter cristológico e trinitário, e assuntos relacionados à liturgia, à vida dos ministros da Igreja e à precedência das diversas Igrejas.

Segundo Grupo: É composto pelos chamados "concílios gerais medievais", convocados e presididos pelo papa da Igreja Católica e celebrados num espaço de tempo que vai de começos do século XII até começos do século XVI: **Latrão I (1130), Latrão II (1139), Latrão III (1179), Latrão IV (1215), Lyon I (1245), Lyon II (1274), Viena (1311-1312), Constança (1414-1418), Florença com início em Ferrara (1439-1445), Latrão V (1512-1517).** Esses concílios tiveram fortes implicações no desenvolvimento da doutrina e, sobretudo, na orientação da vida dos cristãos em geral e, em particular, dos sacerdotes (e bispos). Defrontaram-se com as graves questões do Cisma do Ocidente, da união da Igreja Latina com a Igreja Oriental e da relação entre o concílio universal e o papado.

Terceiro Grupo: Na idade Moderna e Contemporânea foram realizados dois concílios singulares:

O **Concílio de Trento** (1545-1563), que foi importante para responder aos desafios da Reforma Protestante e para configurar a coesão interna do catolicismo, tendo notável influência social. Essa forma de catolicismo, chamado com razão de *pós-tridentino*, perdurou até o Concílio Vaticano II.

O **Concílio Vaticano I** (1869-1870) foi o da exaltação dogmática e jurisdicional do papado, numa época em que o poder temporal da Igreja (Estados Pontifícios) desapareceu e seu poder espiritual ganhou maior relevância.

Embora situado na sequência do fato conciliar, a constituição e o desenvolvimento do **Concílio Vaticano II** apresentam peculiaridades que o tornam um "fato único" no fenômeno conciliar da Igreja. Deixando para os capítulos posteriores a exposição dos significados desta assembleia conciliar, destacamos aqui alguns dados que caracterizam a singularidade do Vaticano II:

– Quanto a sua composição, nunca se viu uma reunião tão numerosa de bispos nem uma afluência simultânea de tantos teólogos. Por essa razão, K. Rahner pôde dizer que era o primeiro concílio propriamente "ecumênico".

– Quanto ao número de participantes, o Concílio Vaticano II reuniu por volta de 3.000 pessoas. A maior parte era padres conciliares (cerca de 2.500); um bom número era de *experts* (peritos) ou assessores (uns 480 teólogos); um grupo significativo de *observadores*; e alguns *auditores*. Lamentou-se a ausência de muitos pastores da Igreja por encarceramento ou outros motivos políticos. Acrescentando-se os responsáveis pelos meios de comunicação social e outras muitas pessoas implicadas no evento, calcula-se que aproximadamente 7.500 pessoas estiveram presentes em Roma em razão do Concílio.

No Concílio de Niceia estiveram presentes 318 bispos, no de Éfeso encontraram-se 200 bispos e no de Calcedônia, 150. No Primeiro de Latrão participaram perto de 900 bispos e abades, quase todos procedentes da Europa. No de Trento houve uma variação numérica notável segundo as etapas, alcançando a cifra de 5 cardeais, 3 patriarcas, 33 arcebispos, 235 bispos, 7 abades e 7 superiores gerais de ordens e congregações masculinas (e 160 teólogos); não houve a participação de ninguém procedente das já consolidadas Igrejas da América. O Vaticano I contou com um total de 809 participantes: 49 cardeais, 11 patriarcas, 680 bispos e arcebispos, 28 abades, 29 superiores gerais de ordens e congregações masculinas.

– A razão da convocação do Vaticano II não foi oriunda, como ocorreu em quase todos os concílios anteriores, nem de uma heresia nem de uma questão organizativa concreta que era preciso corrigir ou combater. A assembleia foi constituída para "pensar" a presença e a atuação da Igreja no momento presente.

– O Concílio Vaticano II foi criando uma autoconsciência eclesial. A assembleia conciliar não somente "fez", como também, antes e principalmente, tomou consciência de seu "ser". Livre de toda pressão ou hipoteca social, conseguiu também a liberdade interna de "ser" e "agir" como expressão máxima da eclesialidade.

– Os gêneros literários em que se consignaram os resultados da assembleia distanciaram-se em muito dos conhecidos e dos utilizados nos concílios anteriores.

– Conforme se vai constatando, os documentos foram aprovados com a grande maioria dos votos. No Vaticano I, durante a votação da Constituição Pastor Aeternus, os votantes possíveis eram 601, dos quais perto de 50 bispos ausentaram-se da sessão, 88 votaram contra e 65 votaram *placet iuxta modum*.

Vieram ao Concílio Vaticano II "mais bispos que os previstos. De última hora tiveram de organizar mais algumas tribunas na aula conciliar, porque não cabiam nos assentos previstos. Os organizadores romanos imaginavam que muitos bispos não viriam porque, talvez como eles, não estavam interessados. Mas a presença majoritária provou que estavam interessados, ainda que os documentos prévios que receberam fossem para não entusiasmar ninguém"[1].

Complemento Bibliográfico

Para se aprofundar nos temas deste capítulo:

1. Sobre a teologia e a práxis histórica do "fenômeno conciliar" (sínodos, concílios etc.) no catolicismo, recomenda-se:
A síntese de S. MADRIGAL, *Concilios*: J. J. TAMAYO (ed.), Nuevo Diccionario de Teología. Editorial Trotta (Madri, 2005), 155-165.

2. Sobre a história dos concílios existe abundante bibliografia, nem toda apresentando boa crítica. Indico quatro obras não muito volumosas e de fácil leitura:
H. JEDIN, *Breve Historia dos Concílios*. Herder (Barcelona, 1963).
G. ALBERICO, *Los Concilios Ecuménicos. Encrucijadas en la Historia de la Iglesia*. Ediciones Sígueme (Slamanca, 1999).
Kl. SCHATZ, *Los Concilios Ecuménicos*. Editorial Trotta (Madri, 1999).
N. TANNER, *Los Concilios de la Iglesia*. BAC (Madri, 2003).

---

[1] J. Gomes, Recuerdos del início del Vaticano II. Phase 52 [2012] n. 310, 365-366.

2
HISTÓRIA INTERNA DO CONCÍLIO

O Concílio Vaticano II desenvolveu-se ao longo de quatro sessões (períodos), de 11 de outubro de 1962 a 7 de dezembro de 1965, com a Eucaristia de encerramento oficial no dia 8 de dezembro de 1965, Festa da Imaculada Conceição. Com exceção dos concílios de Constança e de Trento, a maior parte dos concílios não durou mais de 2 ou 3 meses. Antes da celebração propriamente dita, o Vaticano II teve um anúncio e uma fase de preparação.

1. O Anúncio

O Concílio foi anunciado por João XXIII no dia 25 de janeiro de 1959, na Basílica de São Paulo fora dos Muros (Roma), na conclusão da missa da Festa da Conversão de São Paulo, a um pequeno grupo de cardeais, mais precisamente dezessete. Essa decisão papal já era de conhecimento do Cardeal Domenico Tardini (1888-1961), Secretário de Estado e, provavelmente, de outros eclesiásticos consultados em segredo. Essa ideia foi amadurecida pelo romano pontífice, conhecedor da história da Igreja, que a teve por uma inspiração "vinda do alto".

Na Constituição Apostólica *Humanae Salutis* de 15 de dezembro de 1961, com a qual era convocado oficialmente o Concílio, João XXIII situou sua decisão no contexto de inspiração divina e de decisão pessoal: "acolhendo como vinda do alto uma voz íntima de nosso espírito"[1].

O anúncio foi uma surpresa para muitos (entre os quais para o cardeal F. Spellman, arcebispo de Nova York; para o cardeal G. Lercaro, arcebispo de Bolonha; e para o cardeal G. B. Montini, arcebispo de Milão), principalmente por se considerar que vinha de um papa octogenário, visto como "de transição". Parece que Pio XI e Pio XII pensaram em continuar o Vaticano I, que não foi oficialmente encerrado em razão da entrada das tropas piemontesas em Roma sob o comando do general Cadorna em setembro de 1870. No entanto, esses papas não atreveram a fazê-lo. Em alguns ambientes teológicos e eclesiásticos havia a impressão de que se encerrara o ciclo dos concílios universais, pois a proclamação do dogma da infalibilidade papal os tornara desnecessários[2].

Diante das tendências contrárias ao concílio universal, os movimentos teológicos e eclesiais de renovação cristã (litúrgica, ecumênica, patrística, bíblica etc.) acolheram com especial interesse o anúncio de João XXIII. A maior parte das organizações cristãs não católicas, tanto do Oriente como as provenientes da Reforma, enviaram mensagens de boas-vindas à iniciativa papal[3]. Até mesmo a imprensa internacional (Le Figaro, Le Monde, New York Herald Tribune, New York Times, La Vanguardia etc.) acolheu positivamente o anúncio de um

---

[1] CONCÍLIO ECUMÉNICO VATICANO II, *Constituciones, Decretos y Declaraciones*. Edição bilíngue publicada pela Conferência Episcopal Espanhola, Madri 2004, 1069. O discurso de João XXIII, no qual foi anunciado o Concílio não foi publicado no L'Osservatore Romano e se encontra em AAS 51 (1959) 65-69.

[2] Ver testemunhos em: Y. Congar, *Le Concilie de Vatican II* (Paris, 1984) 51-52.

[3] M. LAMBERIGTS – G. SOETENS (eds.), *À la Veille du Concile Vatican II*. Vota et Réactions en Europe e dans le Catholicisme Oriental (Lovaina 1992).

novo Concílio. O papa Roncalli, de sua parte, não quis que o novo concílio fosse continuação do Vaticano I, por isso, em 14 de junho de 1959, comunicou ao cardeal Tardini que o futuro concílio seria denominado Vaticano II.

2. Fase Preparatória

Na Solenidade de Pentecostes de 1959, constituiu-se uma comissão preparatória, presidida pelo cardeal D. Tardini, Secretário de Estado[4], e Pericle Felici, canonista assessor da Rota, foi nomeado seu secretário. A comissão foi composta por 10 cardeais da Cúria Romana, quase todos italianos. Essa comissão não logrou agrados nem ilusões. Contudo, foi inovadora num aspecto: pela primeira vez a preparação do concílio não dependia do Santo Ofício, mas da Secretaria de Estado, que estava mais próxima e afinada ao papa. O secretário da comissão preparatória manteve-se no cargo durante todo o evento conciliar.

A comissão preparatória realizou entre 1959-1960, uma consulta sobre as questões que deveriam ser tratadas pelo concílio. Foi uma consulta ampla (todos os bispos, superiores de ordens e congregações religiosas, faculdades eclesiásticas), não se limitou a algumas pessoas como ocorreu no Vaticano I (47 bispos) e foi *aberta*, não direcionada por um questionário. De um total de 2.598 pessoas (e instituições) consultadas, 1.998 responderam. As sugestões, no geral, foram pouco inovadoras e muito repetitivas, com conteúdo bastante marginal, e muito repetitivas. Os postulados agrupados em 54 temas e divididos em 11 grupos, foram 2.281. A síntese de todas as sugestões compôs um volume de 1.500 páginas.

---

[4] V. CARBONE, *Il Cardinale Domenico Tardini e la Preparazione del Concilio Vaticano II*: Rivista di Storia dela Chiesa in Italia 45 (1991), 42-88.

A preparação propriamente dita do Concílio, em 5 de junho de 1960, foi confiada a uma Comissão cardinalícia central, presidida pelo cardeal Alfredo Ottaviani, e a dez comissões preparatórias (grupos de trabalho) para as diversas áreas temáticas[5]. As comissões eram presididas pelos cardeais presidentes das Congregações Romanas. A novidade foi a criação de duas comissões: a do Apostolado dos Leigos, presidida pelo cardeal Fernando Cento, e a do Secretariado para a Unidade dos Cristãos[6], presidida pelo cardeal Agostinho Bea.

À Comissão do Apostolado Leigo, ao longo do Concílio, com frequência, foi dada "pouca importância". A partir do período de recesso entre as sessões de 1963, ela passou a fazer parte de uma comissão conjunto doutrina-leigos. Sua atuação foi importante para a redação de *Gaudium et Spes*[7].

O trabalho do Secretariado para a Unidade dos Cristãos foi decisivo não somente para os temas de ecumenismo, mas também para a preparação da Constituição *Dei Verbum* e para a Declaração sobre a liberdade religiosa, *Dignitatis Humanae*.

O predomínio inicial da Cúria Romana nas comissões foi atenuado, em primeiro lugar, pela decisão do papa de que os secretários das comissões deviam ser escolhidos entre pessoas não pertencentes à Cúria e, em segundo lugar, pela incorporação de bispos do mundo inteiro e de teólogos de diversas tendências nas comissões. Alguns destes teólogos incorporados aos trabalhos preparatórios do Concílio, haviam sido condenados na época de Pio XII (H. de Lubac, Y. Congar etc.). A

---

[5] A. INDELICATO, *Difendere la Dottrina e Enunciare L'Evangelo. Il Dibattito nella Comissione Centrale Preparatoria del Vaticano II* (Gênova, 1992). G. ALBERIGO – A. MELLONI (eds.) *Verso il Concilio Vaticano II. Passaggi e Problemi della Preparazione Conciliare 1960-1962* (Gênova, 1993).

[6] Sobre o trabalho desse Secretariado na preparação da *Dei Verbum* (também teve importante influência na redação de *Dignitatis Humanae*): J. FEINER, *La Contribution du Sécretariat pour L'Unité des Chrétiens à la Constitution Dogmatique sur la Révélation Divine*. VÁRIOS, Vatican II: La Révélation Divine, I (Paris, 1968), 119-153.

[7] C. APARICIO, *Il Contributo dei Laici nella Prima Tappa di Elaborazione della "Gaudium et Spes"*: Ricerche Teologiche (2007) 391-419.

Comissão Preparatória constitui-se em uma espécie de concílio antes do Concílio, teve cinco reuniões gerais e, nela, trabalharam 101 pessoas durante dois anos. Os membros das dez comissões e dos secretariados foram cerca de 700. Foi elaborado um conjunto de 70 projetos, cuja orientação geral correspondia à teologia romana da época precedente. Seu conteúdo era uma "síntese" da doutrina dos últimos pontífices, particularmente do extenso magistério de Pio XII.

Nos ambientes eclesiásticos conservadores, a partir desse amplo material, pensou-se que o Concílio seria de curta duração e que os padres conciliares se limitariam a referendar os textos preparados. Entretanto, convém não esquecer que na fase de preparação dos documentos já houvera tensas discussões, colocando de um lado os representantes da Cúria Romana e teólogos dos centros acadêmicos romanos e, do outro, os bispos (principalmente os cardeais) e os teólogos vindos de fora de Roma. Começaram a despontar dois nomes como representantes de cada uma das partes: o cardeal A. Ottaviani, prefeito do Santo Ofício, e o Cardeal A. Bea. No final da fase preparatória do Concílio, junto às orientações de caráter conservador, perfilavam-se desejos e propostas que olhavam para o futuro e pensavam mudanças.

O cardeal F. Köning, entre muitos outros, numa conferência a jornalistas católicos na Festa de São Francisco de Sales (30 de janeiro de 1961)[8], expressou esses desejos e orientações de mudanças. Segundo ele, fora dos círculos mais comprometidos com a preparação do Concílio, "os católicos estão unanimemente a favor do Concílio, os governos permanecem absolutamente neutros. Não se percebe nenhum tipo de oposição. (...) A provocação que constitui o comunismo para toda a cristandade, a

---

[8] O texto da conferência, publicado na ocasião, foi recuperado por La Documentation Catholique: F. KÖNIG, *"Le Concile est l'affaire de toute l'Église"*, La Documentation Catholique 109 (2012), n. 2.481, 29-32.

frente de oposição de todos os cristãos ante o inimigo comum, o perigo de divisão criado pelas seitas, aguçam fortemente o desejo da unidade cristã perdida e criam uma grande esperança em relação ao próximo Concílio"[9].

No dia 2 de fevereiro de 1962, através do *motu proprio* *"Consilium diu"*[10], o papa João XXIII fixou a data de abertura do Concílio para o dia 11 de outubro desse ano, argumentando que escolheu essa data porque ela trazia à memória o grande Concílio de Éfeso (*in memoriam redigit maximam illam Ephesinam Synodum*), depois que Pio XI em 1931, no XV centenário deste Concílio, instituíra a Festa da Divina Maternidade de Maria[11], cuja celebração foi fixada para 11 de outubro[12].

O Concílio tinha sido convocado oficialmente no Natal de 1961, através da Constituição Apostólica *Humanae Salutis* (25 de dezembro de 1961)[13]. Nela se destaca o tom otimista: sendo consciente da "dor e da angústia" do tempo presente, o papa "percebe

---

[9] *Ibid.*, 30.

[10] AAS 54 (1966) 65-66.

[11] Encíclica *Lux Veritatis*: AAS 23 (1931) 493-517.

[12] Essa união entre os concílios de Éfeso e do Vaticano II pela data de 11 de outubro e com um substrato mariano, foi destacada tanto por João Paulo II (Catequese de 13 de dezembro de 1995), como por Bento XVI (Discurso aos participantes no XXIII Congresso Mariológico Mariano em Castelgandolfo, em 8 de setembro de 2012). É bom observar, no entanto, que João XXIII, no motu proprio, não se referiu explicitamente à celebração mariana e que o Concílio de Éfeso aconteceu de 22 de junho a 16 de julho de 431. Ao mesmo tempo, nos textos difundidos das intervenções de João Paulo II e de Bento XVI há mudanças na palavra inicial do *motu proprio* (Concilium em lugar de Consilium), e nas páginas citadas de AAS 64 (1962) 67-68, em lugar de 65-66. Bento XVI voltou a unir os dois concílios da seguinte forma: "Em 1931, Pio XI havia dedicado este dia (11 de outubro) à Festa da Maternidade Divina de Maria, para lembrar que em 1500 anos antes, 431, o Concílio de Éfeso havia reconhecido solenemente Maria com este título, a fim de expressar a indissolúvel união entre Deus e homem em Cristo. O papa João XXIII havia fixado esse dia para o início do Concílio com a intenção de encomendar a grande assembleia que havia convocado à bondade maternal de Maria e de ancorar firmemente o trabalho do Concílio no mistério de Jesus Cristo": Prefácio aos volumes Zur Lehre des Zweiten Vatikanischen Konzils, antecipado em L'Osservatore Romano, Edição Semanal em Língua Portuguesa 43 (13 de outubro de 2012) n. 41, p. 11.

[13] A tradução castelhana em: CONCILIO ECUMÉNICO VATICANO II, *Constituciones, Decretos y Declaraciones*. Edição bilíngue publicada pela Conferência Episcopal Espanhola (Madri, 2004) 1067-1077.

numerosos indícios que parecem almejar um tempo melhor para a humanidade e para a Igreja"[14]. Neste texto aparece o uso emblemático da expressão evangélica "os sinais dos tempos" (Mt 16,3)[15] e a Igreja é vista como "mais capacitada para solucionar os problemas do homem de nosso tempo"[16].

No verão europeu (1962) anterior ao Concílio, foram enviados para consideração dos bispos, sete esquemas: 1) sobre as fontes da revelação; 2) sobre o depósito da fé; 3) sobre a liturgia; 4) sobre a ordem moral; 5) sobre a castidade, o matrimônio, a família e a virgindade; 6) sobre os meios de comunicação social; 7) sobre a unidade da Igreja. Somente o esquema sobre a liturgia obteve consenso, enquanto os demais foram considerados muito distantes das expectativas já suscitadas pelo anúncio do Concílio. De fato, o esquema sobre a liturgia era resultado do trabalho de uma comissão em que a maioria dos representantes era proveniente do movimento litúrgico centro-europeu. Um detalhe sintomático a se recordar é que o teólogo, "perito", J. Ratzinger mostrou-se favorável aos documentos sobre a liturgia e sobre a unidade dos cristãos, porém, manifestou importantes reservas em relação aos demais documentos, de modo especial em relação ao documento *De Virginitate, Matrimonio et Familia*.

3. Inícios do Concílio

A celebração do Concílio se iniciou com a solene abertura em 11 de outubro de 1962. O discurso do papa João XXIII[17], *Gaudet*

---

[14] *Ibid.*, 1068.

[15] *Ibidem.*

[16] *Ibid.*, 1069.

[17] Pode-se encontrar a tradução castelhana em: CONCILIO ECUMÉNICO VATICANO II, *Constituciones, Decretos, declaraciones...*, 1089-1098.

Mater Ecclesia, foi o elemento mais importante da celebração litúrgica. Segundo o historiador G. Alberigo, ele constitui "o ato mais relevante do pontificado de João XXIII e um dos mais desafiadores e significativos da Igreja Católica na idade contemporânea"[18]. Foi composto pessoalmente pelo papa, segundo atestam os manuscritos e os testemunhos pertinentes. Nele, João XXIII expressa as convicções mais profundas que o levaram a convocar o Concílio e também estão esboçadas as orientações mais profundas que definem o *"espírito"* do Concílio:

- *A empatia para com o mundo atual.* Ante os "profetas de desgraças" ("que sempre anunciam o pior, como se estivéssemos diante do fim do mundo"), João XXIII sustenta que "no curso atual dos acontecimentos, em que parece que os homens começam uma nova ordem das coisas, tem de se reconhecer melhor os desígnios da Providência"[19].
- *Visão voltada para o futuro.* "É nosso dever não só conservar este tesouro precioso, como se nos preocupássemos unicamente da antiguidade, mas também dedicar-nos com vontade pronta e sem temor àquele trabalho hoje exigido, prosseguindo assim o caminho que a Igreja percorre há vinte séculos."[20]
- *Misericórdia ao invés de severidade.* "A Igreja, a esposa de Cristo, prefere usar mais o remédio da misericórdia a usar o da severidade. Julga satisfazer melhor às necessidades de hoje mostrando a validez de sua doutrina do que renovando condenações."[21]

---

[18] G. ALBERIGO, *Breve Storia del Concilio Vaticano III* (1959-1965) (Bolonha, 2006) 43.

[19] CONCILIO ECUMÉMICO VATICANO II, *Constituciones, Decretos, Declaraciones...*, 1092.

[20] *Ibid.*, 1094.

[21] *Ibid.*, 1095.

- *Discernir entre o permanente e o mutável.* "Uma coisa é a substância do 'depositum fidei', isto é, as verdades contidas na nossa doutrina, e outra é a formulação com que são enunciadas, conservando-lhes, contudo, o mesmo sentido e o mesmo alcance."[22]
- *Dar importância à forma de apresentar a mensagem cristã.* "Será preciso atribuir muita importância a esta forma e, se necessário, insistir com paciência, na sua elaboração; e dever-se-á usar a maneira de apresentar as coisas que mais corresponda ao magistério, cujo caráter é prevalentemente pastoral."[23]

As citações anteriores são provenientes do texto latino do discurso, que não corresponde de tudo ao original do papa, escrito em italiano. Este soa assim em um dos parágrafos importantes:

> "O *punctum saliens* deste Concílio não é, portanto, a discussão de um ou de outro artigo da doutrina fundamental da Igreja, numa repetição prolixa do ensinamento dos Padres e dos teólogos antigos e modernos, a qual se supõe sempre presente em espírito e ser familiar a ele. Para isso não seria necessário um concílio. Mas, trata-se da renovada, serena e tranquila adesão a todo o ensinamento da Igreja em sua integridade e precisão, como a que, todavia, brilha nas atas conciliares do Tridentino e do Vaticano I. O espírito cristão, católico e apostólico do mundo inteiro espera um salto à frente (*un balzo innanzi*) para uma penetração doutrinal e uma formação das consciências, em correspondência mais perfeita com a fidelidade à autêntica doutrina, através das formas de investigação e da formulação literária do pensamento moderno. Uma é a substância da antiga doutrina do *depositum fidei* e, outra, a formulação de seu revestimento; e isto é o que – com paciência se for preciso – deve-se ter em grande consideração, mensurando as formas e proposições de um magistério preferencialmente pastoral"[24].

---

[22] *Ibidem.*

[23] *Ibidem.*

[24] Reconstrução do original italiano em: G. ALBERIGO – A. MELLONI (ed.), *Fede, Tradizione, Profezia...*, 267-268. Tradução castelhana de: G. RUGGIERI, *El Vaticano II como Iglesia "en acto"*. ¿ *Qué Fue el Vaticano II?*: Concilium n. 346.

O discurso causou impacto, se bem que sua amplitude e alcance escaparam à maioria dos presentes. Foi no decorrer do "ato conciliar" que foi se explorando e desenvolvendo o significado que continham as palavras do papa Roncalli.

Na sequência do discurso inaugural de João XXII deve-se situar a Mensagem dos padres conciliares ao mundo (20 de outubro de 1962)[25], texto comentado (e provavelmente redigido) por M.-D. Chenu[26].

Um *Regulamento* foi elaborado para o funcionamento do Concílio, que foi aprovado em 6 de agosto e publicado em 5 de setembro de 1962. Este regulamento era o do Vaticano I que, por sua vez, tinha como base o regulamento do Lateranense. Na medida em que o Concílio progredia, foi necessária a introdução de adequadas modificações ao mesmo. Quanto ao idioma foi estabelecido o latim como língua oficial das sessões plenárias, se bem que, quando necessário, poderiam ser utilizadas outras línguas. Porém, essa concessão do Regulamento foi ignorada e se determinou o latim para as sessões plenárias, reservando-se para as comissões o uso de outras línguas. O patriarca melquita de Antioquia (Síria), Maximos IV Saigh (1868-1967), contrariando consciente e explicitamente o Regulamento, para não ter de usar o latim, utilizou-se do francês nas congregações gerais (sessões plenárias).

Fato peculiar neste Concílio foi a presença de *observadores* (começaram com 31 e terminaram com 93), que tiveram participação ativa nos trabalhos das comissões. Este fato não tinha precedentes na história da Igreja. Para o Vaticano I, foram convidados os ortodoxos e os protestantes, que não

---

[25] *Mensaje de los Padres del Concilio Ecuménico Vaticano II a Todos los Hombres* (20 de outubro de 1962): CONCILIO ECUMÉNICO VATICANO II, *Constituciones, Decretos, Declaraciones...*, 1075-1077.

[26] M.-D. CHENU, *El Evangelio en el Tiempo* (Barcelona, 1966) 619-625: "A mensagem do Concílio ao mundo".

responderam ao convite[27]. O Concílio de Trento, convocado para responder à ruptura da Reforma, não contou com a presença dos reformadores; os poucos que estiveram presentes no começo logo se ausentaram definitivamente. Nos Concílios de Lyon II e de Florença houve a intervenção de representantes da Igreja Ortodoxa de língua grega. Parece que, no Vaticano II, a presença de representantes da Igreja Ortodoxa Russa foi condicionada a uma não condenação oficial do comunismo pelo Concílio.

Os trabalhos do Concílios foram desenvolvidos através de vários tipos de reuniões: 1) Gerais: reuniões diárias de padres conciliares, observadores e auditores; 2) Públicas: reuniões solenes presididas pelo papa e abertas a todos; 3) Das Comissões (e Subcomissões): nelas eram preparados os esquemas que seriam propostos nas reuniões gerais. Foram dez comissões, que eram compostas por 16 membros eleitos pela assembleia conciliar e 9 designados pelo papa, mais um cardeal como presidente. Os teólogos "peritos" que assessoravam os padres conciliares para suas intervenções não entravam na aula conciliar.

Entre os órgãos de direção, contavam: 1) O Conselho de Presidência: dez membros nomeados pelo papa; 2) Moderadores: quatro cardeais encarregados de dirigir os debates; 3) Secretariado: um secretário e 5 subsecretários. O secretário geral do Concílio foi P. Felici, cuja eficácia foi unanimemente reconhecida, deixando-se de lado sua orientação teológica pessoal.

Problemas logísticos muito concretos como alojamento, alimentação, transporte e outros foram solucionados de forma satisfatória. O Concílio custou entre 30 e 40 milhões de euros atuais e contou com a generosa contribuição das conferências episcopais alemã e norte-americana.

---

[27] R. AUBERT, *Vatican i* (Paris, 1964) 48 ss.

Os encontros informais entre os bispos e os teólogos foram importantes para o desenvolvimento do Concílio. Eles foram adquirindo progressivamente graus diversos de formalização e possibilitaram o aumento do conhecimento efetivo e afetivo entre os participantes do Concílio. Houve grupos que se reuniam por afinidade linguística e também outros de caráter interlinguístico. Os meios de comunicação social, de modo especial a imprensa, desempenharam importante papel na difusão e na orientação da doutrina conciliar.

4. Desenvolvimento do Concílio

No primeiro dia dos trabalhos conciliares, 13 de outubro de 1962, aconteceu uma virada na direção do Concílio. Nesse dia seriam eleitos os membros das comissões conciliares. A Cúria previa, pelo fato do desconhecimento mútuo entre os padres conciliares, que seriam eleitos os mesmos membros que integraram as comissões na fase preparatória. Mas ocorreu algo inesperado. Quando o cardeal E. Tisserant, que presidia a sessão, ia proceder a votação, o cardeal A. Liénart, bispo de Lille, pediu a palavra, que lhe foi negada pelo presidente. No entanto, ele tomou o microfone e, depois de dizer "je la prends tout de même", pediu que se adiasse a votação a fim de que os padres conciliares tivessem oportunidade de se conhecer previamente. Um aplauso geral confirmou suas palavras. Aprovaram explicitamente a proposta os cardeais J. Frings (Colônia), F. König (Viena) e J. Döfner (Munique). Era o primeiro ato em que o Concílio começou a tomar consciência de seu protagonismo. Robert J. Dwyer, bispo estadunidense, com estas palavras, formulou essa nova sensibilidade: "Tomamos consciência de ser um Concílio e não uma classe de alunos de escola primária dirigidos ao som de tambores".

O Concílio se desenvolveu ao longo de quatro anos (1962-1965), em quatro períodos chamados sessões, celebradas durante os meses do outono do hemisfério norte. Aconteceram 168 "congregações gerais" e 10 sessões públicas.

Primeira Sessão (outono de 1962)

A liturgia, por decisão do papa João XXIII, foi o primeiro assunto a ser tratado (de 22 de outubro a 13 de novembro de 1962). Embora tenha provocado forte resistência da minoria conservadora, o esquema sobre a liturgia conquistou grande aceitação. O esquema sobre as *Fontes da Revelação* foi amplamente rejeitado (20 de novembro de 1962), mas não logrou alcançar a maioria de dois terços dos votos necessárias para a aprovação de um documento. O papa resolveu a questão, dizendo formalmente que a maioria de dois terços era necessária para a aprovação de um documento, mas não para sua rejeição. Com este e outros atos foi se configurando uma maioria de caráter progressista (a chamada "maioria"), ao mesmo tempo em que se consolidava a oposição da "minoria", expressão das posturas conservadoras. A assembleia conciliar decidiu também postergar a abordagem do esquema sobre Maria, a fim de aprofundar a reflexão para decidir se o tema mariano deveria ser tratado de forma independente ou dentro do tratado eclesiológico (foi esta segunda opção que mais tarde prevaleceu). A partir de 1 de dezembro, iniciou-se o trabalho sobre o tema eclesiológico, que caracterizou o momento de maior grandeza teológica e eclesial da primeira sessão. Os cardeais L.-J. Suenens e G. B. Montini propuseram (3 e 4 de dezembro) que os trabalhos do Concílio fossem organizados em torno do eixo eclesiológico: Igreja "ad intra" e Igreja "ad extra", que tornou-se uma ideia e opção metodológica de grande significado ao longo de todo o Concílio[28].

---

[28] L.-J. SUENENS, *Souvenirs et Espérances* (Paris, 1991) 65-79: "Le plan proposé en vue du Concile".

Apesar da aceitação geral, o "plano" proposto por Suenens recebeu críticas teológicas importantes, que se referiam a sua exagerada ênfase "eclesiocêntrica" e à perigosa dicotomia "ad intra" – "ad extra". Foram feitos outros "planos" como o do cardeal A. Bea em carta a Cicognani (15 de outubro de 1962) e do cardeal P.-É. Léger em *Supplica* ao papa João XXIII (19 de novembro de 1962). O teólogo Kahl Rahner também propôs o seu esquema[29].

O cardeal G. Lercaro sugeriu que a "Igreja dos pobres" fosse o "elemento de síntese", o ponto de iluminação e coerência de todos os "esquemas". Sua sugestão não foi rejeitada, porém, não teve os caminhos adequados para sua consideração teórica e, muito menos, para a verificação prática. O esquema sobre a Igreja foi de tal modo criticado e superado que foi elegantemente abandonado. Começou a se vislumbrar no horizonte uma outra eclesiologia. Também o documento sobre a unidade da Igreja foi remetido a uma nova composição. Somente as proposições essenciais do documento sobre os meios de comunicação social foram aceitas. A primeira sessão foi encerrada em 8 de dezembro sem nenhum documento aprovado de forma definitiva. Não obstante, ficava realizada a aprendizagem de "ser" e "agir" como uma autêntica assembleia conciliar.

Segunda Sessão (outono de 1963)

A Comissão de Coordenação criada por João XXIII e composta pelos cardeais Confalonieri, Döpfner, Liénart, Spellman, Suenens e Urbani (aos quais Paulo VI acrescentou os cardeais Agagianian, Lercaro e Roberti), teve um papel importante no período entre sessões. Ela se reuniu cinco vezes antes da reabertura do Concílio. Na

---

[29] G. WASSILOWSKY, *Universales Heilsakrament Kirche. Beitrag zur Ekklesiologie des II. Vatikanums* (Innsbruck, 2001) 180-192.

primeira reunião (de 21 a 27 de janeiro de 1963), reduziu o número dos esquemas preparatórios de 70 para 17 (baixando-o depois para 13 e, no final, foram aprovados 16). Esta decisão, além das implicações práticas, teve outros significados: o Concílio tendia a se distanciar cada vez mais da letra (e do espírito) dos documentos redigidos na fase preparatória.

No dia 11 de abril de 1963, o papa Roncalli, em fase avançada de sua doença, publicou a encíclica *Pacem in Terris*, dirigida não somente aos fiéis católicos, mas "a todos os homens de boa vontade". Tanto a letra como o espírito dessa encíclica, bem como a primeira de Paulo VI (*Ecclesiam Suam* de 6 de agosto de 1964), tiveram notável influência nos trabalhos do Concílio[30].

Com a morte de João XXIII (3 de junho de 1963), foi eleito o cardeal Montini que assumiu o nome de Paulo VI (21 de junho) e decidiu continuar o Concílio. A segunda sessão conciliar começou em 29 de setembro de 1963 com um discurso de Paulo VI, que declarou sua adesão incondicional ao Concílio e assinalou quatro objetivos: 1) Aprofundar na definição da Igreja; 2) A Renovação da Igreja Católica; 3) O restabelecimento da unidade de todos os cristãos; 4) O diálogo da Igreja com o mundo atual[31]. Ao estabelecer o quarto objetivo, as palavras do papa se fizeram calorosas e próximas:

> Nós olhamos para o nosso tempo e para as suas variadas e contrastantes manifestações, com imensa simpatia e com imenso desejo de oferecer aos homens de hoje a mensagem de amizade, de salvação e de esperança, trazida ao mundo por Cristo. "Non enim misit Deus Filium suum in mundum, ut iudicet mundum, sed ut salvetur mundus per ipsum": "Deus não mandou seu Filho ao mundo para julgar o mundo, mas para que, por Ele, o mundo seja salvo". Que o mundo saiba: a Igreja olha para ele com profunda compreensão, com sincera

---

[30] G. TURBANTI, *La Recezione Comparata delle Encicliche "Pacem in Terris" e "Ecclesiam Suam"*: Centro Vaticano II. Ricerche e Documenti 4/IV/2 (2004) 111-140.

[31] Texto do discurso em: CONCILIO ECUMÉNICO VATICANO II, *Constituciones, Decretos y Declaraciones...*, 1105-1120.

admiração e com sincero propósito não de o conquistar, mas de o servir; não de o desprezar, mas de o valorizar; não de o condenar, mas de o confortar e salvar. Para algumas categorias de pessoas olha a Igreja com particular interesse, da janela do Concílio aberta sobre o mundo: para os pobres, para os necessitados, para os aflitos, para os famintos, os que sofrem, os encarcerados. (...) Olha para os homens de cultura, para os estudiosos, para os cientistas, para os artistas. (...) Olha para os trabalhadores. (...) Olha para os chefes dos povos. (...) E a Igreja olha ainda para mais longe, para além dos confins do horizonte cristão (...) e vê essas outras religiões que conservam o sentido e o conceito de Deus único, criador, providente, sumo e transcendente. (...) E o olhar da Igreja dilata-se ainda por outros imensos campos humanos (...)[32].

No dia 4 de dezembro, foram promulgados o decreto *Inter Mirifica*, sobre os meios de comunicação social, e a constituição *Sacrosanctum Concilium* sobre a liturgia.

Terceira Sessão (outono de 1964)

No período de 4 a 6 de janeiro, o papa Paulo VI fez uma peregrinação à Terra Santa. Foi um fato sem precedentes que causou grande impressão na Igreja e na opinião pública. O "retorno às fontes" (*ressourcement*) tornava-se realidade e símbolo. Além disso, o encontro com o patriarca de Constantinopla, Athenagoras, confirmava o avanço no diálogo ecumênico e retomava os esforços para se conquistar resultados mais elevados na união dos cristãos.

A terceira sessão iniciou-se em 14 de setembro de 1964 e, na Eucaristia de abertura já se via em ato os frutos da reforma litúrgica. De 23 a 28 de setembro foi estudado o tema da liberdade religiosa, convertido agora em documento independente depois de ter constituído o capítulo 5 do texto sobre o ecumenismo. Tal inserção no contexto do ecumenismo proporcionou

---

[32] *Ibid.*, 1118-1120. (NT: Texto extraído do site www.vatican.va).

um tratamento mais aberto, por depender do Secretariado para a Unidade dos Cristãos, cujo presidente era o cardeal A. Bea. De 30 de setembro a 6 de outubro foi analisado o documento sobre a Revelação, decidindo-se por reenviá-lo para a sessão seguinte.

A última semana da terceira sessão conciliar foi particularmente difícil[33]. No dia 14 de novembro chegou ao Concílio uma "Nota Explicativa sobre a Colegialidade", assinada pelo cardeal Felici, mas que todos sabiam ser proveniente do papa. No dia 16 de novembro foi reenviado para a quarta sessão o documento sobre a liberdade religiosa, que provocou forte "mal-estar" (a imprensa falou de "rebelião") entre os bispos estadunidenses que perceberam o risco de não se realizar seu sonho de aprovar o princípio da liberdade religiosa. No dia 19 de novembro, o papa enviou 40 observações sobre o ecumenismo, das quais somente 19 foram acolhidas e incorporadas ao texto. No dia 21 de novembro, no encerramento da sessão, Paulo VI proclamou Maria "Mãe da Igreja", título que o Concílio não quis assumir. Essas atitudes do papa, evidentemente, buscavam a comunhão na aula conciliar. No entanto, para a "maioria" progressista, elas eram vistas como "concessões" do papa aos protestos da "minoria" conservadora.

> A "minoria conservadora" era composta de uns 220 padres conciliares e, entre seus membros mais ativos, além de Alfredo Ottaviani, estavam o bispo de Segni (Itália) Luigi Carli, o antigo superior geral dos dominicanos, Michael Browne, Marcel Lefebvre, Ernesto Ruffini, Giuseppe Siri, o teólogo Pietro Parente e outros. Um pequeno grupo dentre eles chegou a constituir um *Coetus Internationalis*, que não foi reconhecido pelas instâncias dirigentes do Concílio.

---

[33] L. A. TAGLE, La "Semana Negra" del Concilio Vaticano II (14-21 noviembre de 1964): G. ALBERIGO, Historia del Concilio Vaticano II. 4. La Iglesia como comunión. El tercer periodo y la segunda intersesión (septiembre 1963 – septiembre 1964) 357-415.

Nessa terceira sessão, foram aprovados, em 21 de novembro, os decretos *Unitatis Redintegratio*, com 2.137 votos a favor e 11 contra; e *Orientalium Ecclesiarum*, com 2.110 votos a favor e 39 contra e, sobretudo, a Constituição Dogmática *Lumen Gentium*, com 2.134 votos a favor e 10 contra.

Entre os dias 2 e 5 de dezembro de 1964, o papa Paulo VI fez uma viagem à Índia, com o objetivo de participar do congresso eucarístico de Bombaim. Esse contato direto do papa com o mundo da pobreza teve importante influência na ulterior redação de "*Gaudium et Spes*". A viagem serviu também para a "recuperação" da imagem do papa, um pouco "prejudicada" pelas concessões à "minoria" conservadora nas últimas semanas da terceira sessão.

Quarta sessão (outono de 1965)

A última sessão teve início no dia 14 de setembro de 1965. Porém, dois dias antes, Paulo publicara uma encíclica sobre a eucaristia, *Mysterium Fidei*, de orientação mais conservadora. Um sinal externo das mudanças produzidas na Igreja pelo Concílio foi o fato de alguns cardeais (entre eles o belga Suenens e o canadense Léger) utilizarem o clergyman. Além disso, entre os *auditores* encontrava-se também um casal mexicano, Alvarez-Icaza. Fora do Concílio, um forte sinal da nova orientação foi a criação da revista *Concilium*. Em 4 de outubro de 1965, Paulo VI foi à ONU, na qual apresentou a Igreja como "experta em humanidade". Essa viagem e o discurso correspondente tiveram forte influência na redação do capítulo sobre a guerra e a paz do documento *Gaudium et Spes*.

Na última sessão foram colhidos os maiores e melhores frutos do Concílio. Dos 16 documentos conciliares, 11 foram aprovados na quarta sessão. No dia 28 de outubro foram aprovados os decretos *Christus Dominus, Optatam Totius, Perfectae*

Caritatis e Gravissimum Educationis (os três primeiros tiveram somente entre 1 e 3 votos contra e, o quarto, 35). Nesse dia, foi aprovada também a Declaração *Nostra Aetate* com apenas 88 votos contrários. Em 18 de novembro foi o momento da aprovação da constituição dogmática *Dei Verbum* (2.344 votos a favor e 6 contra), e do decreto *Apostolicam Actuositatem* (2.355 votos a favor e 2 contra). Em 7 de dezembro, foram aprovados os decretos *Presbyterorum Ordinis* (2.390 votos a favor e 4 contra) *Ad Gentes* (2.394 a favor e 5 contra), a Declaração *Dignitatis Humanae* (2.308 votos a favor e 70 contra) e a Constituição Pastoral *Gaudium et Spes* (2.309 a favor e 75 contra).

Depois da votação final dos documentos indicados, "ocorreu um dos momentos mais emocionantes e espetaculares do Concílio. O bispo Willebrands subiu ao púlpito e leu em francês a 'Declaração Comum' de Paulo VI e do patriarca Athenagoras em que lamentavam a excomunhão dos gregos pelos latinos e dos latinos pelos gregos em 1054. Reconheciam a responsabilidade das duas partes na tragédia e prometiam trabalhar para conseguir uma comunhão plena entre as duas Igrejas. A declaração era fruto do encontro entre os dois homens, ocorrido na Terra Santa, dois anos antes. No mesmo momento, na basílica do patriarca, em Istambul, foi feita uma leitura similar. Depois da leitura, Willebrands trocou um beijo de paz com Meliton, o metropolita ortodoxo de Helió-polis, sob entusiástico aplauso na basílica[34].

No discurso de encerramento dos trabalhos do Concílio (7 de dezembro de 1965), Paulo VI fez uma espécie de ponte com o discurso de abertura de João XXIII[35], sublinhando a função diaconal da assembleia conciliar e da Igreja para o mundo e, justificou o correto "antropocentrismo" dos textos conciliares:

---

[34] J. W. O'MALLEY, *L'Èvénement Vatican II* (Bruxelas, 2011) 395.

[35] Texto em tradução castelhana em: CONCILIO ECUMÉNICO VATICANO II, *Constituciones, Decretos, Declaraciones...*, 1173-1181.

Nunca talvez como no tempo deste Concílio a Igreja se sentiu na necessidade de conhecer, avizinhar, julgar retamente, penetrar, servir e transmitir a mensagem evangélica, e, por assim dizer, atingir a sociedade humana que a rodeia, seguindo-a na sua rápida e contínua mudança. (...) A Igreja declarou-se quase a escrava da humanidade, precisamente no momento em que tanto o seu magistério eclesiástico como o seu governo pastoral adquiriram maior esplendor e vigor devido à solenidade conciliar; a ideia de serviço ocupou o lugar central[36].

No dia 8 de dezembro de 1965 foi celebrada, na Praça de São Pedro, uma eucaristia como ato final do Concílio, que foi transmitida ao mundo inteiro pela televisão. No final, foi lida, em francês, uma série de mensagens dirigidas a diferentes categorias de pessoas: chefes de governo, intelectuais e cientistas, artistas, mulheres, operários, pobres, doentes, jovens. O autor ou um dos autores das mensagens bem poderia ser Jacques Maritain, no entanto, os textos vieram da Secretaria de Estado[37]. "Ironicamente estas mensagens do Concílio não foram elaboradas nem revisadas pela assembleia conciliar[38]."

A cerimônia foi encerrada com a leitura da carta apostólica *In Spiritu Sancto*, feita pelo Secretário do Concílio, P. Felici, com a qual Paulo VI declarava encerrado o Concílio e dizia que "todos os decretos do Concílio têm de ser piedosa e devotamente observado pelos fiéis". A partir desse momento iniciava-se o pós-concílio.

---

[36] *Ibid.*, 1176.1179. (NT: Texto extraído do site www.vatican.va).

[37] C. SOETENS, *Les Messages Finaux du Concile*: J. DORÉ – A. MELLONI (ed.), *Volti di Fine Concilio*. Studi sulla Conclusione del Vaticano II (Bolonha, 2000) 99-112.

[38] J. W. O'MALLEY, *L'Événement Vatican II...*, 397.

I – O SIGNIFICADO HISTÓRICO-TEOLÓGICO DO VATICANO II – CAPÍTULO 2

Complemento Bibliográfico

1. Sobre o anúncio do Concílio e sobre a fase preparatória: De forma sintética: G. SALE, *L'annuncio e la Preparazione del Concilio Vaticano II*: La Civiltà Cattolica 163 (2013) II, 531-544. De forma mais ampla: G. CAPRILE, *Il Concilio Vaticano II* II. I/1. *Annuncio e Preparazione* (Roma, 1966); G. ALBERIGO (ed.) *Historia del Concilio Vaticano II. 1. El Catolicismo hacia una Nueva Era. El Anuncio y la Preparación* (janeiro de 1959-fevereiro de 1962) (Salamanca, 1999); G. ALBERIGO – A. MELLONI (ed.), *Verso il Concilio Vaticano II (1960-1962). Passagi e Problemi della Preparazione Conciliare* (Gênova, 1993) Além destes: G. ALBERIGO, *El Anuncio del Concilio. De la Seguridad del Baluarte a la Fascinación de la búsqueda*: G. ALBERIGO (ed.), Historia del Concilio Vaticano II. 1. El Catolicismo hacia una Nueva Era. El Anuncio y la Preparación (janeiro de 1959-setembro de 1962) (Salamanca, 1999) 17-61.

2. Sobre a fase anterior e preparatória: E. FOUILLOUX, *La Fase Antepreparatoria (1959-1960). El Lento Camino para Salir de la Inercia*: G. ALBERIGO (ed.). Historia del Concilio Vaticano II. 1. El Catolicismo hacia una Nueva Era..., 63-154.

3. Sobre o primeiro período do Concílio e a primeira fase entre sessão: G. ALBERIGO (ed.), *Historia del Concilio Vaticano II. 2. La Formación de Conciencia Conciliar. El Primer Período y la Primera Intersesión (outubro de 1962-setembro de 1963)* (Salamanca 2003).

4. Sobre o segundo período: G. ALBERIGO (ed.), *Historia del Concilio Vaticano II. 3. El Concilio Maduro. El Segundo Período y la Segunda Intersesión (setembro de 1963-setembro de 1964)* (Salamanca, 2006).

35

5. Sobre o terceiro período:

G. ALBERIGO (ed.), *Historia del Concilio Vaticano II. 4. La Iglesia como Comunión. El Tercer Período y la Tercera Intersesión (setembro de 1964-setembro de 1965)* (Salamanca, 2007).

6. Sobre o quarto período:

G. ALBERIGO (ed.), *Historia del Concilio Vaticano II. 5. El Concilio y la Transición. El Cuarto Período y el Final del Concilio (setembro-dezembro de 1965).* (Salamanca, 2008).

Sobre a etapa final do Concílio: J. DORÉ – A. MELLONI (ed.), *Volti di Fine Concilio. Studi sulla Conclusione del Vaticano II* (Bolonha, 2000).

3

A ATIVA PARTICIPAÇÃO DO MORALISTA B. HÄRING NO CONCÍLIO VATICANO II

Proponho-me, neste breve capítulo, dar relevância à ativa presença do teólogo moralista Bernhard Häring (1912-1998) no Concílio Vaticano II, destacando suas contribuições para a opção renovadora do Concílio em relação à Teologia Moral. Este importante, ainda que curto, período temporal do teólogo moralista alemão tem de ser enquadrado no devir unificado das várias dimensões e etapas de sua biografia intelectual[1].

1. Dados sobre a participação de B. Häring no Concílio

A etapa do Concílio Vaticano II é o ápice e marca o ponto de maior relevância da trajetória biográfica de Häring[2]. Com

---

[1] Apresentação da biografia de B. Häring, associando-a seu trabalho teológico e pastoral: B. HIDBER, P. *Bernhard Häring, C.Ss.R. (1912-1998), ein Leben im Dienst der Moraltheologie. Biographischen Notizen*: Spicilegium Historicum C.Ss.R. 56 (2008) 385-402. Estudos sobre os momentos mais importantes: M. McKEEVER (ed.), *Bernhard Häring. A Happy Redemptorist* (Roma, 2008). Eu mesmo escrevi uma biografia intelectual de B. Häring: M. VIDAL, *Un Renovador de la Moral Cristiana. Bernhard Häring, C.Ss.R.* (1912-1998) (Madri,1989).

[2] R. GALLAGHER, *Häring at Vatican II*: M. McKEEVER (ed.), *Bernhard Häring. A Happy Redemptorist* (Roma, 2008) 73-91.

sua participação ativa na preparação e no desenvolvimento do Concílio Vaticano II, ele teve sua influência de maior alcance na Igreja e na sociedade. Tal influência vai além do campo da teologia moral, alcançando todo o processo de renovação eclesial propiciado pelo Concílio. A década dos anos anos 60 (até 1968, ano da publicação da encíclica *Humanae Vitae*) foi o período glorioso de Häring, que, inclusive, foi convidado pelo papa Paulo VI para pregar os exercícios espirituais no Vaticano. Sua participação no Concílio foi intensa e teve um significado importante tanto na preparação dos documentos conciliares como na sensibilização geral diante do Concílio[3] e também na assessoria aos bispos, individualmente ou em grupos nacionais ou linguísticos. O próprio Häring deixou por escrito os traços mais relevantes deste período em sua vida[4]:

> É importante ressaltar que dois fatores o ajudaram em seu trabalho eclesial durante o Concílio[5]: Em primeiro lugar, o conhecimento de idiomas modernos para se comunicar com bispos, peritos e jornalistas e, do latim, para redigir documentos. Em segundo lugar, a estima que seu nome gozava junto a muitos bispos a partir de sua obra *A Lei de Cristo*, que foi adotada como manual de Teologia Moral em muitos seminários, e da fama divulgada pelos numerosos sacerdotes e seminaristas que frequentaram suas aulas na Academia Alfonsiana (Roma).

Por João XXIII, ele foi nomeado, juntamente com H. Lubac e Y. Congar[6], consultor da comissão teológica preparatória do Concílio. No começo foi deixado de fora das subcomissões dedi-

---

[3] Veja seu livro: B. HÄRING, *El concilio Bajo ek Signo de la Unidad* (Buenos Aires, 1963).

[4] A exposição mais ampla e precisa encontra-se em: B. HÄRING, *Minha Participação no Concílio Vaticano II*: Revista Eclesiástica Brasileira 54 (1994) 380-400. Existem dados também em: B. HÄRING, Una *Entrevista Autobiográfica (Madri, 1998)* 97-123. Uma exposição autobiográfica ainda pode ser vista em: V. SCHURR – M. VIDAL, *Bernhard Häring y su Nueva Teologia Moral Católica* (Madri, 1998), 59-61.

[5] A esses dois fatores, B. Häring se refere em: *Minha Participação...*, 380-381.

[6] Sobre sua participação na Comissão Teológica Preparatória do Concílio, veja: B. HÄRING, *Minha participação...*, 381-382; *Idem*, Una *Entrevista Autobiográfica* (Madri, 1998), 97-107.

cadas aos temas morais: *De Ordine Morali* e *De Castitate et Matrimonio*, sendo posteriormente nelas incluído por indicação de João XXIII[7]. Häring fez o possível para melhorar os dois esquemas[8], mas estes tiveram a mesma sorte da maior parte dos 70 esquemas preparados antes do Concílio, sendo rejeitados pelos padres conciliares. Na subcomissão doutrinal, B. Häring opôs-se tenaz e eficazmente contra o "schema dogmaticum de poena damni infantium non baptizatorum". Por causa da imagem que ele tinha de Deus como Pai[9], essa condenação o repugnava.

Häring foi também nomeado por João XXIII *perito* do Concílio[10] e trabalhou como consultor na Comissão Doutrinal, ao lado de H. de Lubac, Y. Congar e, mais tarde, de K. Rahner[11]. Nessa função, foi o responsável pela redação final do capítulo 4 da Constituição *Lumen Gentium* sobre os leigos e influenciou, junto com o bispo Charrière e os teólogos G. Thils e C. Colombo, para que o tema sobre a "vocação comum de todos os cristãos à santidade" (atual c. 5) fosse abordado nessa Constituição, perspectiva decisiva para a Teologia Moral. Também

---

[7] B. HÄRING, *Uma Entrevista Autobiográfica...*, 100. V. SCHURR – M. VIDAL, *op. cit.*, 46.

[8] Teve enfrentar posturas conservadoras, naquele momento capitaneadas por S. Tromp no esquema *De Castitate et Matrimonio* e por F. X. Hürth no *De Ordine Morali*. Este último, em parceria com A. Vermeersch, teve forte influência na redação da encíclica *Casti Connubii* de Pio XI. Cf. B. HÄRING, *Una Entrevista Autobiográfica...*, 103-104.

[9] B. HÄRING, *Minha Participação...*, 381-382; V. SCHURR – M. VIDAL, *op. cit.*, 46.

[10] Sobre os peritos (experts), veja a apresentação que oferece K. WITTSTADT, *En Vísperas del Concilio Vaticano II (1 de julio a 10 de octubre de 1962)*: G. ALBERIGO (ed.), Historia del Concilio Vaticano II. 1. El Catolicismo hacia una Nueva Era. El Anuncio y la Preparación (janeiro 1959 – setembro 1962) (Salamanca, 1999) 413-426. Assim apresenta B. Häring: "O redentorista alemão Bernhard Häring, fortemente impulsionado pelos ideais ecumênicos, foi também nomeado perito. Ele preparou o caminho para uma renovação da Teologia Moral, que saiu do hermetismo casuístico e encontrou uma perspectiva personalista e integral. Padre Häring apresentou um contraprojeto ao esquema sobre a castidade, a virgindade, o matrimônio e a família. Em relação ao matrimônio, 'partiu inteiramente da vocação ao estado matrimonial para chegar ao verdadeiro amor' (*Meine Erfahrung mit der Kirche* [Friburgo – Basileia – Viena, 1989]" (*Ibid.*, 418).

[11] Sobre sua atuação durante o Concílio, veja: B. HÄRING, *Minha Participação...*, 383-397; *Id.*, *Una Entrevista Autobiográfica...*, 109-123.

interveio para que se incluísse a reflexão sobre Maria na Constituição sobre a Igreja (atual c. 8)[12].

Häring trabalhou como secretário na subcomissão sobre a liberdade religiosa[13], ficou gratamente impressionado com as contribuições decisivas do jesuíta estadunidense J. C. Murray[14], numa questão em que o Concílio adotou uma mudança radical na apresentação e na solução, em comparação com épocas precedentes, especialmente em relação à doutrina vigente no século XIX[15].

Para a história da Teologia Moral, a colaboração de Häring na redação final do decreto sofre a formação sacerdotal *Optatam Totius*[16] foi de importância decisiva. Concretamente, de modo geral, deve-se a ele a redação do número 16, no qual se expressa a opção do Concílio pela renovação da Teologia Moral: "Ponha-se especial cuidado em aperfeiçoar a teologia moral..."[17]. Da força entranhada nesse parágrafo, alimentou-se a renovação telógico-moral pós-conciliar. O próprio Häring comentou com entuasmo e profundidade o alcance da renovação moral pedida pelo Concílio[18].

A maior contribuição conciliar de Häring encontra-se na Constituição Pastoral *Gaudium et Spes*[19]. Ele foi o secretário de

---

[12] Sobre sua intervenção na constituição *Lumen Gentium*: B. HÄRING, *Minha Participação...*, 385-386; *Id.*, *Una Entrevista Autobiográfica...*, 109; V. SCHURR – M. VIDAL, *op. cit.*, 47.

[13] B. HÄRING, *Minha participação...*, 394-395; *Idem*, Una *Entrevista Autobiográfica...*, 111-112.

[14] B. HÄRING, *Minha participação...*, 394. "Também interveio numa reduzida subcomissão especial para a redação de importante documento sobre a liberdade religiosa, cujo artífice foi o teólogo J. C. Murray" (V. SCHURR – M. VIDAL, *op. cit.*, 47).

[15] Veja o estudo profundo e bem documentado de V. GÓMEZ MIER, *De la Tolerancia a la Libertad Religiosa* (Madri, 1997).

[16] "Colaborou com A. Mayer OSB na elaboração da redação final do decreto sobre a formação sacerdotal" (V. SCHURR – M. VIDAL, *op. cit.*, 47).

[17] B. HÄRING, *Minha Participação...*, 393; ID., *Una Entrevista Autobiográfica...*, 118.

[18] Veja seus livros: B. HÄRING, *La Predicación de la Moral Después del Concilio Vaticano II* (Madri, 1966). ID., *Teología Moral en Camino* (Madri, 1969).

[19] Veja informações em: B. HÄRING, Minha Participação..., 388-393; V. SCHURR – M. VIDAL, *op. cit.*, 47-54.

redação na penúltima fase do texto, ou seja, na etapa do chamado "texto de Zurique". Após a primeira redação ("texto de Malinas"), foi elaborada uma nova redação, na qual colaboraram, além de Häring, os teólogos A. R. Sigmond OP e R. Tucci SJ, sob a direção do bispo de Livorno, Guano. O novo texto já se iniciou com as palavras *Gaudium et Spes* e, embora logo fosse feita uma nova redação, ficou como base do texto que havia de ser promulgado solenemente no dia 7/12/1965[20].

Algumas tensões internas do Concílio e determinadas distorções propagadas pela imprensa "fizeram parecer oportuno que B. Häring ficasse um pouco em segundo plano na conclusão da redação do importante documento *Gaudium et Spes*"[21]. Para a reunião de Ariccia (janeiro-fevereiro de 1965), na qual foi feita a redação final, Häring foi exonerado de seu cargo de secretário e, em seu lugar, foi colocado o sacerdote francês Pierre Haubtmann. Mesmo assim, sua contribuição permaneceu no texto final de *Gaudium et Spes*, sobretudo na temática conjugal e familiar[22].

Sem longos comentários, destacamos os temas da *Gaudium et Spes* nos quais é mais explícita e está melhor documentada a contribuição de Häring:

– O n. 16, sobre a consciência moral é proveniente de um "modo" mais extenso redigido por D. Capone e B. Häring[23].

---

[20] V. SCHURR – M. VIDAL, *op. cit.*, 48.

[21] *Ibidem*. Os ataques contra Häring vinham tanto da Cúria (A. Ottaviani) como da aula conciliar (J. C. Heenan).

[22] W. McDONOUGH, *"New Terrain" and a "Stumbling Stone" in Redemptorist Contributions to "Gaudium et Spes": on relating and juxtaposing truth's formulation and it's experience*: Studia Moralia 35 (1997) 9-48, especialmente p. 15-28; M. MALI, *La Portata Teologico-pastorale in "Liberi e Fedeli in Cristo" di Bernhard Häring. Una Ricerca Storico-critica ala Luce della sua Partecipazione nella Stesura della "Gaudium et Spes"* (Roma, 2003).

[23] "O texto final foi uma proposta elaborada por mim e pelo padre Capone" (B. HÄRING, *Minha Participação...*, 393). Também em ID., *Una Entrevista Autobiográfica...*, 119. Sobre a história e o teor deste "modo redentorista": W. McDONOUGH, *The Nature of Moral Truth*

– O capítulo sobre matrimônio e família (n. 50-52) da *GS* transparece todo o espírito positivo e amplo da teologia de Häring[24], que inicialmente foi secretário de redação para este capítulo, embora este trabalho tenha sido desempenhado no final por E. Schillebeeckx[25].

A contribuição de Häring no texto final é evidente. "O amor aparece como essência e fundamento do matrimônio; o encontro amoroso se situa no concerto da vocação total, deixando de lado a mesquinha análise do aspecto meramente biológico. Afirma-se que os filhos são fruto do amor pessoal e responsável, decorrendo que os pais sejam os últimos e únicos responsáveis diante de Deus, da sociedade e de seus filhos pela procriação, ou seja, a tese da paternidade responsável. Todavia, são reprovados os métodos que pecam contra a dignidade e autenticidade do amor conjugal, mostrando-se também os riscos que implica essa falta de autenticidade na demonstração amorosa tanto para a fidelidade como para o bem dos filhos (n. 51). O Concílio deixa de usar expressões como 'fins secundários' ou 'direito ao corpo'. Muito menos se faz menção aos métodos contraceptivos. Tudo está envolto numa áurea de são otimismo, isento de infantilismos, porque os padres conciliares conhecem bem os problemas que hoje atravessam os matrimônios[26]".

– Com o prestígio adquirido, Häring pôde mediar situações delicadas como a discussão sobre a licitude da posse de armas nucleares e sobre a doutrina dos métodos de procriação responsável. No primeiro caso, foram sobretudo os bispos estadunidenses que criaram a situação ao exigir a não condenação sumária da posse e do uso das armas nucleares. A solução encontrada foi de compromisso: "seja o que for deste meio de dissuasão..." (*GS* 81). A segunda situação se desencadeou a

---

According to Domenico Capone, (Roma, 1990) 121-139); ID., *"New Terrain" and a "Stumbling Stone" in Redemptorist Contributions to "Gaudium et Spes"...*, 9-48.

[24] V. SCHURR – M. VIDAL, *op. cit.*, 52.

[25] B. HÄRING, *Minha Participação...*, 592; ID., *Una Entrevista Autobiográfica...*, 110.

[26] V. SCHURR – M. VIDAL, *op. cit.*, 52-55.

partir da reclamação de Paulo VI de terem sido aceitos cinco "modos" em relação ao exercício da procriação responsável[27]. Esta foi chamada de a "a crise mais aguda do Concílio" e foi resolvida com o texto da nota 14 (*GS* 51), que depois de assinalar alguns textos do magistério e se referir à "Comissão para o Estudo da População, a Família e a Natalidade", assim termina: "No atual estado da doutrina do magistério, o sagrado Concílio não pretende propor imediatamente soluções concretas".

A afirmação do cardeal F. Cento de que Häring é quase o pai do esquema XIII, a atual *Gaudium et Spes* ("Häring fere pater Schematis XIII")[28], adquire objetividade a partir dos dados precedentes.

O próprio Häring reconhece que seu trabalho no Concílio foi fatigante[29]. Mas reconhece também que "olhando para trás, só consigo explicar a mim mesmo como consegui todo esse trabalho respondendo que o Concílio era uma experiência de novidade tão grande que podia mobilizar todas as forças"[30]. Se o Concílio foi um sopro do Espírito para a Igreja, também o foi, de modo especial, para aqueles que dele participaram. Entre essas pessoas privilegiadas, encontra-se Bernhard Häring.

2. A moral de B. Häring segundo o espírito do Vaticano II

Häring se preocupou em manter vivo o espírito do Concílio Vaticano II, quando junto com outros moralistas, buscou desenhar os traços configuradores de uma Moral segundo o

---

[27] *Ibid.*, 53-54

[28] B. HÄRING, *Minha Participação...*, 390; V. SCHURR – M. VIDAL, *op. cit.*, 52.

[29] B. HÄRING, *Minha Participação...*, 386.

[30] *Ibid.*, 397.

Vaticano II. A este trabalho dedicou vários de seus livros: *A Pregação Moral após o Concílio Vaticano II* (1966); *Linhas Fundamentais de uma Teologia Moral Cristã* (1969); *Teologia Moral em Caminho* (1969).

Häring tinha consciência de que o Concílio Vaticano II não se ocupou expressamente da Teologia Moral com um documento específico sobre o tema. Com efeito, ele também estava consciente de que a renovação geral proposta pelo Concílio teria de incidir no campo da Teologia Moral e marcar uma mudança decisiva nesta parte do saber teológico. Como bom conhecedor do espírito do Vaticano II em seu conjunto, ele fez uma retomada de todos os grandes temas conciliares e descobriu a repercussão que estes poderiam ter em vista da renovação da Teologia Moral.

No livro *Pecado e Secularização* (p. 13-34 da tradução castelhana) expôs de forma concreta o que significava essa renovação moral exigida pelo Vaticano II. Afirmou que consiste num deslocamento de ênfase e de perspetivas. São estes os deslocamentos que ele assinala:

- Da casuística do *confessionário* à moral da *vida*.
- Da ordem moral baseada na *natureza* à moral enraizada na *história humana*.
- Das perspectivas *clericais* às perspectivas *proféticas*.
- Da moral centrada na *autoridade* à moral da *responsabilidade*.
- Da moral *monolítica* ao *pluralismo* dos sistemas de valores.
- Da moral do *ato* à moral de *atitudes*.
- Da ênfase sobre normas proibitivas à ênfase sobre normas-metas.
- Do *essencialismo-objetivismo* ao conhecimento *histórico* da pessoa.

- Da valorização moral *individualista* às perspectivas da *solidariedade histórica* da salvação.
- Da *moral-sanção* à moral *pedagógica e pastoral.*
- (Em síntese): Da *lei* ao *Evangelho.*

Definitivamente, o nome de Häring estará associado à renovação da Teologia Moral segundo o espírito do Concílio Vaticano II. Em sua obra *A Lei de Cristo*, ele adiantou essa renovação. Häring interveio direta e decisivamente para que o Concílio a impulsionasse. Ele explicitou o significado das orientações conciliares e trabalhou de forma destacada e exemplar para que a renovação conciliar exigida fosse uma realidade positiva no último terço do século XX.

4
TRAÇOS PECULIARES DO VATICANO II

O Concílio Vaticano II foi um acontecimento sumamente denso e complexo:

• Foi composto por *experiência* (em todos os níveis, mas particularmente, de ordem religiosa) e de *reflexão* (com o uso dos máximos saberes possíveis, particularmente do saber teológico: bíblico, patrístico, dogmático, litúrgico, moral, espiritual, pastoral etc.).

• Supôs uma *aprendizagem* (por parte de todos, ainda que de modo especial por parte daqueles que vinham de ambientes católicos fechados ou dos países periféricos da cristandade) e ao mesmo tempo *ofereceu o já aprendido* (a riqueza já alcançada com os movimentos teológicos e espirituais das décadas antecedentes).

• Nasceu com uma *liberdade formal*, mas condicionada pelos poderes reais da Cúria Romana, e conseguiu a *liberdade real* que lhe correspondia enquanto assembleia representativa de toda a Igreja.

Tenho consciência da dificuldade em reduzir a uns poucos traços o significado tão rico do fato conciliar. No entanto, não deixa de ser interessante destacar alguns dos mais significativos.

– Abertura ao Mundo

No pensamento de João XXIII e em sua realização efetiva, o Concílio Vaticano II teve uma *abertura ao mundo*. Os meios de comunicação social do mundo inteiro ratificaram esse traço[1]. Já desde o discurso de abertura de João XXIII, o Concílio teve consciência de estar "no mundo de nosso tempo". A "história" é um termo que aparece 63 vezes nos textos conciliares e se converte em lugar da inteligência da fé.

> Com o impacto do discurso de abertura de João XXIII, a assembleia conciliar tomou consciência da dimensão histórica do momento (...). A mudança do mundo e as evoluções do homem atualizam o mundo cristão numa assunção das realidades terrenas homóloga à assunção da natureza humana pelo Filho de Deus. Deus entrou na história: é o ponto de sustentação da Constituição intitulada *A Igreja no* (e não "e o") Mundo Atual[2].

– *Aggiornamento* ou atualização

Por sua abertura ao mundo, o Concílio realizou o conteúdo do neologismo italiano *aggiornamento*, tantas vezes utilizado. Esta "atualização" não se reduz – ainda que também a contenha – à adaptação das estruturas, das instituições, da linguagem, dos gestos, do estilo e das demais expressões da vida católica aos progressos da cultura. Também, tampouco consiste nas "reformas" a serem introduzidas na Igreja, de acordo com a orientação consagrada no Concílio de Trento. O *aggiornamento*

---

[1] "A teologia que se encontrava nas intervenções episcopais, preparadas pelos colaboradores que eram os peritos, não estava reservada aos bispos. Era comunicada ao povo, divulgada ao público e, em consequência, tornava-se mais vulnerável. O fato de os debates do Vaticano II serem eventos públicos, teve grande importância. O Concílio foi para o povo de Deus; foi normalmente um Concílio do povo": E. VILANOVA, *Historia de la Teología Cristiana, III* (Barcelona 1992) 923.

[2] E. VILANOVA, *Historia..., III*, 907.

indica, de forma positiva e principal, que a Modernidade passe pela fé e esta, sem abandonar sua condição de fé, seja repensada e reformulada a partir das exigências da criticidade moderna[3]. A resposta do Concílio à condição moderna da cultura atual pode ser encontrada, de modo especial, nos documentos *GS* (desafio da *autonomia* das ciências); *DH* (desafio da *liberdade de consciência* no contexto da livre decisão da fé) e *NA* (desafio do *pluralismo religioso* no contexto do universalismo da fé cristã)[4].

Como afirmou M.-D Chenu, a *atualização* não se reduz a algumas modificações na linguagem ou nas formas, mas tem de atingir os conceitos, as categorias, os símbolos da fé, a fim de que esta seja coerente com a mentalidade, a cultura, a linguagem ou a estética das pessoas de nosso tempo.

Desta forma, o *aggiornamento* se transforma numa chave teológica do Concílio[5], que orienta a interpretação do trabalho conciliar para além dos extremos da mera "adaptação" e da exagerada "criatividade"[6]. Além disso, o Concílio não se esgota em sua resposta à Modernidade. Nele existe um dinamismo mais profundo e abrangente, que dá capacidade para responder também às situações da pós-modernidade. A inspiração do Concílio pode se referir a todas as áreas da geografia humana e a todos os espaços histórico-culturais[7].

---

[3] A partir da perspectiva sociocultural: F.-X. KAUFMANN – A. ZINGERLE (ed.), *Vatikanum II und Modernisierung. Historische, Theologische und Soziologische Perspektiven* (Paderborn, 1996). A partir da perspectiva teológica: A. TORRES QUEIRUGA, *El Vaticano II y la Teología*: Concilium 312 (2005) 27-40, especialmente p. 34-39.

[4] A. KREUZTZER, *Modernitätsverarbeitung und Modernitätskritik beim zweiten Vatikanen*: Theologisch-Praktische Quartalschrift 154 (2006) 386-400.

[5] S. MADRIGAL, El *"Aggiornamento", Clave Teológica para la Interpretación del Concilio*: Sal Terrae 98 (2010) 111-127.

[6] G. RUGGIERI, *Fe e Historia*: G. ALBERIGO – J.-P. JOSSUA (ed.), *La Recepción del Vaticano II* (Madri, 1987) 122-149.

[7] G. ROUTHIER, *Réception de Vatican II. Le Concile au Risque de L'Histoire et des Espaces Humains* (Lovaina, 2004).

– Metodologia indutiva

Tanto a opção pela abertura ao mundo como o objetivo do *aggiornamento* exigiram uma *metodologia indutiva*. Ao invés de proceder baseado em princípios abstratos, cujas "aplicações" corresponderiam à posterior ação dos pastores, o Concílio optou por servir-se do método indutivo. Com olhar atento e afetuoso, realizou uma análise da realidade, considerando os comportamentos, as aspirações, as angústias dos seres humanos, indivíduos e grupos, para discernir os possíveis impactos neles da Palavra de Deus. De modo eminente, este procedimento pode ser verificado na Constituição Pastoral *Gaudium et Spes*, porém, tem aplicação generalizada ao longo e ao largo dos trabalhos conciliares. Sem fazê-lo de forma explícita, já se tinha presente em grande medida, o método do "ver – julgar – agir", já praticado em determinados movimentos eclesiais de orientação social (JOC), mas que deu seus melhores frutos nas reflexões teológico-pastorais desenvolvidas na América Latina.

– Orientação ecumênica

O Concílio Vaticano II foi projetado e realizado com uma *orientação ecumênica*, testemunhada pela presença de observadores não católicos. A celebração da assembleia conciliar praticamente coincidiu com a criação de um Secretariado para a Unidade dos Cristãos, cujo presidente, o cardeal A. Bea, teve um papel destacado no desenvolvimento do evento conciliar. Com toda razão, "pôde-se dizer que o Vaticano II era o final da contrarreforma"[8], bem como o final do desencontro da Igreja Católica com o mundo moderno.

---

[8] E. VILANOVA, *Historia...*, III, 907.

– Concílio da reconciliação

Por sua abertura ao mundo, por sua preocupação em adaptar o pensamento e a vida cristã às exigências positivas da Modernidade, por seu espírito ecumênico na relação com as outras religiões e com as outras confissões cristãs, o Concílio Vaticano II tem de ser considerado como o Concílio da *aproximação*, ou melhor, da *reconciliação*[9]. "O ato de reconciliação mais evidente e explícito encontra-se nos decretos sobre o ecumenismo e religiões não cristãs"[10]. Todavia, a preocupação com a reconciliação encontra-se presente também em outros documentos conciliares como *Lumen Gentium* e *Gaudium et Spes*. Trata-se de uma orientação de grande atualidade.

> O Concílio inculcou a reconciliação com os outros e a busca de comunhão. Convém recordar que inculcou esses bens não somente nas relações com os que estão fora da Igreja, mas também com os que estão dentro. Hoje, num mundo cada vez mais dividido pela discórdia, pelo rancor, pelos insultos, pelos blogs que insuflam o ódio, pelos ataques preventivos, guerras e ameaças de guerras, essa mensagem não podia ser mais oportuna. É uma mensagem contracultural que, ao mesmo tempo, responde aos mais profundos desejos do coração humano[11].

– Participação mais ativa dos leigos

No projeto do Concílio tinha-se também presente o desejo de uma participação mais ativa dos leigos(as). No entanto, a participação de leigos(as) na assembleia conciliar foi pouco significativa, com intervenções em algumas subcomissões e em temas relacionados ao apostolado secular e com o compromisso social cristão.

---

[9] J. W. O'MALLEY, *El Concilio del Acercamiento: Razón y Fe* 266 (2012) 95-106.

[10] *Ibid.*, 99.

[11] *Ibid.*, 106.

Alguns poucos estiveram presentes como ouvintes (*auditores*), sendo no começo só homens e, só mais tarde, foram incluídas também mulheres. Nas deliberações conciliares esteve presente a questão dos leigos, tanto em sua fundamentação eclesiológica (*LG*) como no exercício de seu apostolado específico (*AA*). Com efeito, as proposições teológicas sobre o laicato não atingiram o grau de desenvolvimento desejado. Esta é uma das "limitações" do Concílio, que será observada em capítulo posterior.

– Pastoralidade

Em relação a todos os eventos conciliares anteriores, o Vaticano II abandonou o caminho das afirmações "dogmáticas" e das orientações "normativas" e abraçou o caminho de uma *formulação pastoral* dos princípios fundamentais da fé cristã. Essa opção pastoral do Concílio começou a se fazer presente na fase preparatória e, sobretudo, no discurso inaugural de João XXIII[12]. O Vaticano II aprendeu a ser um concílio pastoral ao longo de seu itinerário e desenvolvimento.

Muito se escreveu sobre a dimensão pastoral do Concílio, contudo, não se logrou explicitar suficientemente a grande inovação que essa opção supôs[13]. A dimensão pastoral não consiste na dedução das implicações práticas das verdades cristãs; tampouco no abandono da reflexão teológica. O "sentido pastoral" é fazer teologia de outro modo e, por conseguinte, é também entender a função eclesial

---

[12] G. ROUTHIER, *À L'Origine de la Pastoralité à Vatican II*: Laval Théologique et Philosophique 67 (2011) 443-459.

[13] M.-D. CHENU, *El Evangelio en el Tiempo* (Barcelona, 1966) 633-649: "Um Concílio Pastoral" ; E. SCHILLEBEECKX, *Situación y Tareas de la Teología Hoy* (Salamanca, 1970) 51-70: "A teologia no concílio. O "teologizar" do Concílio"; C. THEOBALD, *Le Concile et la Forme Pastorale de la Doctrine*: B. SESBOÜÉ – C THEOBALD (ed.), La Parole du Salut (Paris, 1996) 471-510; G. COLOMBO, *La "Theologie du Concile"*: VÁRIOS, La Responsabilité des Théologiens (Paris, 2002) 485-492; A. M. UNZUETA, *"Hubo un Hombre Enviado por Dios: se llamaba Juan"* (Jo 1,6). *La Propuesta de un Concilio Pastoral*: Misión Joven 52 (2012) n. 426-427, 5-13; J. MARTIN VELASCO, *El Vaticano II, Fuente de Renovación Pastoral*: Ibid., 15-23.

a realidade eclesial de outro modo: a realidade concreta – entendida como *práxis histórica* – é um fator integrante na configuração da verdade teológica e da prática eclesial. "O que se tem chamado de caráter pastoral do Concílio é uma nova sensibilidade dogmática."[14]

Com esse traço da pastoralidade, o Concílio desejou superar o binômio doutrina-disciplina (fides et mores), sustentado na Igreja desde Trento. A doutrina, apoiada nesse binômio, separara-se da vida e havia se convertido, muitas vezes, em conceptualização abstrata. Por outro lado, a disciplina e a moral haviam perdido seu vínculo com os fundamentos da fé, convertendo-se amiúde em juridicismo desencarnado. A originalidade do Vaticano II consiste em integrar "doutrina" e "prática" numa síntese que supera tanto a abstração vazia da realidade como a norma (canônica ou moral) carente de base doutrinal.

– Dimensão Mundial

O Concílio Vaticano II teve uma dimensão mundial[15]. Como assinalamos acima, K. Rahner afirmou que o Vaticano II pode ser considerado o primeiro concílio *propriamente ecumênico*. Isso não somente pela ampla participação dos bispos do mundo inteiro, mas também – e sobretudo – pela compreensão teológica que aprece nos principais documentos conciliares[16]. O teólogo alemão

---

[14] E. SCHILLEBEECKX, *L'Église du Christ e L'Homme D'aujourd'hui selon le Vatican II*, (Lyon, 1965) 149. Citado por E. VILANOVA, *Historia...*, III, 906, nota 2.

[15] M.-D. CHENU, *El Evangelio en el Tiempo...*, 613-617: "Un Concilio a Escala Mundial".

[16] K. Rahner se pronunciou muitas vezes sobre a importância do Concílio Vaticano II para a evolução da Igreja e da teologia. Destacamos dois artigos: K. RAHNER, *Theologische Grundinterpretation des II. Vatikanischen Konzils* e *Die Bleiblende Bedeutung des II. Vatikanischen Konzils*: ID., Schriften zur Theologie, XIV (Zurique, 1980) 287-302, 303-318. Neste momento nos referimos ao primeiro dos artigos, traduzido ao castelhano: K. RAHNER, *Una Interpretación Teológica a Fondo del Concilio Vaticano II*: Razón y Fe 200 (1979) 183-195. Além disso, considerar o texto da conferência pronunciada no dia 12/12/1965, publicada em castelhano com o título: *El Concilio, Nuevo Comienzo* (Barcelona, 1966), do que o próprio

descreve assim o dado participativo: "O vaticano II era realmente a primeira reunião do episcopado universal em plenitude. Não era simplesmente um grêmio consultivo do papa, mas com o papa e sob o papa, constituía a mais alta instância docente e decisória da Igreja. Realmente acontecia um concílio universal com um episcopado universal, cuja existência e função próprias não se havia verificado assim antes"[17]. Quanto à repercussão que teve essa participação universal na configuração dos documentos conciliares, observa Rahner:

> Este salto para a Igreja Universal manifesta-se, com efeito, com maior evidência quando se consideram os documentos do Concílio. Sem o Concílio e a Constituição sobre a Liturgia, no que se refere ao emprego das línguas vernáculas no serviço divino, que hoje pode já parecer substancialmente superado, o triunfo das línguas vernáculas não teria sequer sido imaginado (...). Na *Gaudium et Spes*, a Igreja como um todo toma consciência de sua responsabilidade com a história da humanidade do futuro (...). No que diz respeito aos documentos mais doutrinais do Concílio: as constituições sobre a *Igreja e Revelação Divina*, por mais coisas que se afirmem a partir de um horizonte eminentemente europeu, já incluem problemas que são atuais, não somente para a teologia europeia. Pode-se inclusive dizer que estes documentos se esforçam para alcançar expressões que não estejam demasiadamente condicionadas pelo estilo de uma teologia neoescolástica, mas mais facilmente compreensíveis em todo o mundo. Para evidenciar isto basta comparar tais textos com os correspondentes esquemas da neoescolástica tardia, que haviam sido preparados em Roma antes do Concílio[18].

A partir dos dados apontados, Rahner deduz que no Concílio Vaticano II se iniciou a transição de um cristianismo estruturado em moldes da cultura ocidental para um cristianismo

---

editorial Herder fez uma nova edição: *El Concilio, Nuevo Comienzo. Com introdução do cardeal K. Lehmann e com epílogo de A. R. Batlogg y A. Raffelt* (Barcelona, 2012).

[17] K. RAHNER, *Una Interpretación Teológica a Fondo...*, 186.

[18] *Ibid.*, 186-187.

de âmbito universal. Esta passagem não é de tanta transparência como a que se realizou quando o cristianismo, inculturado inicialmente no âmbito judaico, abriu-se à cultura helenista.

> Atrevo-me a afirmar que a diferença entre a situação histórica do cristianismo judaico e aquela em que Paulo enxertou o cristianismo como numa criação radicalmente nova, não é maior que a diferença entre a cultura ocidental e as culturas atuais de toda a Ásia e África, em que o cristianismo tem de inculturar-se, de chegar a ser Igreja Universal, como começou a sê-lo[19].

Foram muitos que aceitaram essa avaliação do Concílio como mudança de época. "Depois do Vaticano II, a Igreja Católica entrou inegavelmente em um novo período de sua história."[20]

– Autoconsciência

Já foi observado também que o Concílio foi criando sua própria *autoconsciência* enquanto "realidade eclesial". Antes de ser uma assembleia de discussões teológicas, o Concílio foi um ato explícito de eclesialidade, a celebração da "sinodalidade". Sem o desenvolvimento dessa autoconsciência, o Concílio provavelmente teria tomado outra orientação, por exemplo, poderia ter prosseguido na mesma linha de pensamento e de atitude que refletiam os esquemas de escola (neoescolástica) preparados pela Cúria romana. Esta constatação de que o Concílio foi antes de tudo um acontecimento de Igreja não tira o valor de sua função propriamente teológica. Com certeza, a teologia conciliar consagrou "renovações" teológicas que, nos precedentes trinta anos, em grande parte, tinham sido elaboradas na semiclandestinidade eclesiástica. Agora aquele pensamento "censurado" será "oficializado" pelos máximos responsáveis da Igreja.

---

[19] *Ibid.*, 191.

[20] G. ROUTHIER, *A 40 Anni del Concilio Vaticano II. Un Lungo Tirocinio Verso un Nuovo Tipo di Cattolicesimo*: La Scuola Cattolica 133 (2005) 50.

– Concílio de transição

Todo concílio, de certa forma, representa sempre uma transição. Evidentemente, o Concílio Vaticano II o foi em vários sentidos. Em primeiro lugar, ele serviu de canal para que entrassem no corpo eclesial os frutos mais desenvolvidos dos grandes movimentos eclesiais dos séculos XIX-XX: movimento social, movimento litúrgico, movimento patrístico, movimento bíblico etc.

> Os documentos conciliares assumiram os movimentos de renovação que surgiram na primeira metade do século XX. Neles se reconhece a influência das faculdades e escolas de Jerusalém, Lovaina, Innsbruck, Le Saulchoir, Lyon-Fourvière, Tubinga etc. É importante observar que o Concílio começou sob o signo da eclesiologia e terminou sob o signo do mundo e do homem. Com isso reflete a mudança de gerações que moveram o pensamento teológico.[21]

Como continuação dos esforços teológicos e eclesiais precedentes, o Concílio deixou "tarefas" para as gerações ulteriores. Foi uma assembleia "aberta" para o futuro. "O Vaticano II foi uma assembleia de transição e para a transição. Depois de lançar os novos pilares para uma construção mais equilibrada do edifício eclesial, não a realizou de forma acabada"[22].

O Concílio Vaticano II marca não somente o final da contrarreforma, mas também confirma o final da época de *Cristandade*[23]. Com o Concílio se desaba o cristianismo da época da Cristandade, bem como o "catolicismo sociológico" nascido do Concílio de Trento[24]. O Vaticano II aponta para novas formas de

---

[21] E. VILANOVA, *História...*, *III* 909.

[22] *Ibid., III*, 910-911.

[23] M.-D. CHENU, *El Evangelio en el Tiempo...*, 13-21: "O fim da era constantiniana"; H. RAGUER, *Réquiem por la Cristandad. El concilio Vaticano II y su Impacto en España* (Barcelona, 2006).

[24] Sobre a relação entre Trento e o Vaticano II: R. BULMAN – F. J. PARRELLA (ed.), *From Trent to Vatican II. Historical and Theological Investigations* (Nova York, 2006).

viver e de expressar o mistério cristão. A partir do Concílio, a Igreja tem enfrentado o desafio de sair da época da Cristandade, encerrar a experiência da Contrarreforma e chegar a uma Igreja em escala mundial. Uma nova era se abre para o Cristianismo[25].

– Consideração final

As afirmações anteriores não negam uma evidência história de caráter geral que o Vaticano II não pode ser entendido adequadamente sem ser situado na tradição eclesial precedente e, mais concretamente, no desenvolvimento histórico do fenômeno conciliar. Todavia, de forma mais precisa, o Concílio Vaticano II pôde ter lugar na história da Igreja porque existiram movimentos de renovação eclesial prévios a ele:

- *Movimento Litúrgico*: originado em Solesmes pela atuação de seu abade Prosper Géranguer (1805-1875). Foi levado a Bélgica por Dom Lambert Beauduin (1873-1960) e para a Alemanha (Maria Laach), aqui com a destacada influência de Odo Casel (1886-1948).
- *Movimento Bíblico*: nasceu em fins do século XIX, vinculado ao dominicano Marie-Joseph-Lagrange (1855-1938) e a Escola Bíblica de Jerusalém; mais tarde uniu-se ao Instituto Bíblico (Roma), dirigido pelos jesuítas.
- *Movimento Ecumênico*: com a instituição da Semana pela Unidade dos Cristãos (1908) e a criação do Conselho Mundial de Igrejas (Amsterdã, 1948).
- *Movimento Social*: referendado pela encíclica *Rerum Novarum* (1891) de Leão XIII e continuado através de importantes documentos pontifícios de caráter social.

---

[25] G. ALBERIGO, *La Transición hacia una Nueva Era*: G. ALBERIGO (ed.), Historia del Concilio Vaticano II. 5. El Concilio y la Transición. El Cuarto Período y el Final del Concilio (septiembre-diciembre 1965) (Salamanca, 2008) 509-569.

- **Movimento Teológico**: a reflexão teológica, ancorada na Sagrada Escritura e nos escritos dos Santos padres, toma um novo impulso e orientações inovadoras do pensamento de, entre outros, K. Rahner, H. Urs Von Balthasar, E. Schillebeeckx, J. Daniélou, H. de Lubac, Y. Congar.

À medida que o fato histórico do Vaticano II vai se distanciando no tempo, constata-se com maior nitidez sua continuidade com as origens evangélicas e sua descontinuidade com as formas históricas da época "barroca". Por exemplo, a polêmica deflagrada pela Igreja contra a Revolução Francesa cede lugar para uma recepção dos melhores frutos da modernidade. "Portanto, no Concílio, há um retorno às origens, ao Evangelho, onde estão os princípios permanentes. Mas há também uma descontinuidade em relação às formas históricas do barroco do século XIX. Nessa continuidade e descontinuidade encontra-se a natureza da verdadeira reforma."[26]

---

[26] J. M. ROVIRA, *El Concilio Vaticano II. Su Significación*: Phase 52 (2012) n. 310.

5

OS DOCUMENTOS E A TEOLOGIA DO CONCÍLIO

1. Os documentos aprovados pelo Concílio

Dos 70 documentos preparados pela Comissão Preparatória, o Concílio inicialmente reduziu a 17 e, mais tarde, a 13. Por fim, foram 16 documentos aprovados. Mesmo assim, "os documentos do Concílio Vaticano II ocupam uma considerável extensão. A comparação é eloquente: no volume *Conciliorum Oecumenicorum Decreta*, editado pelo 'Istituto per le Scienze Religiose' de Bolonha, o Vaticano II ocupa aproximadamente 315 páginas; o Vaticano I, 15; o Concílio de Trento, 130; e os sete primeiros concílios, cerca de 140"[1]. O Vaticano II foi redundante e prolixo? (segundo escrevia H. U. von Balthasar).

---

[1] R. BLÁZQUEZ, *Introducción General*: CONCILIO ECUMÉNICO VATICANO II, Constituciones, Decretos y Declaraciones. Edição Bilíngue publicada pela Conferência Episcopal Espanhola (Madri, 2004) p. XXXII. Das 37.727 linhas que compõem os textos de todos os concílios, 12.179 correspondem ao Vaticano II, seguido por Trento que tem 5.637.

Seu estilo é menos denso e mais abundante e pedagógico que o dos concílios anteriores. Sem perder em sobriedade e precisão, com frequência, é sugestivo e literariamente belo. Esta modalidade de estilo vincula-se seguramente ao seu caráter 'pastoral'. Embora todo concílio seja pastoral, porque seus membros não formam uma academia de intelectuais, mas uma assembleia de pastores, o Concílio Vaticano II é pastoral em dobro (...). O caráter pastoral não se opõe ao doutrinal, nem o rebaixa em sua verdade, uma vez que somente com alimento verdadeiro se apascenta autenticamente o ser humano. Mas a exposição pastoral da doutrina não se contenta em conceituar, definir e deduzir; quer aproximar-se de maneira compreensível do ser humano com suas interrogações e expectativas. 'Pastoral' indica uma modalidade, a apostólica (I. L. Suenens) e missionária, de apresentar a fé cristã tendo também presente o ser humano concreto (...).

O Concílio, em algumas passagens, adota uma forma expositiva mais densa ou mais discorrida. O capítulo III da Constituição *Lumen Gentium* ou os capítulos I e II da Constituição *Dei Verbum*, por exemplo, são textos teologicamente compactos. Outros muitos parágrafos do Concílio são mais descritivos, inclusive às vezes de maneira indutiva, ou seguem a linha da narração histórico-salvífica, ou são florilégio ordenado de textos bíblicos, ou são predominantemente parenéticos, ou contém mandatos concretos de reforma (...). O Concílio Vaticano II, em seu conjunto, orienta-nos a uma maneira de expor a doutrina na qual o rigor conceitual e a precisão terminológica se irmanam com o alento espiritual, a sensibilidade artística e a comunicação sugestiva. Neste ponto, a renovação da teologia verificada nos decênios precedentes, também influenciou com relevância o Concílio. Nessa perspectiva, compreende-se que os documentos do Vaticano II podem ser utilizados também como leituras litúrgicas no Ofício da Leituras[2].

Por motivos formais e por causa da temática abordada, os textos conciliares foram organizados em três grupos: 1) *Constituições*: documentos de maior importância formal e de conteúdo mais abrangente; 2) *Decretos*: orientações sobre aspectos concretos da vida da Igreja; 3) *Declarações*: formulações do pensamento da Igreja sobre algumas realidades de caráter civil.

---

[2] *Ibid.*, p. XXXII-XXXIII.

Nos concílios anteriores, na hora de intitular os documentos que deles emanaram, prevaleceu a linguagem jurídica. O Concílio de Trento usou o *decretum* (decreto); o Vaticano I qualificou os documentos que promulgou como *constituições dogmáticas*. Na etapa preparatória do Vaticano II, a Comissão Teológica classificou seus documentos como *constituições dogmáticas* e os documentos das comissões como *decretos*, remetendo-se ao vocabulário da Baixa Idade Média em que se fazia a distinção entre "doutrina" e "disciplina". O Concílio Vaticano II relativizou e superou essa classificação.

Na sequência, oferecemos um elenco completo dos documentos conciliares:

– Constituições

São os documentos fundamentais, nos quais estão contidas as grandes proposições doutrinais, os princípios da reforma e da renovação, as opções pastorais de caráter mais geral. Duas constituições recebem o qualificativo de "dogmáticas" (*Lumen Gentium* e *Dei Verbum*), pois discorrem sobre aspectos fundamentalmente doutrinais; uma recebe a adjetivação de "pastoral" (*Gaudium et Spes*), sintagma (constituição pastoral) novo na história eclesiástica; e, por fim, a constituição sobre a Sagrada Liturgia (*Sacrosanctum Concilium*) não recebe nenhuma qualificação, uma vez que não é inteiramente "doutrinal" (somente do n. 5 ao 13). Quanto à ordem destes quatro documentos, o Concílio deixou um indício, pois, segundo o relator do texto, na aula conciliar a Constituição *Dei Verbum* é, "de certo modo, a primeira de todas as constituições, já que em seu preâmbulo introduz de certa forma a todas as outras"[3].

• *Lumen Gentium* (LG), Constituição Dogmática sobre a Igreja.

---

[3] *Acta Synodalia Sacrosancti Concilii Oecumenici Vaticani II*, IV/1. 341.

• *Dei Verbum* (DV), Constituição Dogmática sobre a Divina Revelação.

• *Sacrosanctum Concilium* (SC), Constituição sobre a Liturgia e sua Reforma.

• *Gaudium et Spes* (GS), Constituição Pastoral sobre a Igreja no Mundo Atual.

– Decretos

Em número de 9, os *decretos* supõem, desenvolvem e concretizam as *constituições*, e estão organizados em duas categorias: 1ª) Cinco referem-se às diversas formas de vida eclesial: os bispos, os sacerdotes, a formação presbiteral, a vida religiosa, o apostolado dos leigos. 2ª) Quatro abordam as relações dentro e fora da Igreja: Igrejas Católicas Orientais, Ecumenismo, Atividade Missionária, Meios de Comunicação Social. A Constituição sobre a Igreja, como era de se esperar, é amiúde citada nos decretos. Com efeito, os decretos não são simples aplicações disciplinares da doutrina das constituições. Eles também contêm elementos doutrinais que prolongam e determinam perspectivas mais amplas.

• *Christus Dominus* (CD), sobre o ofício pastoral dos bispos.

• *Presbyterorum Ordinis* (PO), sobre o ministério e a vida dos sacerdotes.

• *Optatam Totius* (OT), sobre a formação sacerdotal.

• *Perfectae Caritatis* (PC), sobre a adequada renovação da vida religiosa.

• *Apostolicam Actuositatem* (AA), sobre o apostolado dos leigos.

• *Orientalium Eclesiarum* (OE), sobre as Igrejas Católicas Orientais.

- *Ad Gentes* (AG), sobre a atividade missionária da Igreja.
- *Unitatis Redintegratio* (UR), sobre o ecumenismo.
- *Inter Mirifica* (IM), sobre os meios de comunicação social.

– Declarações

Correspondem a manifestações solenes do Concílio diante da Igreja e do mundo sobre temas muito importantes para a missão da Igreja e para sua relação com as religiões não cristãs, com as sociedades e com os Estados. O Concílio, através destas declarações, quer manifestar qual é a nova ou contínua postura da Igreja Católica, para que seus interlocutores conheçam de forma autorizada a quê se aterem no trato com ela. Estas declarações apoiam-se na renovada consciência da Igreja sobre sua natureza e missão e têm muito presente a situação histórica atual. O termo *declaração* é novo na nomenclatura conciliar e, enquanto novidade terminológica, possibilitou, de um lado, que temas novos fossem tratados pelo Concílio e, de outro, o consenso dos votos conciliares[4].

- *Dignitatis Humanae* (DH), sobre a liberdade religiosa.
- *Gravisimum Educationis* (GE), sobre a educação cristã da juventude.
- *Nostra Aetate* (NA), sobre as relações da Igreja com as religiões não cristãs.

---

[4] Y. CONGAR, *Que Faut-il Entendre par "Declaration"*?: VÁRIOS, La Liberté Religieuse (Paris, 1967) 47-52.

2. A teologia do Concílio

Nem todos os documentos conciliares têm o mesmo valor. O decreto *Inter Mirifica*, depois de concluído, teve de ser complementado pela Instrução Pastoral *Communio et Progressio* (1971). Tampouco o texto sobre o ensino, *Gravissimum Educationis*, é de grande qualidade. Com efeito, continua valendo a afirmação de K. Rahner: "Na realidade, não existe nenhum documento que não contenha pelo menos uma página interessante para alguém".

Há documentos com grande conteúdo, como as constituições dogmáticas *LG* e *DV*, e a outra constituição *SC* que, sem deixar de ter conteúdo teológico, caracteriza-se pelas implicações de reforma da vida cultual da Igreja. Outros documentos supõem uma grande inovação, tanto de gênero literário, como de conteúdo e, por isso, representam melhor o espírito do Concílio. Entre estes, cabe destacar as declarações *DH* e *NA*. Talvez, a obra mais original e que melhor representa o espírito do Vaticano II seja a Constituição Pastoral *GS*.

Ao se contemplar o conjunto dos documentos, pode-se observar que a temática conciliar foi muito variada. Como foi dito, o *corpus* textual do Vaticano II corresponde a um terço do conjunto de textos emanados dos 21 concílios ecumênicos. "Nenhum dos 20 concílios precedentes teve tanta audácia e ambição: conseguir um consenso entre os mais de dois mil prelados vindos de todos os continentes e fazê-los entrar em acordo sobre as respostas que haviam de ser dadas a quase todas as questões apresentadas à Igreja nos albores de uma nova era da humanidade. Nisto baseia-se a categoria absolutamente inédita dessa grande assembleia do século XX."[5]

---

[5] CH. THEOBALD, *Las Opciones Teológicas del Concilio Vaticano II: en busca de un principio "interno" de interpretación*: Concilium n. 312 (2005) 104.

Nesse amplo conjunto de documentos do Vaticano II, pode-se descobrir um fio condutor e, por conseguinte, uma teologia peculiar[6]. Essa peculiaridade é manifestada, numa primeira aproximação, pela unidade temática. De fato, o eixo que dá unidade à temática conciliar é de caráter eclesiológico.

> Praticamente toda a obra conciliar move-se em torno da eclesiologia. É uma eclesiologia que quer complementar a elaborada pelo Vaticano I. Essa tarefa foi possível pelo fato de se ter assumido as 'renovações' desenvolvidas nos trinta anos anteriores ao Vaticano II, todas centradas na chamada 'volta às fontes'. Este foi o programa inicial que ficou explicitado no momento em que os padres conciliares rejeitaram o esquema sobre a Igreja que havia sido preparado em ambiente acadêmico de tendência neoescolástica. O eixo do Vaticano II seria o tema da Igreja com um enfoque renovado. Tanto no que se refere à natureza da Igreja, com a *Lumen Gentium*, e de sua ação (ética) no mundo contemporâneo com a *Gaudium et Spes*, como de sua missão com a *Ad Gentes*, incluindo a reflexão sobre a revelação divina (com a *Dei Verbum*) (...). Sempre tratou-se da eclesiologia teórica e prática[7].

Além da temática de orientação eclesiológica, existem outras notas que identificam e descrevem a peculiaridade teológica do Vaticano II. Alguns teólogos insistem na adaptação ou correlação do pensamento teológico com as exigências da cultura moderna: autonomia do humano, uso da razão crítica, pluralismo das opções humanas[8]. Outros teólogos veem o princípio "interno" da unificação e da interpretação dos textos conciliares na opção pela pastoralidade[9]. "A normatividade do corpus conciliar não se baseia em sua literalidade teológica ou jurídica, nem em um espírito que já não teria nada a receber dele; mas concretamente se

---

[6] VARIOS, *Une Église en Concile: Entre Histoire et Théologie:* Revue des Sciences Religieuses 93 (2005) n. 2.

[7] E. Vilanova, *Historia de la Teología Cristiana*, III, (Barcelona, 1992) 923-924.

[8] A. TORRES QUEIRUGA, *El Vaticano II y la Teología*: Concilium 312 (2012) 27-40.

[9] CH. THEOBALD, *Las Opciones Teológicas...*, 103-126 (todo o artigo).

manifesta melhor em um agir pastoral ou missionário que, guiado pelo Espírito, chega até o ponto em que se revelam necessárias as reformulações de algum texto..., provocando então a espera por um novo Concílio."[10]

No desenvolvimento dos diversos temas, o Concílio não utilizou o gênero literário de uma formulação breve e concreta que refletia, de forma negativa, o erro que era necessário contestar (*anathema sit*). Optou por formulações desenvolvidas, quase sempre de forma positiva, articuladas no contexto geral do plano de salvação de Deus. Desta forma, toda *realidade* cristã foi colocada dentro do "mistério", isto é, dentro do plano de salvação. Tal opção foi consequência lógica da opção mais geral por ser um concílio de orientação pastoral e não diretamente dogmática.

> Os documentos do Concílio estão distantes de ser obras literárias perfeitas. Como fruto de colaboração, não apresentam uma verdadeira unidade estilística. Com efeito, em sua orientação geral, correspondem ao modelo epidíctico, no qual encontra-se o elemento determinante de seu estilo. Apresentam ideais, dos quais se deduzem conclusões e, com frequência, consequências práticas. Comparado ao estilo duro dos cânones e dos discursos dialéticos, este é um estilo leve (...). Servindo-se de uma retórica de convite e de diálogo, os documentos instam à conversão, à mudança interior realizada e expressa mediante uma nova maneira de falar e de se comportar. A mudança de estilo supõe uma mudança no sistema de valores[11].

J. W. O. Malley, historiador da Igreja, do qual é a citação precedente, dá grande importância ao estilo literário próprio dos textos do Vaticano II para interpretar o pensamento do Concílio. A "retórica" peculiar do Vaticano II torna-se assim uma chave hermenêutica decisiva.

---

[10] *Ibid.*, 125-126.

[11] J. W. O. MALLEY, *L'Évenement Vatican II* (Bruxelas, 2011) 72.

As novidades teológicas do Vaticano II estão presentes em todos e em cada um dos 16 documentos conciliares, mas de forma mais marcante nas constituições (*Lumen Gentium, Sacrosanctum Concilium, Dei Verbum* e *Gaudium et Spes*) e nos decretos que tratam algum aspecto eclesial concreto (evangelização: *Ad Gentes*; ecumenismo: *Unitatis Redintegratio*). Convém não esquecer também as inovações doutrinais que aparecem em algumas declarações como: *Dignitatis Humanae*, sobre a liberdade religiosa; ou *Nostra Aetate*, sobre a relação com o judaísmo e com as religiões não cristãs.

Tais inovações equivalem a "recuperações" de valores tradicionais, que a escolástica moderna encobrira ou esquecera, ou ser "progressos" na tradição a partir do uso de novas metodologias teológicas e/ou levando em consideração as sensibilidades antropológico-culturais características do mundo moderno.

• *Na Liturgia*: é recuperado o sentido comunitário de toda celebração, potencializando-se a participação ativa dos fiéis, apoiando o uso da Palavra e indicando a necessidade da inculturação das formas litúrgicas.

• *Na Eclesiologia*: a Igreja é definida a partir do mistério trinitário e da graça, superando assim uma concepção juridicista. Ela é compreendida como povo de Deus no qual a hierarquia, os leigos e os religiosos têm seu lugar e sua função e, Maria é considerada como o membro mais excelso da Igreja.

• *Na Teologia da Revelação*: supera-se uma concepção excessivamente intelectualista e se oferece uma orientação de caráter mais personalista, introduzindo-se matizes importantes no significado da tradição, destacando-se nela a dimensão pneumatológica e dinâmica (traditio viva) e dando relevância a afirmações básicas que tornam possível o encontro ecumênico.

Existem algumas novidades concretas, como o princípio da hierarquia das verdades nas verdades dogmáticas (*UR*, 11), princípio tradicional mas meio esquecido nos séculos precedentes ao Concílio[12]. Temas como a sacramentalidade do episcopado e sua colegialidade ficam em aberto para uma ulterior reflexão, necessitando de uma formulação teológica mais precisa.

Complemento Bibliográfico

Na sequência, recolhemos alguns dados bibliográficos com referência direta a alguns textos conciliares.

Lumen Gentium
A. ACERBI, *Due Ecclesiologie. Ecclesiologia Giuridica ed Ecclesiologia de Communione nella "Lumen Gentium"* (Bolonha, 1975).
VÁRIOS, *L'Ecclesiologia del Vaticano II. Dinamismi Prospettive* (Bolonha, 1981). Em p. 71-95: H. J. POTTMEYER, "Continuità e Innovazione Nell'Ecclesiologia del Vaticano II. L'Influsso del Vaticano I Sull'Ecclesiologia del Vaticano II e la Ri-recezione del Vaticano I alla Luce del Vaticano II".
G. KRAUS, *Die Kirche – Gemeinschaft des Heils. Ekklesiologie im Geist des Zweiten Vatikanischen Konzils* (Regensburg, 2012).

Sacrosanctum Concilium
M. STUFLESSER (ed.), *Sacrosanctum Concilium. Eine Relecture der Liturgie-konstitution des II. Vatikanischen Konzils* (Regensburg, 2011).

---

[12] Y. CONGAR, *Diversités et Communion: Dossier Historique et Conclusion Théologique* (Paris, 1982) 184-196; C. IZQUIERDO, *La "Jerarquía de Verdades": Su Recepción en el Ecumenismo y en la Teología*: Scripta Theologica 44 (2012) 433-461 (com bibliografia nas p. 458-461).

B. J GROEN, *Das Konzil, Gottesdienstliches Leben und Religiöse Volkskultur Heute*: Theologisch-Praktische Quartalschrift 160 (2012) 248-253.

Presbyterorum Ordinis
(Teologia do sarcedócio, integrando as afirmações de *Lumen Gentium e PO*): L. F. MATEO SECO, *La Teología del Sacerdocio en el Concilio Vaticano II*: Scripta Theologica 44 (2012) 399-432.

Nostra Aetate
R. A. SIEBENROCK, *Theologischer Kommentar zur Eraklärung über die Haltung der Kirche zu den Nichtchristlichen Religionen "Nostra Aetate"*: P. HÜNERMANN – B. J. HILBERATH (ed.), Herders Theologischer Kommentar zun Zweiten Vatikanischen Konzil, t. II (Friburgo, 2005) 591-693.

H. H. HENRIX (ed.), *"Nostra Aetate"* – *Ein Zukunftsweisender Konzilstext. Die Haltung der Kirche zum Judentum 40 Jahre danach* (Aachen, 2006).

H. VÖCHING (ed.), *"Nostra Aetate" und die Muslime. Eine Dokumentation* (Friburgo, 2010).

A. RENZ, *Der Interreligiöse Dialog. Das Konzil und die Religionen heute*: Theologisch-Praktische Quartalschrift 160 (2012) 262-269.

Ad Gentes
E. ALBERICH, *Líneas Pastorales del Decreto sobre la Actividad Misionera de la Iglesia: "Ad Gentes"*: Misión Joven 52 (2012) n. 426-427, 63-71. "Pode-se dizer que é um dos melhores e mais sólidos documentos conciliares, muito rico doutrinal e pastoralmente, também por ter contado com a participação decisiva de grandes teólogos como Congar, Ratzinger, Neuner..." (p. 65).

Inter Mirifica

H. J.-SANDER, *Theologischer Kommentar zum Dekret über Sozialen Kommunikationsmittel "Inter Mirifica"*: P. HÜNERMANN – B. J. HILBERATH (ed.), Herders Theologischer Kommentar zum Zweiten Vatikanischen Konzil, t. I (Friburgo, 2004) 231-261.

TH. H. BÖHM, *Das Konzil und die Medien heute*: Theologisch-Praktische Quartalschrift 160 (2012) 254-261.

6
AS LIMITAÇÕES DO CONCÍLIO VATICANO II

A ssim como é impossível encontrar algo perfeito no humano, também o é na evolução histórica do fato cristão. O Concílio não escapa a essa condição. Por isso, em relação ao evento conciliar, também se pode falar de carência, lacunas, ambiguidades, deficiências, limitações.

– O Vaticano II não abordou *alguns temas* que já no seu momento e na época imediatamente posterior, eram de grande importância.

> Ficamos surpresos de que numa época em que o ateísmo havia realizado notáveis progressos, não se tivesse elaborado nada sobre o mistério da fé, nada sobre a criação, nada sobre o drama do mal e muito pouco (exceto indiretamente através da eclesiologia) sobre o mistério trinitário[1].

Falta também uma reflexão sobre a sacramentalidade cristã, em cuja análise são necessárias as perspectivas de vários saberes antropológicos: a cultura, a simbólica, a sociologia, a psicologia etc.

Em geral, a relação da teologia conciliar com as epistemologias mais recentes é notavelmente escassa. Por exemplo, não existe apenas conexão entre o pensamento teológico e a virada linguística.

---

[1] E. VILANOVA, *Historia de la Teología Cristiana*, III (Barcelona, 1992) 941.

Ao lado de uma eclesiologia bastante renovada, depara-se com uma teologia com insuficiente consciência histórica, epistemológica e linguística. O Concílio não deu prova ao mundo de que a fé não é uma abdicação do pensamento. Os problemas de fundo ficaram praticamente intactos ou, dependendo, piores, dissimulados por um verniz de modernidade[2].

– O Vaticano II deixou *em aberto* algumas questões teológicas importantes, que a forma oficial de tratá-las na etapa pós-conciliar provocou forte mal-estar teológico e eclesial. Basta pensar na fórmula de que "esta Igreja (a "única Igreja de Cristo") subsiste (subsistit) na Igreja Católica" (*LG* 8) ou na teologia da colegialidade.

– Entre as carências temáticas do Vaticano II, tem de se insistir no fraco perfil teológico com que é apresentado o *laicato*. Mesmo que ao tema tenha sido dedicado um capítulo da Constituição Dogmática *LG* e um dos decretos (*AA*), a teologia sobre o laicato situa-se em parâmetros pobres e empobrecedores. Com maior razão, a posição e a função da *mulher na Igreja* são questões quase ausentes no horizonte do Vaticano II[3].

A afirmação precedente não desconhece a presença de mulheres, não somente religiosas como também seculares, como *auditoras* do Concílio (8 religiosas e 7 seculares no começo da terceira sessão; mais 3 no decurso da mesma sessão e 5 a mais no começo da quarta sessão)[4]. Entre as religiosas, esteve Cristina Estrada, superiora geral das Escravas do Sagrado Coração. No grupo das seculares, encontravam-se a francesa Marie Louise Monnet, a espanhola María Pilar Belosillo[5],

---

[2] *Ibid.*, III, 942.

[3] M. ECKHOLT, *Kein Konzil der Frauen, aber eines mit Frauen. Das Zweite Vatikanum – Frauenperspektiven?*: Theologisch-Praktische Quartalschrift 160 (2012) 270-277.

[4] A. VALERIO, *Madri del Concilio. Ventitré Donne al Vaticano II* (Roma, 2012).

[5] Foi convidada na condição de presidente da UMOFF (União Mundial de Organizações Femininas Católicas), que agrupava mais de 35 milhões de mulheres em todo o mundo. Cf. L. AZORÍN, *Pilar Belosillo, una Mujer de Iglesia*: Ecclesia n. 3.646 (27 de outubro de 2012) 38.

a australiana Rosemary Goldie, a holandesa Marie Vendrik, a alemã Gertrud Ehrle, a argentina Margarita Moyano, a uruguaia Gladys Parentelli e a mexicana Luz-María Álvarez (esta última com seu esposo)[6].

– O fato de os documentos terem sidos redigidos segundo a *estratégia do consenso* tem causado problemas para a interpretação dos textos conciliares. Se esta estratégia foi boa para levar adiante projetos que de outra maneira ficariam paralisados, no período pós-conciliar, ela se mostra disfuncional. De um texto redigido através da técnica do consenso até o limite pode-se dizer coisas dispares e até contraditórias. É o que, às vezes, se verifica na etapa pós-conciliar.

O Vaticano II foi um concílio de "diálogo" e de "consenso" e isto é um mérito, um dado positivo em favor do Concílio.

> Nunca agradeceremos o suficiente pelos diálogos que aconteceram. Diálogos que necessitavam de tempo para que cada um pudesse se situar, depois de conhecer pessoas e doutrinas. Chegar a um "consenso" é um dado teológico fundamental, apesar de ter custado um preço alto. A partir deste ponto de vista, o Vaticano II continua sendo um exemplo[7].

Todavia, o "preço" desse consenso também tem sido alto. O magistério, bem como determinada teologia da época pós-conciliar, aproveitam desse fato como uma verdadeira "desculpa" para propostas de orientação visivelmente conservadora e, pelo menos aparentemente, de caráter contrário ao espírito do Vaticano II.

Essa é a razão porque alguns intérpretes puderam falar de dois (ou mais) *concílios*, de acordo com o número das posturas

---

[6] Sobre a abordagem ao tema da mulher nos documentos eclesiásticos posteriores ao Concílio, veja o seguinte estudo sobre o conteúdo e o contexto de cada documento: I. A. HELMAN, *Women and the Vatican. Na Exploration of Official Documents* (Nova York, 2012)

[7] E. VILANOVA, *Historia...*, III, 923.

que confluíram no "consenso" dos documentos aprovados[8]. Na hermenêutica dos concílios precedentes também é utilizada a análise das distintas posturas teológicas que estão na base dos documentos conciliares, por exemplo nos de Trento. Todavia, não se encontra outro concílio que tenha produzido textos de tanto "consenso" como alguns que emanaram do Vaticano II.

– É provável que, no pós-concílio, as dificuldades para se traduzir em realidades concretas o espírito do Vaticano II decorram de uma notável carência na proposta conciliar. Nela abundam intenções e magníficos ideais, porém, faltam as *instituições* para colocar em prática as belas ideias. O Concílio de Trento assegurou a reforma católica por decisões de criar ou mandar as autoridades eclesiásticas criarem instituições adequadas para pôr em prática os projetos conciliares. Não aconteceu o mesmo com o Vaticano II, que foi abundante em belos ideais, mas pobre em decisões concretas.

O Vaticano II foi um concílio mais de intenções que de instituições. Desenvolveu formosas ideias, magníficas elaborações teológicas, deu provas de um verdadeiro alento espiritual, missionário, ecumênico; mas parece não ter se preocupado muito em saber como poderiam ser operacionalizados os textos promulgados. Depois, fez-se sentir de modo cruel a falta de elaboração de instrumentos de aplicação do Concílio: muitas vezes as palavras dizem Vaticano II e as instituições continuam falando a linguagem do Vaticano I. Esta é a razão, sem dúvida, porque determinados textos e determinadas intenções são considerados em nossos dias como estranhados de certo idealismo e, por conseguinte, de irrealismo. É verdade que é fácil fazer a crítica *postfactum*. Nem por isso deixa de ser verdade o fato de que o desnível entre as intenções do Concílio e sua efetivação cria um problema sobre as possíveis interpretações posteriores e sua recepção[9].

---

[8] Esta interpretação foi formulada pelo especialista conciliar Giulio Girardi (+2012). Pode ser lido num texto publicado depois de sua morte: G. GIRARDI, *Un Concilio o Due? Un'Ipotesi Interpretativa*: Segno 38 (2012) n. 334, 53-60. Segundo esse autor, o "eclesiocentrismo" é o princípio integrador do "concílio inovador".

[9] E. VILANOVA, *Historia...*, III, 911.

Do mesmo autor da citação anterior é a afirmação: "O Concílio entrou na história marcado por um grave defeito, com uma lacuna essencial: a ausência de uma tradução institucional do inteligente *corpus* de ideias e intuições plasmado nos documentos (um exemplo: a colegialidade episcopal)"[10].

---

[10] E. VILANOVA, *La Actualidad del Vaticano II a los 40 Años de su Celebración*: Vida Nueva (3 de dezembro de 2005) 30.

7
A RECEPÇÃO DO VATICANO II. ENTRE A "RECUSA" E A "EXALTAÇÃO RETÓRICA"

Um Concílio de tanto significado como foi o Vaticano II exige um longo tempo para sua recepção na vida da Igreja. Mesmo considerando esse fator, tem de se reconhecer que essa recepção até o presente não tem sido fácil. Após um primeiro momento de efusiva aceitação e até de "celebração" do evento conciliar, logo começaram a aparecer interpretações – sem dúvida minoritárias em número, mas de grande significação midiática – situadas em extremos polarizados entre si: as que apelando ao "espírito" do Concílio, pediam a superação da "letra" dos textos conciliares e, outras que, tendo por pretexto as posturas extremas indicadas, queriam voltar a posicionamentos pré-conciliares.

Muitas têm sido as discussões sobre a recepção do Concílio Vaticano II. As principais têm se concentrado em dois momentos: no final da segunda década pós-conciliar (20 anos de Concílio) e ao chegar a etapa dos 40 anos do final do Concílio e dos 50 anos do começo da assembleia conciliar. É difícil fazer uma periodização desta fase receptiva do Concílio. Alguns autores destacam três períodos (obviamente excessivamente curtos): 1º) Até a promulgação do novo Código de Direito Canônico (1983); 2°) Do Sínodo dos Bispos (1985) até o jubileu do ano 2000; 3°) A primeira década inteira do século XXI[1].

Na sequência, vamos nos referir à recepção oficial, deixando para o próximo capítulo a questão da recepção teológica ao relacioná-la com a questão da interpretação.

1. Postura dos lefebvrianos: rejeição ao Concílio

A cismática Fraternidade Sacerdotal São Pio X, seguindo M. Lefebvre (1905-1991)[2], considera o Vaticano II como um concílio contrário à autêntica evolução do cristianismo (contrário à tradição) e, portanto, mantém uma postura de rejeição[3]. Essa postura provocou um cisma na Igreja e Lefebvre foi excomungado, principalmente por ordenar quatro bispos sem a autorização do papa.

A postura romana ante essa instituição cismática não tem apresentado total coerência. Suspendeu-se a excomunhão e foram dados sinais ambíguos de aproximação como, por exemplo, a possibilidade de se celebrar a eucaristia segundo o missal tridentino de Pio V, 1570[4]. Projetou-se, aparentemente, diante da

---

[1] Um estudo minucioso sobre a recepção do Concílio Vaticano II até o ano 1985 pode ser encontrado em: F. S. VENUTO, *La Recezione del Concilio Vaticano II nel Dibattito Storiografico dal 1965 al 1985. Riforma o Discontinuità?* (Cantalupa, Turim, 2011).

[2] M. LEFEBVRE, *J'accuse le Concile. Documents (1962-1966)* (Martigny, 1976), trad. Ao espanhol: *¡Yo Acuso al Concilio!* (Madri, 1978). Una Respuesta: Y. CONGAR, *La Crisis de la Iglesia y Monseñor Lefebvre* (Bilbao, 1976). Sobre a vida e o pensamento de M. Lefebvre (a partir da perspectiva da Fraternidade Sacerdotal São Pio X): B. TISSIER DE MOLLERAIS, *Marcel Lefebvre. La Biografía* (Madri, 2012).

[3] No presente contexto, recomenda-se o estudo de: G. MICCOLI, *La Chiesa Dell'Anticoncilio. I tradizionalisti alla Conquista di Roma*: Il Regno-Attualità 56 (2011) n. 1.113, 747-750.

[4] J. M. BERNAL, *Mano Tendida a la Vieja Liturgia Tridentina*: Vida Nueva (11-17/VI/2011) Folha.

opinião pública, uma espécie de aceitação de posturas aberrantes dos lefebvrianos (como, por exemplo, a negação do holocausto judeu). Mesmo mantendo a rejeição à opção lefebvriana de não aceitação do Concílio, falta à política vaticana finura teológica e prudência pastoral no tratamento do problema[5].

2. Postura oficial da Igreja

– Paulo VI

No "haver" de Paulo VI, estão os seguintes fatos: sua inequívoca decisão de dar continuidade à assembleia conciliar, após a morte de João XXIII, e sua decidida e eficaz opção em favor de documentos de grande transcendência como são *Gaudium et Spes, Dignitatis Humanae* ou *Nostra Aetate*.

Em seu "deve" podem ser assinalados estes outros dados: a "nota explicativa" à *LG*, a proclamação de Maria como "Mãe da Igreja"; as "sugestões" enviadas às comissões de redação sobre o ecumenismo e, sobretudo, sobre a moral conjugal.

Também pertence ao "deve" do papa Montini o ter calado a voz do Concílio e remeter à decisão da Autoridade da Igreja várias questões de grande relevância:

– O Celibato obrigatório dos sacerdotes do rito latino.

O celibato não aparecia como tema no documento sobre o sacerdócio enviado ao Concílio (1962). Na última sessão (1965), um grupo de bispos do Brasil, com o apoio do cardeal Suenens, ao discutir o documento *PO*, tentou introduzir na aula conciliar o tema do

---

[5] M. FAGGIOLI, *En Torno al Conflicto con los Lefebvrianos. El Vaticano II y su Recepción Política*: Iglesia Viva n. 238 (2009) 111-123; E. SCHOKENHOFF, *Versöhnung mit der Piusbruderschaft? Der Streit um die Authentisch Interpretation des Konzils*: Stimmen der Zeit 135 (2010) 219-228. Um resumo castelhano pode ser visto em: J. PEREA ET ALII (ed.), *Clamor contra el Gueto* (Madri, 2012) 252-258.

celibato. Porém, Paulo VI o retirou da agenda através de uma carta dirigida ao cardeal Tisserant, lida em 11 de outubro de 1965. Após o Concílio, o próprio Paulo VI encerrou o assunto com a publicação da encíclica *Sacerdotalis Coelibatus* (24 de junho de 1967)[6].

– A ação pastoral com os divorciados recasados.

Na discussão sobre o controle de natalidade (na quarta sessão, 1965), o arcebispo Elias Zoghby (1912-2008), vigário patriarcal melquita para o Egito (Sede de Alexandria, Cairo e Sudão), introduziu o tema sobre o tratamento pastoral ao cônjuge abandonado definitivamente. A imprensa interpretou essa intervenção como um argumento em favor do divórcio. Na manhã seguinte, sem qualquer aviso e em primeiro lugar (sem ater-se à sequência dos pedidos de palavra), Charles Journet, teólogo suíço recém-nomeado cardeal por Paulo VI, falou na assembleia sobre a indissolubilidade do matrimônio e da negativa teológica diante do divórcio, segundo a doutrina católica. Evidentemente, falou por indicação do papa. Passados alguns dias, Zoghby respondeu a Journet, observando que não se referira ao divórcio, mas ao cuidado pastoral para com o cônjuge inocente abandonado[7].

– A avaliação moral sobre os métodos anticoncepcionais.

Este aspecto será tratado num capítulo específico da segunda seção.

No pós-concílio, o papa Montini continuou sendo um papa "renovador" ou "conciliar", embora estivesse preocupado (excessivamente?) com a comunhão eclesial, sendo complacente (excessivamente?) com o grupo eclesial continuador da "minoria conciliar"[8].

---

[6] Veja os dados em J. W. O'MALLEY, *L'Évenement Vatican II* (Bruxelas, 2011) 372-375. Além de: Concilium n. 78 (1972); J. W. O'MALLEY, *Celibacy: Decisive Moments in its History*: L. SOWLE CAHILL (ed.), Sexuality and The U. S. Catholic Church. Crisis and Renewal (Nova York, 2006) 94-106.

[7] Veja J. W. O'MALLEY, *L'Évenement Vatican II...*, 359-360.

[8] Cf. J. MARTÍNEZ GORDO, *La Renovación Eclesial: del Vaticano II a Nuestros Días*: Lumen 61 (2012) 35-75.

– Muitos documentos doutrinais da época montiniana devem ser vistos nesse contexto de apoio à minoria conciliar: *Humanae Vitae* (1968), *Persona Humana* (1974) etc.

– A concepção de Paulo VI sobre o Sínodo dos Bispos (1965) com função consultiva e não deliberativa e das Conferências Episcopais (1966) foi minimalista.

– A reforma litúrgica foi tímida, pelo menos em alguns aspectos, como por exemplo, na reforma do rito do sacramento da penitência (1974).

– Também foi pouco audaciosa a reforma da Cúria Romana (1967), assim como a constituição da Comissão Teológica Internacional.

Em 8 de dezembro de 1970, por ocasião da comemoração do quinto aniversário da conclusão do Vaticano II, Paulo VI publicou uma exortação apostólica dominada pelo caráter alarmante. Muito famoso é o seu discurso pronunciado em junho de 1972, no qual o papa sustentou que o Concílio não havia produzido aquela primavera eclesial que se esperava dele, devido a intervenção de Satanás; e acrescentou inclusive que a fumaça de Satanás havia penetrado por alguma fissura na Igreja.[9]

Esses dados não diminuem o grande valor do pontificado de Paulo VI, no qual brilham três magníficos documentos: as encíclicas *Ecclesiam Suam* (1964) e *Populorum Progressio* (1967) e a exortação apostólica *Evangelii Nutiandi* (1975).

– O Pontificado de João Paulo II

O magistério de João Paulo II não deixa de remeter, com relativa frequência, aos textos do Vaticano II. Nas encíclicas do papa polaco, o documento conciliar mais citado é *GS* (133 vezes), seguido de perto por *LG* (130 vezes) e, na sequência, vêm

---

[9] L. GONZÁLEZ-CARAVAJAL, *El Concilio Vaticano II, 40 Años Después*: Sal Terrae 92 (2004) 77-78.

UR (70 vezes), *AG* (51 vezes), *DV* (28 vezes), *DH* (20 vezes), *NA* (8 vezes), *SC* (4 vezes), *AA* (2 vezes); uma vez são citados os *IM*, *OE* e nenhuma vez *CD* e *PC*[10].

O Sínodo Extraordinário dos Bispos, celebrado aos 20 anos do encerramento do Concílio Vaticano II, valorizou este evento eclesial como "uma imensa graça" de Deus ao século XX.

> "Todos nós, bispos dos ritos orientais e do rito latino, compartilhamos unanimemente, em ação de graças, a convicção de que o Concílio Vaticano II é um dom de Deus à Igreja e ao mundo. Em plena adesão ao Concílio, percebemos nele uma fonte oferecida pelo Espírito Santo à Igreja de hoje e de amanhã[11]."
>
> "Ao terminar esta reunião, o Sínodo dá graças a Deus Pai do fundo do coração, por seu Filho no Espírito Santo, pela imensa graça que significou o Concílio Vaticano II para este século[12]".

Diante do temor, não de todo infundado, de que o Sínodo Extraordinário dos Bispos significasse um retrocesso na avaliação do Vaticano II, a opinião pública encontrou-se com a dupla afirmação de que, mesmo reconhecendo "os defeitos e dificuldades na recepção do Concílio", a partir dele "produziu-se frutos muito grandes" e "não se pode afirmar que todas as coisas que aconteceram depois do Concílio tenham ocorrido também por causa do Concílio". Desaparecia, pois, do horizonte a ameaça do "restauracionismo" oficial[13].

Foi sobretudo na ocasião do Grande Jubileu do ano 2000, que o papa João Paulo II formulou uma consideração clara-

---

[10] G. ALBERIGO, *Il Cammino del Vaticano II*: Rassegna di Teologia 46 (2005) 813, nota 13.

[11] SÍNODO EXTRAORDINÁRIO, *Mensagem ao Povo de Deus*, I e V: Ecclesia n.2249 (14 e 21 de dezembro de 1985) 12.

[12] *Ibidem*, 13.

[13] "Após o encerramento do Sínodo Extraordinário, o periódico conservador *Il Tempo* publicou uma foto das obras de restauração da fachada da basílica de São Pedro que estavam em curso. Ao rodapé da foto via-se escrito: 'As únicas restaurações no Vaticano, como se pode ver nessa foto, são as que estão sendo realizadas na fachada da basílica de São Pedro'" (L. GONZÁLEZ-CARAVAJAL, *El Concilio Vaticano II, 40 Años Después...*, 80-81).

mente positiva do significado do Vaticano II[14]. Ao expressar seu elogio em *TMA*[15], ele afirmou que, no Vaticano II, "uma enorme riqueza de conteúdos e *um novo tom* – antes *desconhecido* – na apresentação conciliar dos mesmos constituem como que um anúncio de tempos novos"[16]. O Concílio constitui:

- "Um acontecimento providencial" (*TMA*, 18).
- "A maior graça de que a Igreja se beneficiou no século XX" (*NMI*, 57).
- "Uma bússola segura para nos orientar no caminho do século que começa" (*NMI*, 57).

A magnífica valorização do Concílio Vaticano II durante o pontificado de João Paulo II foi mantida somente no plano da "retórica". Não houve traduções práticas e, por conseguinte, não houve transformação das instituições nem da vida da Igreja segundo a letra e, muito menos, segundo o espírito do Concílio. No longo pontificado do papa polaco, tomou-se mais consciência do "distanciamento prático" do Concílio, da involução eclesial e, em alguns casos, da restauração eclesiástica.

– Bento XVI

J. Ratzinger participou do Concílio como teólogo consultor do arcebispo de Colônia, o cardeal J. Frings e, mais tarde, foi nomeado perito conciliar[17]. Sua atuação concentrou-se, sobretudo,

---

[14] COMITATO CENTRALE DEL ANNO'2000, *Il Concílio Vaticano II. Recezione e Attualità alla Luce del Giubileo* (Cinisello Balsamo, 2000).

[15] *Tertio Millennio Adveniente*, 18-20.

[16] *Ibidem*, 20.

[17] S. MADRIGAL, *Karl Rahner e Joseph Ratzinger, tras las Huellas del Concilio* (Santander, 2006).

na preparação das constituições *DV* e *LG* e do decreto *AG*[18]. Publicou suas impressões sobre os diversos períodos conciliares (Colônia, 1963, 1965, 1966)[19]. O conjunto de seus escritos conciliares foi reunido em dois volumes, com o título *Zur Lehre des Zweiten Vatikanischen Konzils*, dentro das *Obras Completas (Gesammelt Schriften)* de J. Ratzinger[20].

No *Katholikentag* de 1966 (Bamberg, 14 de julho), enquanto jovem teólogo (com menos de 40 anos), teve a oportunidade de se expressar, como perito conciliar, sobre as tarefas específicas do pós--concílio. Partindo do "mal-estar" sentido de forma generalizada ("reina certo mal-estar, um sentimento de desencanto e até de desilusão"), formulou suas propostas pensando em três âmbitos principais: a liturgia, a Igreja no mundo, o ecumenismo. Esse discurso não passou despercebido e foi publicado recentemente[21]. Em termos gerais, constitui um arrazoado em favor do Concílio[22].

Com efeito, já nesses anos, as sensibilidades de Ratzinger começaram a mudar. Talvez os tumultos estudantis desses anos tiveram influência, uma vez que por causa deles abandonou a faculdade de teologia da grande Universidade de Tubinga, retirando-se para a mais modesta e mais tranquila Universidade de Regensburg. A mudança de atitude teve sua

---

[18] Suas intervenções sobre os documentos indicados e sobre outros diversos temas conciliares (liturgia, revelação, mariologia, ecumenismo, bispos, liberdade religiosa, Igreja no mundo atual e os judeus) foram recolhidas em: J. RATZINGER, *Theological Highlights of Vatican II* (Nova York, 2009). Cf. P. BLANCO, *Joseph Ratzinger, Perito del Concilio Vaticano II* (1962-1965): Anuario de Historia de la Iglesia 15 (2006) 43-66.

[19] Traduções resumidas: J. RATZINGER, *Problemi e Risultati del Vaticano II* (Brescia, 1968); ID., *Mon Concile Vatican II* (Perpiñán, 2011).

[20] A edição dos dois volumes ficou ao encargo do arcebispo Gerhard Ludwig Müller, prefeito da Congregação para a Doutrina da Fé. O *Prefácio* da obra, um texto inédito de Bento XVI, foi antecipado pelo jornal *L'Osservatore Romano* em um número especial de 11 de outubro de 2012. A tradução portuguesa desse texto pode ser lida também em: L'Osservatore Romano. Edição Semanal em língua portuguesa 43 (13 de outubro de 2012) n. 41, p. 11.

[21] La Documentation Catholique publicou a tradução francesa em 1966 (n. 1478, col. 1557-1576) e volta a publicá-la agora: J. RATZINGER, *Le Catholicisme Après le Concile*: La Documentation Catholique 109 (2012) n. 2481, 172-182.

[22] Veja a avalição de J. GOMIS, *Ratzinger em "El Ciervo"*: El Ciervo 61 (2012) n. 735, 8.

expressão mais evidente em Roma, após seu serviço episcopal na diocese de Munique-Freising. Foi sintomática a atitude que expressou Ratzinger, como prefeito da CDF, no *Relatório sobre a Fé* (1985), às vésperas do Sínodo Extraordinário dos Bispos[23]. Ele viu a recepção do Concílio na Igreja como um processo "globalmente negativo". Essa posição provocou reações contrárias, algumas provenientes de altos níveis eclesiásticos e teológicos[24]. Além do mais, essa postura de Ratzinger não foi assumida pelo Sínodo Extraordinário dos Bispos de 1985, como acabamos de constatar.

J. Ratzinger não demonstrou grande entusiasmo com o tema do *diálogo* da Igreja com o mundo atual, também foram assinaladas suas "desconfianças" em relação à *GS* ou, pelo menos, diante da recepção pós-conciliar deste documento[25]. Recentemente, tem se sublinhado a imprecisão semântica da expressão "mundo de hoje" no sentido de definir o essencial e o constitutivo da era moderna. "Embora essa Constituição Pastoral afirme muitas coisas importantes para compreender o 'mundo' e dê contribuições notáveis para a questão da ética cristã, neste ponto (o essencial e o constitutivo da era moderna) não logrou oferecer um esclarecimento substancial[26]."

---

[23] J. RATZINGER – V. MESSORI, *Rapporto sulla Fede* (Turim, 1985), trad. Espanhola: *Informe sobre la Fe* (Madri, 1985).

[24] Cf., por exemplo, G. THILS, *En Dialogue avec "L'Entretien sur la Foi"* (Lovaina, 1986); Y. CONGAR em Revue des Sciences Philosophiques et Théologiques 70 (1986) 635ss.

[25] L. BOEVE, *"Gaudium et Spes" and the Crisis of Modernity: The End of Dialogue with the World*: M. LAMBERIGTS – L. KENIS (ed.), Vatican II and Its Legacy (Lovaina, 2002) 83-83; ID., *Christian Faith, Church and the World*: G. MANNION – L. BOEVE (ed.), The Ratzinger Reader (Nova York, 2010) 119-138, especialmente p. 119-126; H.-J SANDER, *Theologischer Kommentar zur Pastoralkonstitution über die Kirche in der Welt von heute "Gaudium et Spes"*: P. HÜNERMANN – B. J. HILBERATH (ed.), Herders Theologischer Kommentar zum Zweiten Vatikanischen Konzil, IV (Friburgo, 2005) 581-886, especialmente, p. 838-844.

[26] *Prefácio* à edição dos dois volumes em que foram recolhidos os escritos conciliares de J. Ratzinger (Zur Lehre des Zweiten Vatikanischen Konzils), texto que, em tradução portuguesa, pode ser encontrado em: L'Osservatore Romano. Edição Semanal em Língua Portuguesa 43 (14 de outubro de 2012) n. 41, p. 11.

Alguns colocam J. Ratzinger entre os "arrependidos" do Vaticano II (outros "arrependidos" são J. Maritain e H. de Lubac)[27]. Essa apreciação está vinculada, sobretudo, com suas avaliações bastante negativas da recepção geral do Concílio[28].

A postura do papa Bento XVI diante do Concílio tem sido descrita pela fórmula "sim... mas...". Por outro lado, ele defende um "sim" ao Concílio diante das posturas dos "cismáticos tradicionalistas". Contudo, apresenta muitas objeções ("mas") à interpretação do Concílio de muitos teólogos de tendência progressista. A expressão mais qualificada dessa postura encontra-se no discurso de 2005, que será comentado no próximo capítulo. Também tem se avaliado no mesmo sentido a opção de colocar, pelo menos em aparente paridade, os textos do Vaticano II (no 50º aniversário de seu início) e o *Catecismo da Igreja Católica* (no 20º aniversário de sua publicação), no sentido de dar conteúdo ao Ano da Fé, que começou no dia 12 de outubro de 2012.

As afirmações anteriores são redimensionadas positivamente nas expressões contidas no citado *Prefácio* (firmado em 2 de agosto de 2012) a seus *escritos conciliares* ("foi um dia esplêndido aquele 11 de outubro de 1962"; "foi um momento de extraordinária expectativa. Grandes coisas deveriam acontecer") e na *Catequese* de quarta-feira, 10 de outubro de 2012 ("os documentos do Concílio Vaticano II [...] são também para o nosso tempo uma bússola que permite à barca da Igreja fazer-se ao largo, no meio de tempestades ou de ondas calmas e tranquilas, para navegar com segurança e chegar à meta"[29]).

---

[27] A. MELLONI, *Chiesa Madre, Chiesa Matrigna* (Turim, 2004) 28-29.

[28] J. A. KOMONCHAK, *Benedikt and the Interpretation of Vatican II*: Cristianesimo nella Storia 28 (2007) 323-337 em A. MELLONI – G. RUGGIERI (ed.), *Chi ha Paura del Vaticano II?* (Roma, 2009) 69-84; L. BOEVE, *"La Vrai Réception de Vatican II N'a pas Encore Commencé", Joseph Ratzinger. Révélation et Autorité de Vatican II* G. ROUTHIER – G. JOBIN (ed.), L'Autorité et les Autorités: L'Herméneutique Theologique de Vatican II Paris, 2010) 13-50 = Ephemerides Theologicae Lovanienses 85 (2009) 305-339.

[29] Texto português da Catequese em: L'Osservatore Romano. Edição semanal em língua portuguesa 43 (13 de outubro de 2012) n. 41, p. 3.

3. Balanço

Há um crescente e generalizado mal-estar diante da escassa aplicação do Concílio Vaticano II nas estruturas e nas práticas pastorais da Igreja. Pergunta-se até se as instâncias oficiais da Igreja, após o Concílio, não entraram em processos de "restauração" ou, utilizando uma terminologia pouco exata, de "contrarreforma"[30]. Motivos existem para esse mal-estar. Não se realizaram as reformas eclesiológicas projetadas ou intuídas no Concílio[31]. Concretamente, há de se destacar os seguintes dados, nos quais se observa a falta de implementação real das orientações conciliares:

- A tímida reforma da Cúria Romana realizada por Paulo VI não introduziu no governo da Igreja as mudanças exigidas pela teologia conciliar.
- Não se pode dizer que houve uma adequada institucionalização da colegialidade episcopal na estrutura meramente consultiva do Sínodo dos Bispos.
- A eclesiologia oficial reavivou as teses de orientação mais centralizadora e autoritária, como por exemplo, na declaração da CDF *Mysterium Ecclesiae* (1973).
- A inércia nas estruturas – "Roma continua agindo como sempre fez" – soma-se a isso uma série de intervenções doutrinais, cujos enfoques parecem estar situados na teologia prévia ao Concílio. Pode-se recordar a Encíclica *Humanae Vitae* (1968), a Declaração *Persona Humana*. Pode-se acres-

---

[30] Entre outras muitas referências bibliográficas, cf. H. KUNG – N. GREINACHER (ed.), Contra il Tradimento del Concilio. Dove Va la Chiesa Cattolica (Turim, 1987); P. LADRIÈRE – R. LUNEAU (ed.), *Les Retours des Certitudes. Événements e Orthodoxie depuis de Vatican II* (Paris, 1987); J. PEREA ET ALII (ed.), *Clamor Contra el Gueto. Textos sobre la Crisis de la Iglesia* (Madri, 2012).

[31] H. LEGRAND, *Cuarenta Años Después, ¿Donde Están las Reformas Eclesiológicas Proyectadas en el Concilio Vaticano II*: Concilium n. 312 (2005) 69-85.

centar a Instrução *Donum Vitae* (1987) e outras intervenções no campo da bioética. Combina com essa orientação a Declaração da CDF *Dominus Iesus* (6 de agosto de 2000) sobre a unicidade e a universalidade salvíficas de Jesus Cristo, na qual há uma interpretação, não compartilhada por todos os teólogos, da célebre passagem de *Lumen Gentium*, 8: "*Unica Christi Ecclesia... subsistit in Ecclesia Catholica*".

- A atuação da CDF continua repetindo episódios de controle teológico similares aos conhecidos na época de Pio XII.
- O novo Código de Direito Canônico (1983) não foi capaz de assumir os profundos postulados teológicos do Vaticano II, por exemplo, sobre o exercício da autoridade na Igreja ou sobre a sacramentalidade do matrimônio.
- O diálogo ecumênico está se tornando mais lento.
- A mulher não encontrou uma posição adequada na Igreja.
- Novas orientações pastorais, como as "celebrações comunitárias" do sacramento da penitência, foram fortemente recusadas.

Em termos gerais, "o pós-concílio seguiu um caminho minimalista" na aplicação da letra e, sobretudo, do espírito do Vaticano II[32]. Em uma perspectiva a Igreja do pós-concílio prosseguiu e aprofundou as intuições do Concílio: nas questões relativas à justiça social e à paz. A *Declaração conjunta sobre a doutrina da justificação* (1998), mesmo contando com matizes restritivos de última hora por parte de instâncias vaticanas, também pode ser situada no "haver" do compromisso ecumênico.

---

[32] H. RAGUER, *Giuseppe Alberigo y el Genuino Espírito del Concilio*: El Ciervo 56 (2007) n. 676-677, 20. Segundo este historiador, Paulo VI "sacrificou em mais de um ponto [o genuíno espírito conciliar] para evitar a ruptura com a minoria conservadora" (*Ibidem*).

Concluímos esse parágrafo com algumas afirmações que evidenciam a ambiguidade da recepção do Concílio Vaticano II nas cinco décadas depois de sua celebração:

"Cinquenta anos depois de terminado o Concílio parece que não sobra nada do espírito de abertura e de coragem que se vivia então na Igreja. As vozes proféticas e messiânicas do povo de Deus foram silenciadas. A Igreja Católica se enredou em seus próprios problemas internos e desgasta suas forças em conflito de autorreferência de caráter institucional. O medo tem a supremacia e impede a realização da agenda do Concílio (...)".

"De imediato, não se pode esquecer de que existiu também uma história positiva da recepção do Concílio. O Vaticano II foi assumido e interpretado, deu muitos frutos, enraizou-se nas cabeças e corações de muitos, em inumeráveis contextos, âmbitos sociais, comunidades e grupos religiosos. Os resultados deste processo tiveram vasta abrangência, tanto no interior da Igreja, como em sua relação com o mundo". (...)

"O Concílio Vaticano II como processo de uma Igreja *semper reformanda* só foi recebido parcialmente, ainda que de forma real. Ele inspira leigos católicos, religiosos e religiosas, presbíteros e bispos na expectativa de que possa ser realizada uma verdadeira renovação. Com efeito, todos esses setores constituem hoje na Igreja oficial uma Igreja do exílio[33]".

---

[33] J. PEREA, *Prólogo*: J. PEREA ET ALII (ed.), Clamor contra el Gueto..., 22-23.

Complemento Bibliográfico

1. Sobre a recepção do Concílio Vaticano II

Entre as muitas referências bibliográficas, veja as seguintes obras coletivas:

C. FLORISTÁN – J.-J. TAMAYO (ed.), *El Vaticano II, Veinte Años Después* (Madri, 1985).

S. DIANICH (ed.), *Venti Anni di Concilio Vaticano II. Contributi sulla sua Ricezione in Italia* (Roma, 1985).

G. ALBERIGO – J.-P. JOSSUA (ed.), *La Recepción del Vaticano II* (Madri, 1987).

G. TEJERINA (ed.), *Concilio Vaticano II. Acontecimiento y Recepción* (Salamanca, 2006).

2. Sobre a postura do Sínodo Extraordinário de 1985

Synode Extraordinaire. Célébration de Vatican II (Paris, 1986).

G. CAPRILE, *Il Sinodo dei Vescovi. Seconda Assemblea Generale Straordinaria* (Roma, 1986).

G. M. GARRONE, *Synode 85. Nouveau Départ pour le Concile. Dossier Présenté par Joseph Ratzinger Vandrisse* (1986).

W. KASPER, *Il Futuro dalla Forza del Concilio. Sinodo Straordinario dei Vescovi 1985. Documenti e Commento* (Brescia, 1985).

G. ROUTHIER, *L'Assemblée Extraordinaire de 1985, du Synode des Evêques: Moment Charnière de Relecture de Vatican II dans l'Église Catholique*: PH. BORDEYNE – L. VILLEMIN (ed.), Vatican II et la Théologie. Perspectives pour le XXIe. Siècle (Paris, 2006) 61-88.

J. R. VILLAR, *El Sínodo de 1985. El Concilio 20 Años Después*: Scripta Theologica 38 (2006) 61-72.

8

A(S) HERMENÊUTICA(S) DO VATICANO II

Aos 50 anos da celebração do Concílio, a grande questão que permanece é quanto a sua hermenêutica[1], como já o fora em seu 40º aniversário[2]. Da resposta a essa questão depende, em grande medida, a continuidade e a forma de recepção das orientações conciliares. Depois de indicar algumas hermenêuticas como refutáveis, serão indicadas outras que podem ajudar a continuar mantendo a atualidade e a vigência do Vaticano II.

É conveniente informar que, enquanto a interpretação do Concílio de Trento foi confiada à Cúria Romana (Congregação do Concílio), a do Vaticano II é objeto de estudo teológico. Disso decorre a existência de várias propostas hermenêuticas, como está indicado no título do presente capítulo, e segundo o que se observará abaixo.

---

[1] M. FAGGIOLI, *Vatican II. The Battle of the Meaning* (Mahwah, N. J., 2012). Além disso: O. RUSH, *Still Interpreting Vatican II. Some Hermeneutical Principles* (Nova York, 2004).

[2] G. ALBERIGO – J.-P. JOSSUA (ed.), *La Réception de Vatican II* (Paris, 1985).

1. Hermenêuticas refutáveis

Evidentemente, neste grupo entram as posturas que rejeitam o Vaticano II, considerando-o contrário à tradição da Igreja. Sobre elas foi falado no capítulo anterior.

Também devem ser rejeitadas as hermenêuticas "reativas" e "minimizadoras". São tendências que, embora com perspectivas e argumentações diversas, coincidem em considerar o evento conciliar como algo disfuncional ou sem identidade propriamente eclesial.

Três perspectivas sobressaem:

- Existem aqueles que dão por incontestável a existência de "desvios" na etapa de recepção do Concílio, insinuam "desorientações" ou, pelo menos, "ambiguidades" no mesmo Concílio[3].

- Em ambientes próximos ao Vaticano, surgiu um grupo de oposição frontal à interpretação da "história" do Concílio promovida por G. Alberigo[4]. Tal oposição não é somente de caráter acadêmico, mas comporta também sensibilidades capazes de minimizar a importância objetiva das orientações do próprio Concílio[5].

---

[3] A. WENGER, *El Rin Desemboca no Tíber. Historia del Concilio Vaticano II* (Madri, 1999); D. BERGER, *Gegen die Tradition order im Licht der Tradition? Zur neueren Interpretationen des Zweiten Vatikanischen Konzils*: Divinitas 40 (2005) 294-316.

[4] Expoentes teóricos dessa oposição à interpretação da "Escola de Bolonha" são: A. MARCHETTO, *Il Concilio Vaticano II. Contrappunto per la sua Storia* (Cidade do Vaticano, 2005); em espanhol *El Concilio Ecuménico Vaticano II. Contrapunto para su Historia*, Edicep (Valência, 2008); R. MATTEI, *Il Concilio Vaticano II. Una Storia mai Scritta* (Turim, 2011). Ver: G. ALBERIGO, *Polémica sobre el Concilio. Coloquio con el Historiador Giuseppe Alberigo*: Iglesia Viva n. 223 (2005) 111-114; entrevista publicada inicialmente no jornal italiano *La Reppublica* (2/7/2005).

[5] Veja, nesse sentido, as anotações de H. RAGUER, *El Concilio Vaticano II y su Triple Hermenéutica*: Iglesia Viva n. 250 (2012) 129-134 – sobre as reticências dos setores conservadores romanos diante da História do Concílio de G. Alberigo.

- Todavia, a mais perigosa é a interpretação que minimiza a validade formal dos textos conciliares, ao reduzi-los a orientações "pastorais" sem consistência propriamente "dogmática"[6].

Nesse contexto, agências de notícias (maio de 2012) publicaram que o cardeal W. Brandmüller, antigo presidente da Comissão Pontifícia de Ciências Históricas, falou à imprensa que os documentos conciliares *Nostra Aetate* (sobre a relação com as outras religiões) e *Dignitatis Humanae* (sobre a liberdade religiosa) "tinham um valor menos vinculante" que os outros textos do Concílio. O cardeal K. Koch, presidente do Conselho para a Unidade dos Cristãos, opôs-se a essa postura e afirmou que todos os textos do Concílio eram vinculantes para os membros da Igreja.

Segundo B. Gherardini, houve duas recepções que prevaleceram do fenômeno conciliar. Uma, oficial, de caráter acrítico e celebrativo, que aconteceu na assembleia extraordinária do Sínodo dos Bispos de 1985 e que aparece nos textos de "retórica laudatória" de João Paulo II. A segunda, de tendência rupturista, é a sustentada pela "Escola de Bolonha", sob a direção de G. Alberigo, cujo núcleo fundamental é a consideração do Concílio em chave de "concílio-evento". Segundo o eclesiólogo emérito da Universidade Lateranense, falta uma avaliação crítica sobre a continuidade ou não do Vaticano II com a tradição precedente. Essa avaliação só poderá acontecer se forem estabelecidos graus de normatividade formal nos textos conciliares.

---

[6] Expressão qualificada desta última orientação é a obra de B. GHERARDINI, *Concilio Vaticano II. Un Discorso da Fare* (Frigento, 2009), em espanhol *Vaticano II. Una Explicación Pendiente* (Larraya, Navarra, 2011). Sobre a debilidade teológica de tal interpretação: G. RICHI, *A Propósito de la "Hermenéutica de la Continuidad". Nota sobre a proposta de B. Gherardini*: Scripta Theologica 42 (2010) 59-77. O professor emérito de eclesiologia na faculdade de teologia da Universidade Lateranense (Roma) voltou a insistir nos mesmos argumentos numa segunda obra: B. GHERARDINI, *Concilio Vaticano II. Il Discorso Mancato* (Turim, 2011) e, novamente, foram expostas as debilidades teológicas de tal interpretação: G. RICHI, *Recensión*: Revista Española de Teología 72 (2012) 218-220.

De outra forma, corre-se o risco de distorcer seu significado. Para ele, são evidentes os desvios em algumas formas de recepção pós-conciliar, mas estes são filhos naturais do Concílio, naturalmente "exasperando" os princípios do Concílio. Tais posturas minimizadoras não levam em conta a "peculiaridade pastoral" do Vaticano II e avaliam seus documentos a partir dos postulados formais da dogmática escolástica ou neoescolástica. Por outro lado, oferecem e dão apoio aos tradicionalistas lefebvrianos que rejeitam o "Concílio" por considerá-lo contrário à tradição eclesiástica.

Diante das posturas minimizadoras do significado do Concílio e dos que pretendem que não se veja, no resultado do Concílio, senão pura "continuidade" com o pensamento teológico anterior, vários autores se manifestaram:

- Em oposição àqueles que têm medo de falar das *novidades* do Vaticano II: "Quem tem medo do Vaticano II"?[7]
- Para apresentar as *inovações* que se deram na configuração do Concílio, em seu desenvolvimento e em seu resultado (conteúdo, forma, gêneros literários, estilo etc.): "Não Aconteceu nada no Vaticano II"[8]?

Dessa forma, o Concílio Vaticano II não foi um "erro" no caminho secular da Igreja, nem uma "ruptura" na tradição eclesial e, tampouco, pode ser tido como um concílio "menor" por sua orientação pastoral.

---

[7] A. MELLONI – G. RUGGIERI (ed.), *Chi Há Paura del Vaticano II* (Roma, 2009).

[8] Ver a recapitulação de textos em: D. G. SCHULTENOVER (ed.), *Vatican II: Did Anything Happen?* (Nova York, 2007). Destaca-se, entre eles, os textos de J. W. O'MALLEY, *Vatican II: Did Anything Happen*: Theological Studies 67 (2006) 3-33: ID., *What Happened at Vatican II?* (Cambridge, Massachusetts, 2008); em francês *L'èvenement Vatican II* (Bruxelas, 2011); em espanhol *¿Qué Pasó en el Vaticano II?* (Santander, 2012).

2. Hermenêuticas válidas

Não faltam estudos sobre os pressupostos teóricos de apoio à hermenêutica do fato conciliar e, também, são abundantes as propostas de interpretação. Esses dois aspectos serão recordados na bibliografia ao final deste capítulo.

• A hermenêutica mais comum é a que, sem excluir certas rupturas e inovações, privilegia a continuidade no essencial[9].

• Existem projetos mais ambiciosos que, combinando os diversos fatores que entram em jogo no fato conciliar, propõem fazer uma interpretação em que apareçam os múltiplos significados tanto do momento da redação, quanto de sua recepção eclesial. Entre estes projetos sobressaem:

– O desenvolvido pelo teólogo jesuíta Ch. Theolbald[10].

– O assumido como tarefa por três instituições acadêmicas francófonas (Instituto Católico de Paris, Universidade de Laval de Quebec e Universidade Católica de Lovaina), que já organizaram, com esse objetivo, três congressos de estudo[11].

Contudo, talvez se possa aceitar que "o debate sobre a interpretação do Concílio esteja girando em torno a este binômio e às suas recíprocas implicações: o espírito do acontecimento e

---

[9] VÁRIOS, *L'Herméneutique du Vatican II*: Revue Thomiste 110 (2010) n. 1-2.

[10] CH. THEOBALD, *La Réception du Concile Vatican II. I. Accéder à la Source* (Paris, 2009), foi anunciada a publicação de novos volumes. Além desses, *IDEM, Enjeux Herméneutiques des Débats sur L'Historie du Concile Vatican II*: Cristianesimo nella Storia 28 (2007) 359-380; ID., *El Concilio Vaticano II frente a lo Desconocido*: Concilium n. 346 (2012) 69-78.

[11] PH. BORDEYNE – L. VILLEMIN (ed.), *Vatican II et la Théologie. Perspectives pour le XXIe. Siècle* (Paris, 2006); G. ROUTHIER – G. JOBIN (ed.), *L'Autorité et les Autorités. L'Herméneutique Théologique du Vatican II* (Paris, 2010), as atas do terceiro congresso, conforme anunciado, seriam publicadas em 2012.

a letra dos documentos[12]. Portanto, as principais opções hermenêuticas são duas: uma olha o Concílio enquanto "evento" e a outra, avalia os "textos" produzidos pelo Concílio.

– O Concílio como "Evento"

Esta é a interpretação sustentada pela chamada "Escola de Bolonha" e que tem sua expressão mais qualificada na *História do Vaticano II*, dirigida por Giuseppe Alberigo (1926-2007)[13].

Nesta hermenêutica tem prioridade o acontecimento conciliar diante das decisões ali tomadas[14]. A tarefa mais importante desta forma de interpretação é a reconstrução do "acontecimento" conciliar como condição indispensável para uma justa interpretação dos textos conciliares[15]. A partir desta chave hermenêutica, o Concílio Vaticano II aparece como a expressão (causa e efeito ao mesmo tempo) de uma mudança de época na Igreja, como um novo Pentecostes do Espírito[16]. Assim, o Concílio é entendido na perspectiva do "profetismo" para o momento histórico da celebração conciliar, com capacidade para seguir orientando a vida da Igreja no futuro[17].

---

[12] S. MADRIGAL, *El "Aggiornamento", Clave Teológica para la Interpretación del Concilio*: Sal Terrae 98 (2010) 115.

[13] G. RUGGIERI, *"L'Officina Bolognese" et Vatican II*: Recherches de Science Religieuse 100 (2012) 11-25.

[14] G. RUGGIERI, *Para una Hermenéutica del Vaticano II*: Concilium n. 279 (1999) 13-30; ID., *Recezione e Interpretazioni del Vaticano II. Le Ragioni di un Dibattito*: Cristianesimo nella Storia 28 (2007) 381-408; ID., *El Vaticano II como Iglesia "em acto". ¿Qué Fué el Concilio Vaticano II* 346 (2012) 43-55.

[15] P. HÜNERMANN, *Il Concilio Vaticano II come Evento*: M. T. FATTORI – A. MELLONI (ed.), L'Evento e le Decisioni. Studi sulle Dinamiche del Concilio Vaticano II (Bolonha, 1997) 63-92; J. KOMONCHAK, *Vatican II as an "Event"*: D. G. SCHULTENOVER (ed.), Vatican II: Did Anything Happen? (Nova York, 2007) 24-51.

[16] G. ALBERIGO, *Transizione Epocale. Studi sul Concilio Vaticano II* (Bolonha, 2009).

[17] G. BERCEVILLE, *Le Second Concile du Vatican: Une Assemblée Prophétique? Pertinence et Limites des Principes Classiques D'Herméneutique Conciliaire*: PH. BORDEYNE – L. VILLEMIN (ed.), Vatican II et la Theologie. Perspectives pour le XXIe. Siècle (Paris, 2006) 2019-245.

Em relação a esta hermenêutica, questiona-se, provavelmente, a forma exagerada com que privilegia os aspectos de "ruptura" sem considerar, suficientemente, seu enraizamento na história eclesial dos anos 1950 e o fato de considerar o acontecimento conciliar a partir da perspectiva binária de jogo de "maioria" e de "minoria". Porém, não se pode deixar de reconhecer que ela tenha ressaltado o *espírito* do Concílio, estando atenta às expressões (e às intenções) de João XXIII e aos sinais dados pela mesma assembleia conciliar.

– A pragmática dos textos

P. Hünermann e B. J. Hilbertath dirigiram um recente comentário teológico sobre os 16 documentos conciliares em cinco volumes. Neste comentário, Hünermann propõe uma chave de interpretação peculiar do Concílio, a partir de seus textos. Considera que estes compõem um importante corpo doutrinal e, como tal, constituem uma espécie de "lei fundamental da Igreja", semelhante a um "texto constitucional da fé"[18].

Essa leitura do acontecimento conciliar privilegia aspectos importantes de toda a hermenêutica: 1) A necessidade do conhecimento sobre o (complexo e rico) processo da redação: diversas redações, proposta e tratamento (*expensio*) dos modos, discussão em aula conciliar etc. 2) A interpretação do texto levando em conta os destinatários e fazendo-o dialogar com outros textos do mesmo Concílio (valorizando sua situação "cronológica" dentro do *iter* conciliar). 3) A consideração dos textos conciliares como um *conjunto*, no qual se expressa o essencial da fé em formulações fortes na forma de "constituições estatais" e em aplicações na forma de "decretos".

---

[18] P. HUNERMANN, *Der Text: Werden – Gestalt – Bedeutung. Eine Hermeneutische Reflexion*: P. HUNERMANN – B. J. HILBERATH (ed.), Herder Theologischer Kommentar zum Zweiten Vatikanischer Konzil, t. V (Friburgo, 2005) 5-101. Também, P. HÜNERMANN, *El "Texto" Pasado por Alto. Sobre la Hermenéutica del Concilio Vaticano II*: Concilium n. 312 (2005) 139-159; ID., *Der "Text": Eine Ergänzung zur Hermeneutik des Vatikanischen Konzils*: Cristianesimo nella Storia 28 (2007) 339-358; ID., *Au Sujet de L'Importance du Concile Vatican II pour L'Église, L'Oecuménisme et la Societé Aujourd'hui*: Recherches de Science Religieuse 100 (2012) 27-44; ID., *¿Perplejidad del Lenguaje ante el Concilio Vaticano II?*: Concilium n. 346 (2012) 15-29.

Não resta dúvida de que dar importância aos *textos* corresponda a um caminho para uma correta interpretação do fenômeno conciliar. Por outro lado, dar relevância ao caráter autoritativo dos textos é a condição imprescindível para uma leitura eclesial dos mesmos. O que ainda se questiona é: 1) Comparar os documentos conciliares com *textos constitucionais* dos Estados modernos. 2) Dar a entender que as formulações do Vaticano II abranjam todo o conjunto da fé cristã. O próprio Hünermann considerou tais objeções, sublinhando que "o gênero textual do Vaticano II poderá ser designado 'constituição da vida crente eclesial' ou, sinteticamente, 'constituição da fé'. Esta última expressão provavelmente seja preferível, porque evita o lógico equívoco de pensar que se trataria unicamente da constituição jurídica e institucional da Igreja, tal como ficou expressa na "*Lex Fundamentalis Ecclesiae*"[19].

– Integração e não oposição

Cremos que as duas orientações hermenêuticas apresentadas – o Concílio como "evento" e o Concílio enquanto refletido em seus "textos" – não são excludentes. Ao contrário, elas podem se complementar. Além disso, a síntese hermenêutica dessas duas posturas pode muito bem assumir o positivo das demais propostas interpretativas.

3. As advertências de Bento XVI

O papa Bento XVI aproveitou seu discurso de natal para a Cúria Romana em 22 de dezembro de 2005, para expor seu pensamento sobre a hermenêutica do Vaticano II[20]. Era um tema que trazia consigo e quis deixá-lo claro logo no início de seu pontificado.

---

[19] P. HÜNERMANN, *El "Texto" Pasado por Alto...*, 155.

[20] Texto Oficial: *Ad Romanam Curiam ob omina natalicia. Die 22 decembris 2005*. AAS 98 (2006) 40-53, especialmente p. 45-52. Tradução espanhola: *Discurso de Bento XVI a la Curia Romana con motivo de las felicitaciones navideñas* (22/12/2005): Ecclesia n. 3290 (31 de dezembro de 2005) 30-36, especialmente 33-36.

Em continuação a seus posicionamentos precedentes, o papa começa constatando as "dificuldades" na recepção do Concílio, atribuindo essas dificuldades à forma de interpretá-lo: "Por que a recepção do Concílio, em muitas partes da Igreja, até agora teve lugar de modo tão difícil? Pois bem, tudo depende da justa interpretação do Concílio ou como diríamos hoje da sua correta hermenêutica, da justa chave de leitura e de aplicação"[21]. Para o papa tudo se explica porque "duas hermenêuticas contrárias se embateram e disputaram entre si. Uma causou confusão, a outra, silenciosamente, mas de modo cada vez mais visível, produziu e produz frutos"[22].

A partir desse posicionamento, é normal que a continuação do discurso papal redunde em duas afirmações básicas: uma avaliação negativa e outra de orientação positiva. No entanto, o papa:

– Opôs-se à denominada *hermenêutica da descontinuidade* e à que se identifica com a interpretação que: 1) Entende o pensamento do Concílio como uma "ruptura" em relação à tradição precedente. 2) Afirma que é necessário superar a "letra" do Concílio, quando esta se opõe ao "espírito" do evento conciliar. Como razões para a avaliação negativa dessa hermenêutica, o papa coloca a necessidade da continuidade da Tradição (com "t" maiúsculo) e a necessária afirmação de um único sujeito permanente que é a própria Igreja[23].

– Após rejeitar a *hermenêutica da descontinuidade*, propõe como válida a *hermenêutica da reforma*, que descreveu como sendo a hermenêutica "da renovação na continuidade do único sujeito-Igreja, que o Senhor nos concedeu. É um sujeito que cresce no tempo e se desenvolve, permanecendo, porém, sempre o mesmo, único sujeito do Povo de Deus a caminho"[24]. Para Bento XVI, a hermenêutica da reforma supõe um jogo, em diver-

---

[21] Ecclesia n. 3290 (31 de dezembro de 2005) 33.

[22] *Ibidem*.

[23] Cf. *Ibidem*.

[24] *Ibidem*.

sos níveis, de *continuidade* e de *descontinuidade*: "É exatamente neste conjunto de continuidade e descontinuidade em diversos níveis que consiste a natureza da verdadeira reforma"[25].

O papa apoiou seu pensamento no discurso de João XXIII, de abertura do Concílio (11 de outubro de 1962), e no discurso de Paulo VI, de encerramento (7 de dezembro de 1965), aos quais fez muitas glosas em função da solução proposta[26].

> Bento XVI voltou a insistir no caráter absurdo da hermenêutica da ruptura no *Prefácio* dos dois *volumes de seus escritos conciliares* (2/8/2012): "Os padres conciliares não podiam nem queriam criar uma Igreja nova, diversa. Eles não tinham nem o mandato nem o encargo de fazê-lo (...). Não podiam nem queriam criar uma fé distinta ou uma Igreja nova, mas compreendê-las de modo mais profundo e, por conseguinte, realmente 'renová-las'. Por isso, uma hermenêutica de ruptura é absurda, contrária ao espírito e à vontade dos padres conciliares"[27].

Essa hermenêutica proposta por Bento XVI foi ampliada e lida em sentido bem reacionário em determinados ambientes conservadores romanos[28]. No outro extremo, não faltaram algumas observações críticas[29]. A seguir apresentamos três dessas críticas.

– Primeiramente, "a cena teológica real (de hoje) não se caracteriza pela oposição entre a 'hermenêutica da descontinuidade' e a 'hermenêutica da reforma' (...). Nenhum teólogo de renome afirma que o Concílio Vaticano II tenha vivido ou

---

[25] *Ibidem*, 25.

[26] *Ibidem*, 33-35.

[27] L'Osservatore Romano. Edição Semanal em língua portuguesa 43 (13 de outubro de 2012) n. 41, p. 11.

[28] W. BRANDMÜLLER – N. BUX – A. MARCHETTO, *Le "Chiavi" di Benedetto XVI per Interpretare il Vaticano II* (Roma, 2012).

[29] J. PEREA, *El Conflicto de las Interpretaciones del Concilio, Manifestación de la Crisis Eclesial Presente*: J. PEREA ET ALII (ed.), Clamor contra el Gueto (Madri, 2012) 168-178 = Iglesia Viva n. 227 (2006) 45-72; ID., *"Qué Dice el Espíritu a las Iglesias" (Ap 2): Fidelidad Creativa al Concilio*: Iglesia Viva n. 250 (2012) 31-52.

ensinado a descontinuidade, muito menos a ruptura em relação à tradição da Igreja"[30].

A dialética entre descontinuidade-continuidade "é puramente teórica. Não é sustentada por nenhum teólogo católico atual e é somente apresentada como pretexto para justificar ideologicamente a interpretação do Vaticano II e de sua utilização a partir do Concílio de Trento e do Vaticano I e, para impedir que se viva o último Concílio como um processo aberto, como um caminho de transformação contínua, como sinal na direção da caminhada para uma nova época"[31].

– Em segundo lugar, não fica de tudo claro como se configura e como se concretiza a *hermenêutica da reforma* quanto à sua capacidade de conseguir o consenso adequado para a aplicação do Vaticano II nas questões que o próprio Concílio deixou em aberto[32].

– Em terceiro lugar, o papa parece não ter considerado que os documentos conciliares foram, em grande parte, "textos de consenso" entre duas ou mais tendências. A hermenêutica, que agora se propõe como a correta, parece ignorar essas tendências e, mais ainda, parece dar maior validade para a postura da "minoria", que no mesmo Concílio foi descartada[33].

Além do mais, mais importante que a tensão entre essas duas formas de hermenêutica é a constatação de que "na realidade existe uma terceira (hermenêutica) de caráter minimalista ou involucionista que está prevalecendo e quer dar uma marcha à ré e voltar ao *statu quo* anterior"[34].

---

[30] J. PEREA, *El Conflicto de las Interpretaciones del Concilio, Manifestación de la Crisis Eclesial Presente*: J. PEREA ET ALII (ed.), Clamor contra el Gueto..., 170.

[31] J. PEREA, *"Qué Dice el Espíritu a las Iglesias" (Ap 2): Fidelidad Creativa al Concilio*, 32.

[32] J. PEREA, *El Conflicto de las Interpretaciones del Concilio, Manifestación de la Crisis Eclesial Presente*: J. PEREA ET ALII (ed.), Clamor contra el Gueto..., 171.

[33] G. GIRARDI, *Un Concilio o Due? Un'ipotesi Interpretativa*: Segno 38 (2012) n. 334, 54-55.

[34] H. RAGUER, *El Concilio Vaticano II e su Triple Hermenéutica...*, 134.

4. Balanço

Diante das posturas "minimizadoras" (e, em alguns casos, "negativas") do Concílio Vaticano II, é necessário continuar reivindicando a força teológico-eclesial do evento conciliar. É imperativo pensar e realizar uma "nova recepção" do Concílio, que requer uma nova hermenêutica dos textos conciliares. Ponderando as várias opções de hermenêutica conciliar e levando em conta a advertência de Bento XVI (no discurso de natal de 22.12.2005) sobre uma hermenêutica à margem da Tradição ou que não considera o único e mesmo sujeito que é a Igreja, haverá de privilegiar aquela hermenêutica que recupera o espírito da "maioria" conciliar e, a partir da força criativa desse espírito, ser capaz de dar resposta às novas situações do mundo e da Igreja. É a hermenêutica da "renovação" dentro da "tradição"[35].

Mais concretamente, é necessário superar o falso dilema entre "continuidade" e "ruptura", porque na vida da Igreja uma não pode se dar sem a outra. Para que haja atualização (entendida como "ruptura") na Igreja, é preciso também haver continuidade da Tradição, que só se verifica unicamente em sentido autêntico na medida em que se dá em relação com a contemporaneidade.

> A atualidade do Vaticano II está no fato de querer preparar nosso olhar para compreender que a pretensão de validade permanente do cristianismo consiste em poder começar algo novo em todas as épocas. Se a Igreja pretende que a contemporaneidade é somente possível com o retorno ao já estabelecido, torna-se estruturalmente incapaz de responder às rupturas, ao novo, ao inesperado. As questões do presente não podem ser superadas com o desenho conceitual do passado. Falar sempre à maneira de uma permanente autocitação priva a Igreja da descoberta de possibilidades não descobertas ou desatendidas no Evangelho[36].

---

[35] M. L. LAMB – M. LEVERING, *Vatican II. Renewal within Tradition* (Oxford, 2008).

[36] J. PEREA, *El Conflicto de las Interpretaciones del Concilio, Manifestación de la Crisis Eclesial Presente*: J. PEREA ET ALII (ed.), Clamor contra el Gueto..., 177.

I – O SIGNIFICADO HISTÓRICO-TEOLÓGICO DO VATICANO II – CAPÍTULO 8

O que acabamos de mostrar já está presente, em grande parte, na *hermenêutica da reforma proposta* por Bento XVI, que assinalou que "a natureza da reforma autêntica" é composta de continuidade e descontinuidade, mesmo que em níveis distintos.

De outro lado, a categoria *reforma*, aplicada à hermenêutica do Vaticano II, engloba o *aggiornamento*, cujo significado já foi exposto num capítulo anterior. Pode também ser complementada através de outra categoria formulada com um termo francês: *ressourcement*, ou seja, *refontalizar* ou *voltar às fontes*. Esta categoria, muito apreciada em determinados ambientes teológicos e eclesiais de caráter mais conservador, quer expressar a exigência metodológica para realizar o *aggiornamento* e para conseguir a *reforma autêntica*. Portanto, não existe oposição, mas complementaridade entre *aggiornamento, ressourcement* e *reforma*[37], contando que essas categorias desenvolvam uma hermenêutica que difunda o *espírito* do Concílio.

O espírito do Concílio está presente tanto no "acontecimento eclesial" da assembleia conciliar como nos "textos" produzidos por ela. Essas duas realidades – *evento* e *textos* – formam um único conjunto aberto à hermenêutica. O *evento* conciliar é o contexto teológico no qual hão de ser interpretados os *textos*, que, por sua vez, oferecem ao dinamismo significativo do evento sua formulação explícita.

Consideramos, em definitivo, que o "espírito" do Concílio tem de ser captado através de uma hermenêutica adequada de seus textos[38]. Para tanto, não podem ser empregadas somente as leis gerais da hermenêutica de textos, mas também as que recolhem as peculiaridades dos textos do Vaticano II[39].

---

[37] Veja as considerações de J. W. O'MALLEY, *"Ressourcement" y Reforma en el Vaticano II*: Concilium n. 346 (2012) 57-67.

[38] J. W. O'MALLEY, *"L'Ésprit du Concile Est à Découvir en Étudiant les Textes"* [Entrevista]: L'ABC de Vatican II. L'esprit du Concile dans les textes. La Croix. Hors-Série (Paris, 2012) 76-78.

[39] E. ARENS, *De la Letra a su Espíritu. Algunos Princípios Hermenéuticos para la Correcta Lectura del Concilio Vaticano II*: Páginas 37 (2012) n. 226, 20-29.

Por exemplo, cada documento conciliar "não é uma ilha nem foi concebido como tal, mas é parte do processo desenvolvido no decurso dos anos do Concílio, que produziu uma série de documentos que revelam um progressivo amadurecimento na orientação pastoral do Concílio. Surgirão assim diferenças e consonâncias constatáveis[40]. A partir do critério formulado, fica claro que os primeiros documentos que foram escritos têm de ser repensados à luz dos que foram compostos posteriormente. Além do mais, nem todos os textos têm o mesmo peso. Os mais importantes (*constituições*) têm de orientar a interpretação dos *decretos* e das *declarações*. Entretanto, não convém esquecer que o Concílio Vaticano II criou uma "retórica" própria, matriz linguístico-conceitual-simbólica na qual seus textos foram redigidos e em cuja luz devem ser interpretados[41].

A hermenêutica dos documentos conciliares, como a de outros textos que se incorporam a uma tradição viva, tem de ser completada com a pergunta sobre as projeções e a relevância do texto para o devir da tradição. Essas projeções do texto (Wirkungsgeschichte) sobre a etapa ulterior à redação (Redaktionsgeschichte) têm de ser lidas de acordo com a peculiaridade do "lugar" geográfico ou humano em que os textos são vividos. Assim, "a leitura do Concílio na América Latina, refletida particularmente nos documentos de Medellín, foi diferente das realizadas na Europa e na África[42].

Mais ainda, os leitores da época posterior à redação dos documentos podem descobrir neles significados que o autor não via em seu momento. Assim, pois,

---

[40] *Ibidem*, 21.

[41] J. W. O'MALLEY, *Erasmus and Vatican II: Interpreting the Council*: VÁRIOS, Cristianesimo nella Storia. Saggi in Onore di Giuseppe Alberigo (Bolonha, 2006) 3-33.

[42] E. ARENS, *De la Letra a su Espíritu...*, 28.

o receptor verá significados que possivelmente o autor não via em seu momento, pois todo texto está aberto a novas interpretações que talvez seu autor não previu. O que não pode fazer é anular, negar ou sequer contradizer o texto sem invalidá-lo. Fidelidade ao texto significa fidelidade a sua projeção. Este é um dos desafios com os quais o Concílio nos confronta[43].

A orientação acima conduz a uma hermenêutica dos textos conciliares na perspectiva da "fidelidade criativa". "A verdadeira fidelidade ao Concílio consiste em fazer avançar o processo iniciado em outubro de 1962 (...). Os documentos não esgotaram o dinamismo que pertenceu ao acontecimento. Este encontra-se carregado de um futuro postulado por sua própria natureza"[44].

A efetivação dessa complexa hermenêutica dará origem a um novo estilo de teologia, de pastoral, de espiritualidade, de vida eclesial etc. É o estilo do Vaticano II[45].

Complemento Bibliográfico

Indico a seguir algumas referências que abordam a questão de forma global e fundamental:

G. ROUTHIER, *Il Concilio Vaticano II. Recezione ed Ermeneutica* (Milão, 2007), especialmente as páginas 261-294: "XI. L'Ermeneutica del Vaticano II: Dalla Storia della Redazione dei Testi Conciliari alla Struttura di un 'corpus'".

---

[43] *Ibidem*, 29.

[44] J. PEREA, *"Qué Dice el Espíritu a las Iglesias" (Ap 2)*..., 32. Para o desenvolvimento desta importante orientação hermenêutica, remetemos aos dois artigos citados de J. Perea em: Iglesia Viva n. 227 (2006) 45-72; n. 250 (2012) 31-52.

[45] J. W. O'MALLEY, *The Style of Vatican II*: America 188/6 (24 de fevereiro de 2003) 12-15; G. ROUTHIER, *Il Vaticano II come Stile*: La Scuola Cattolica 136 (2008) 5-32. Sobre a comparação entre o estilo de Trento e o estilo do Vaticano II: J. W. O'MALLEY, *Trent and Vatican II. Two Styles of Church*: R. BULMAN – F. J. PARELLA (ed.), From Trent to Vatican II. Historical and Theological Investigation (Nova York, 2006) 301-320.

IDEM, L'Herméneutique de Vatican II. Réflexions sur la Face Cachée d'un Débat: Recherches de Science Religieuse 100 (2012)45-63.

CH. THEOBALD, Un *Corpus, un Style, des Conditions de Réception*: Laval Théologique et Philosophique 67 (2011) 421-441.

IDEM, "L'Herméneutique de Réforme" Implique-t-elle une Réforme de L'Herméneutique?: Recherches de Science Religieuse 100 (2012) 65-84.

De forma sintética:

D. MOULINET, *Réflexions sur L'Herméneutique de Vatican II*: La Documentation Catholique 109 (2012) n. 2.483, 145-148.

9

VIGÊNCIA E ATUALIDADE DO CONCÍLIO VATICANO II

O Concílio Vaticano II constituiu um impulso renovador e criativo dentro do dinamismo geral da Igreja. "Apesar de todos os limites próprios de um concílio de transição e das críticas de que pode ser objeto, o Vaticano II foi o acontecimento teológico mais importante para a Igreja do século XX. Sua novidade teológica não se reduziu somente ao fato de sua convocação nem à orientação que lhe deram os papas que o inauguraram e o encerraram, mas principalmente pela resposta da assembleia e pela diversidade dos que participaram da mesma."[1]

Muitas coisas na Igreja já não podem ser como antes do Concílio[2], que se não tivesse acontecido:

- "Na Igreja Católica, a *liberdade religiosa* e a *tolerância* continuariam sendo consideradas como frutos daninhos do espírito da época moderna (...)".
- "A Igreja Católica continuaria renunciando ao *movimento ecumênico* (...)."

---

[1] E. VILANOVA, *Historia de la Teología Cristiana, III* (Barcelona, 1992) 921-922.

[2] J. DORÉ, *Conclusione, Cioè che Dopo non Sarà come Prima*: J. DORÉ – A. MELLONI (ed.), Volti di Fine Concilio. Studi sulla Conclusione del Vaticano II (Bolonha, 2000) 419-434; ID., *El Vaticano II Hoy*: Concilium n. 312 (2005), 163-173.

- "A *Liturgia* Católica continuaria sendo uma liturgia clerical, celebrada em uma língua estrangeira incompreensível, a que o povo somente assistia passivamente em 'missas maiores' e 'missas individuais' em latim, sussurradas contra a parede (...)."
- "A teologia e a espiritualidade da *Bíblia* continuariam sendo deixadas de lado dentro da Igreja Católica na pregação, na teologia acadêmica e na devoção privada. Praticamente a Tradição eclesiástica continuaria sendo colocada acima da Sagrada Escritura, na teoria e na prática, e o magistério colocado acima de ambas (...). A Igreja prosseguiria se entendendo como um 'império romano' sobrenatural: no vértice, como autoridade absoluta, o papa; abaixo, a 'aristocracia' dos bispos e sacerdotes, finalmente, com uma função passiva, o 'povo comum' dos crentes. Vista em conjunto, uma imagem clerical, legalista e triunfalista da Igreja (...)."
- "O *mundo secular*, entretanto, seria visto de maneira fundamentalmente negativo..."[3]

– A recorrência de datas comemorativas tem colocado em evidência a atualidade do Concílio.

A celebração dos 40 anos do final do Concílio Vaticano II constituiu uma oportunidade para a renovação dos estudos sobre o fato conciliar, sobre seu significado histórico e sobre sua atualidade. Apresentamos abaixo, a título de exemplo, alguns desses estudos.

B. SORGE, *A Quarant'anni dal Concilio II*: Aggiornamenti Sociali 53 (2002) 621-626.

---

[3] H. KÜNG, *¿El Concilio Olvidado?*: Concilium n. 312 (2005) 128-133 (texto completo, p. 127-138).

J. B. TÜCK, *40 Jahre Zweites Vatikanische Konzil. Vergessene Anstösse und Perspektiven*: Theologie und Glaube 93 (2003) 48-59.

B. FORTE, *Fedeltà e Rinnovamento. Il Concilio Vaticano 40 Anni Dopo* (Cinisello Balsamo, 2005).

Concilium n. 312 (2005): "El Vaticano II: ¿un Futuro Olvidado"?

I. GONZÁLEZ MARCO (ed.), *Concilio Vaticano II. 40 Años Después* (Madri, 2006).

Credere Oggi 26 (2006) 3-161: "A 40 Anni dal Concilio Vaticano II".

G. TEJERINA (ed.), *Concilio Vaticano II, Acontecimiento y Recepción. Estudios sobre el Vaticano II a los 40 Años de su Clausura* (Salamanca, 2006).

Aos 50 anos do começo do Vaticano II renovaram-se os estudos e voltou a se colocar em relevo sua atualidade. Concretamente:

– Recobrou-se o interesse pelo que *realmente aconteceu* no Concílio; reeditando-se crônicas, diários etc. já publicados em seu momento. Voltou-se a ponderar sobre a validade da magna *História* dirigida por G. Alberigo. Além disso, foram compostos outros estudos de caráter histórico, entre os quais cabe citar:

J. W. O'MALLEY, *What Happened at Vatican II* (Cambridge, Massachusetts, 2008), em francês: *L'Évenement Vatican II* (Bruxelas, 2011).

CH. PEDOTTI, *La Bataille du Vatican II (1959-19650). Les Coulisses du Concile que a changé l'Église* (Paris, 2012), em espanhol: *¿Qué Pasó em el Vaticano II?* (Santander, 2012).

– Continua despertando interesse a questão da *recepção* do Vaticano II pela Igreja Oficial e, embora um pouco menos, a *rejeição* do Concílio por parte da cismática Fraternidade Sacerdotal São Pio X (lefebvrianos).

– Na celebração dos 50 anos do Concílio, os estudiosos do Vaticano II estão mais preocupados com a questão de sua interpretação ou *hermenêutica*. Tanto sobre este aspecto como ao anterior, dedicamos para cada um deles um capítulo.

– Uma perspectiva bastante nova é a de refletir sobre o Concílio e sobre sua recepção a partir de *novos lugares*, tanto geográficos (Ásia, África, América Latina etc.), como temáticos (cultura atual, juventude, feminismo, laicato etc.)[4]. Estes lugares são as novas "Galileias", nas quais, através da rememorização e atualização do Vaticano II, torna-se possível a experiência de encontro com o Senhor[5].

Algumas notas bibliográficas a este respeito:

Orte des Konzils heute: Theologisch-praktische Quartalschrift 160 (2012) n. 3. Os "lugares propostos" são: o mundo de hoje, as Igrejas do Sul (América Latina, Ásia, África), a juventude, a mulher.

Concilium n. 346 (2012) 91-101, a partir dos pobres (J. Sobrino); 103-114, a partir do laicato (M. C. Lucchetti Bingemer); 117-123, a partir da África (A. E. Orobator); 125-133, a partir da América do Norte (M. E. Hines); 135-141, a partir da América Latina e Caribe (J. O. Beozzo); 143-150, a partir da Ásia (F. Wilfred); 151-158, a partir da Europa (M. Maier).

---

[4] Sobre a presença da juventude entre os interesses do Vaticano II: T. KAINEDER, *Regie und Drehbuch geben wir Nicht aus der Hand. Jugend und da Zweite Vatikanum*: Theologisch-praktische Quartalschrift 160 (2012) 278-283.

[5] CH. THEOBALD, *La Regola È Il Discernimento* (reprodução do posfácio ao *Enchiridion do Vaticano II* na data de seu 50º aniversário, Bolonha, 2012): Il Regno-Attualità 57 (2012) n. 1.125, 385-390, especialmente 390.

Em referência concreta à América Latina, deve ser reconhecida certa circularidade entre a Igreja projetada no Concílio Vaticano II e a Igreja que "se recria" nos documentos do episcopado latino-americano, começando por Medellín[6]. Com efeito, sem o Concílio Vaticano II, "não teria sido possível a Conferência de Medellín, com todas as mudanças que supôs para nossa Igreja da América Latina, nem esse fio condutor que, passando por Puebla e Santo Domingo, chega até Aparecida. De alguma forma, tampouco o Concílio Vaticano II pode ser bem entendido sem Medellín. Dos três grandes desafios que [o Concílio] se propôs: o diálogo com o mundo moderno, o ecumenismo e a Igreja dos pobres, o último foi cumprido por Medellín e constitui uma contribuição incalculável para a Igreja Universal"[7].

– Vigência do Concílio

De acordo com a visão de muitos teólogos, tanto a força de renovação do Vaticano II como sua capacidade criativa não se esgotaram, continuam tendo vigência, com muitas vertentes[8]. Destacamos duas delas:

– Enquanto *acontecimento eclesial*, como foi apontado em capítulo anterior, para uma corrente interpretativa, o mais significativo foi o fato de o Concílio ter sido celebrado, e esta afirmação da *sinodalidade* continua atual e vigente.

– Em seu espírito de *adaptação às novas situações*, o Concílio não foi convocado para condenar ou corrigir, mas para responder às urgências históricas, e esta referência às novas situações confirmam sua atualidade e vigência.

---

[6] J. O. BEOZZO, *Medellín. Inspiration et Racines*: J. DORÉ – A. MELLONI (ed.), Volti di Fine Concilio, 361-393.

[7] Apresentação em PÁGINAS 37 (2012) n. 226, 4.

[8] M. LAMBERIGTS – L. KENIS (ed.), *Vatican II and its Legacy* (Lovaina, 2002).

A herança do Vaticano II encontra-se no seu espírito e na letra de seus textos, nos quais ficaram plasmadas suas opções pela dimensão eclesial da existência cristã; por uma celebração litúrgica participada; pela força da Palavra; por uma nova forma de relação da Igreja com o mundo. Muitos estudos dão relevância a essas opções, destacamos alguns deles a seguir:

W. KASPER, *Chiesa Dove Vai? Il Significato Permanente del Concilio Vaticano II* (Casale Monferrato, 1990).

EDITORIALE, *Attualiità del Concilio Vaticano II*: La Civiltà Cattolica 153 (2001) IV, 426-438.

S. MADRIGAL, *El Significado Permanente del Concilio Vaticano II (1962-1965)*: Razón y Fe 252 (2005) 317-338.

E. VILANOVA, *La Actualidad del Vaticano II a los 40 Años de su Clausura*: Vida Nueva n. 2497 (3 de dezembro de 2005) 23-30, brochura.

PH. BORDEYNE – L. VILLEMIN (ed.), *Vatican II et la Théologie. Perspectives pour le XXIe. Siècle* (Paris, 2010).

J. DORÉ, *Pour Commémorer Vatican II comme une Grâce*: La Documentation Catholique 108 (2011) n. 2.476, 906-911.

P. POUPARD, *Le Concile Vatican II. Une Realité Surprenante*. La Documentation Catholique 108 (211) n. 2.478, 993-1002.

G. ROUTHIER, *Cinquante Ans Après Vatican II, que Reste-t-il à Mettre em Oeuvre*: Documentation Catholique 109 (2012) n. 2.489, 438-447.

M. DE FRANÇA MIRANDA, *Uma Igreja em Processo de Renovação. Concílio Vaticano II: o Legado e a Tarefa*: Revista Eclesiástica Brasileira 72 (2012) n. 286, 366-395.

II

DIÁLOGO COM O MUNDO E COMPROMISSO MORAL

1

A RELAÇÃO DA IGREJA COM O MUNDO SEGUNDO O CONCÍLIO

A Constituição Pastoral *Gaudium et Spes* (*GS*) não é o documento de maior profundidade teológica ou dogmática do Concílio Vaticano II. Considerada sob esse aspecto, ela é superada pelas constituições dogmáticas *Dei Verbum* e *Lumen Gentium*. Também seu texto não é o que apresenta maiores qualidades formais de unidade temática e de organização no desenvolvimento dos conteúdos. No entanto, em relação aos demais documentos conciliares, *GS* é o de maior extensão e, nele, são abordadas questões de índole variada e de notável interesse tanto teórico como prático.

Entretanto, sua vantagem não se limita somente à quantidade, mas sobretudo a sua qualidade, pela qual é considerado, por muitos, o documento que melhor expressa o *espírito* do Concílio Vaticano II. Concretamente, em *GS* manifestam-se com claridade os traços característicos do Concílio:

• A *pastoralidade*, ou seja, a compreensão e o exercício da teologia em conexão com a realidade concreta e com o objetivo de transformá-la na perspectiva da salvação, sem a preocupação direta de propor ou aprimorar dogmas[1].

---

[1] A "pastoralidade" de *GS* é explicitada na *nota explicativa* prévia que acompanha, ao pé de página, o documento. Essa nota foi exigida por razões de "pureza teológica" para que o texto

- O *aggiornamento*, ou seja, a adaptação da mensagem cristã às condições da situação presente, sem por isso perder seu sentido original, e até chegando a abrir o horizonte dos "destinatários" da mensagem conciliar a todas as pessoas, mesmo aos que não creiam em Cristo.

Como afirmou J. Ratzinger, *GS*, por sua forma e pela orientação de suas declarações, constitui-se em algo distinto do que foi dito em outros concílios[2]. Tanto em nível de gênero literário como no de conteúdo, *GS* é um "*novum*" (algo novo) na história dos concílios; expressa de forma eminente, o "tom novo, antes desconhecido", que João Paulo II atribuiu aos documentos do Vaticano II[3]. A participação dos leigos na fase de preparação deve ter influenciado para que o texto adotasse essas orientações.

De outro lado, em *GS* encontram-se os textos mais citados do Vaticano II na etapa pós-conciliar, bem como os parágrafos de maior inspiração entre os muitos que o Concílio produziu. O parágrafo 22 é um destes textos, do qual João Paulo II disse que era a "expressão culminante" de *GS* (*Redemptor Hominis*, 8) e "um dos pontos de referência constante de meu ensinamento" (*Fides et Ratio*, 60)[4].

---

adquirisse a condição de *constituição*, se bem que "*constituição pastoral*". O adjetivo *pastoral* foi pensado inicialmente para "rebaixar" a condição teológico-pastoral do texto, porém, adquiriu de fato um significado de tão grande valor que acabou por caracterizar a *peculiaridade teológica* dos documentos produzidos pelo Concílio Vaticano II. Sobre o significado histórico da nota explicativa, cf.: R. GALLAGHER, *The Significance of a Note: The Implications of "Gaudium et Spes" for the Fundamental Moral Theology*: Studia Moralia, 42 (2004) 451-463.

[2] J. RATZINGER, *Les Principes de la Théologie Catholique* (Paris, 1985) 423.

[3] *Tertio Millennio Adveniente*, n. 20.

[4] "A frase 'somente no mistério do Verbo Encarnado o mistério do homem encontra sua verdadeira luz', que se lê no texto final da *Gaudium et Spes* (n. 22), deve-se em parte a algumas intervenções suas (Karol Wojtyla), e talvez este n. 22 seja o texto que João Paulo II tenha citado com maior frequência, até convertê-lo no eixo de seu pontificado, como já aparece em sua primeira encíclica *Redemptor Hominis*" (R. TUCCI, *Los Viajes Internacionales de Juan Pablo II*: Razón y Fe 251 [2005] 540).

É impossível analisar no curto espaço de um capítulo todos os aspectos relacionados com a interpretação de *GS*. Por isso, já pressupomos uma leitura comentada do texto. Para essa primeira aproximação, abundaram os comentários de primeira hora, cuja leitura continua sendo valioso instrumento de interpretação. Supomos também conhecimentos sobre a *gênese do texto*. *GS* é um documento nascido no Concílio sem um texto de referência prévio. Algo similar aconteceu com a constituição *Dei Verbum* e com a declaração *Dignitatis Humanae*. Por outro lado, a história de sua redação foi complexa e, em certas fases (quarta sessão, 1965), conflituosa. Malinas (1963), Zurique (1964), Ariccia (jan.-fev. 1965) representam não somente os lugares geográficos em que se preparou o texto, mas também os extratos mais decisivos na história da redação (Redaktionsgeschichte) de *GS*.

Também não faltam estudos sobre o que se pode chamar de história da recepção ou aplicação do texto (Wirkungsgeschichte) na etapa pós-conciliar. Essa recepção encontra-se formulada nos estudos que foram surgindo à medida que o texto conciliar celebrava aniversários. Obviamente se supõe que este aspecto seja considerado para uma correta interpretação de *GS*.

No final deste capítulo, oferecemos um guia bibliográfico para o estudo dos três aspectos que acabamos de mencionar.

Dessa forma, supondo as três aproximações indicadas, entramos diretamente no próprio texto, *in media res*, para recolher dele as orientações que hão de conduzir a relação da Igreja com o mundo atual.

> Por "mundo", aqui se entende não a realidade humana tal qual é compreendida na teologia paulina (o humano "anterior" ao advento do cristianismo) ou na teologia joanina (o humano "contrário" ao cristão), mas a realidade humana como está expresso no próprio texto conciliar: "o mundo dos homens, ou seja, a inteira família humana, com todas as realidades no meio das quais vive; esse mundo que é teatro da história da humanidade, marcado pelo seu engenho, pelas suas derrotas e vitórias; mundo, que os cristãos acreditam ser

criado e conservado pelo amor do Criador; caído, sem dúvida, sob a escravidão do pecado, mas libertado pela cruz e ressurreição de Cristo, vencedor do poder do maligno; mundo, finalmente, destinado, segundo o desígnio de Deus, a ser transformado e alcançar a própria realização" (n. 2).

1. Mudança de sinal na relação da Igreja – do cristão-com o mundo

Ainda que toda afirmação de conteúdo histórico tenha de ser matizada, pode-se aceitar que na relação do Cristianismo com o mundo abundaram, e em determinadas épocas prevaleceram, atitudes de caráter marcadamente negativo:

• *Fuga* do mundo (*fuga mundi*);
• O mundo visto como *inimigo* dos valores do espírito (*inimigo da alma*);
• O mundo como *oponente* e, em determinados casos, como *adversário* do cristão.

João XXIII já havia advertido na encíclica *Mater et Magistra* (1961): "Portanto, ninguém deve se enganar imaginando uma contradição entre duas coisas perfeitamente compatíveis, isto é, a própria perfeição pessoal e a presença ativa no mundo, como se para alcançar a perfeição cristã houvesse a necessidade de se distanciar do mundo, ou como se fosse possível dedicar-se aos negócios temporais sem comprometer a própria dignidade de homem e de cristão" (n. 255).

Porém, será no Concílio Vaticano II, sobretudo em *GS*, que se selará uma nova orientação da Igreja em relação ao mundo. Essa orientação pode ser expressa num vocábulo de grande significação, tanto semântica como simbólica, sobretudo na

II – DIÁLOGO COM O MUNDO E COMPROMISSO MORAL – CAPÍTULO 1

etapa histórica do evento conciliar: *o diálogo*. Esta palavra adquiriu carta de cidadania católica no pontificado de João XXIII e foi assumida e enriquecida por Paulo VI. Às vezes não se dá a devida importância à primeira encíclica do papa Montini, *Ecclesiam Suma* (6 de agosto de 1964), exatamente sobre o diálogo, para apoiar a mudança de orientação da relação da Igreja com o mundo[5].

O papa Bento XVI observa que em *GS* "tocava-se no ponto da verdadeira expectativa do Concílio. A Igreja que na época barroca havia plasmado o mundo, num sentido lato, a partir do século XIX, havia entrado de maneira cada vez mais visível numa relação negativa com a idade moderna, somente então iniciada plenamente. As coisas deveriam permanecer assim? Poderia a Igreja dar um passo positivo na nova era?"[6]

Há um *espírito novo* na constituição *GS*. É o mesmo espírito no qual se move o discurso de João XXIII pronunciado na inauguração do Concílio Vaticano II (11 de outubro de 1962), cujo significado foi abordado em diversos capítulos da primeira parte: *empatia* com o mundo; visão de *futuro*; opção pela *misericórdia*; saber distinguir entre *o permanente e o mutável* nas formulações da fé.

O novo posicionamento da Igreja em relação ao mundo ficou firmado no significativo *incipit* do documento conciliar: "As alegrias e as esperanças, as tristezas e as angústias dos ho-

---

[5] Sobre o modelo de Igreja de Paulo VI como "Povo do encontro e do diálogo": E. DE LA HERA, *Conciencia, Renovación e Diálogo em Iglesia. Recordando o Pablo VI en el 50º Aniversario del Vaticano II*: Vida Nueva n. 2784 (14-20 de janeiro de 2012) 23-30. Brochura. A respeito da recepção conciliar das orientações de Paulo VI sobre o diálogo: G. TURBANTI, *La Recezione Comparata delle Enciclice "Pacen in Terris" e "Ecclesiam Suam"*: Centro Vaticano II. Ricerche e Documenti 4/IV/2 (2004) 111-140.

[6] Prefácio à edição dos dois volumes que recolhem os escritos conciliares de J. Ratzinger (*Zur Lehre des Zweiten Vatikanischen Konzils*), texto que em versão portuguesa pode ser encontrado em: L'Osservatore Romano, Edição Semanal em Língua Portuguesa 43 (13 de outubro de 2012) n. 41, p. 11.

mens de hoje, sobretudo dos pobres e de todos aqueles que sofrem, são também as alegrias e as esperanças, as tristezas e as angústias dos discípulos de Cristo; e não há realidade alguma verdadeiramente humana que não encontre eco no seu coração" (n. 1). Essa mesma orientação aparece na *Mensagem* do Concílio a todos os homens (20 de outubro de 1962).

A Constituição Pastoral *GS* é não somente a melhor expressão – e a melhor chave hermenêutica – de um Concílio que opta por ser um *concílio pastoral*, mas também é uma nova janela para entender a realidade da Igreja, que não poderá ser entendida fora de sua relação com o mundo. De uma eclesiologia "introvertida" e autossuficiente se evolui para uma eclesiologia "extrovertida" e com necessidade de diálogo com o mundo.

2. Orientações teológicas para a compreensão da relação com o mundo

Para compreender e realizar em seu justo significado a relação da Igreja com o mundo, a constituição *GS* oferece um rico quadro de perspectivas bíblicas e teológicas.

É óbvio que está subjacente ao documento a teologia *eclesiológica* referida anteriormente, uma vez que a compreensão da "presença" e da "ação" da Igreja está baseada na eclesiologia do próprio Concílio, como está indicado na própria Constituição Pastoral: "Pressupondo tudo o que o Concílio já declarou acerca do mistério da Igreja, considerar-se-á a mesma Igreja enquanto existe neste mundo e com ele vive e atua" (n. 40). Na rica eclesiologia conciliar[7], *GS* ressalta a compreensão da Igreja

---

[7] S. MADRIGAL, *Remembranza y Actualización. Esquemas para una Eclesiología* (Santander, 2002); ID., Unas *Lecciones sobre el Vaticano II y su Legado* (Madri, 2012); VÁRIOS, *Vatican II et L'Église*: Gregorianum 86 (2005) 548-664, especialmente o artigo de E. Dulles, "Vatican II and The Church", p. 549-562.

como "sacramento (*veluti sacramentum*) universal de salvação" (n. 42, 45) ou sacramento do Reino, ou seja, como "servidora" e "responsável" da humanidade. Não faltam referências à teologia trinitária. A Igreja que se abre ao mundo, é uma comunidade convocada pela Trindade (n. 1, 21, 22, 40, 92).

• Deus Pai é o onipotente ao longo de toda a Constituição Pastoral *GS*: "princípio e fim de todas as coisas (n. 92), criador de tudo e especialmente do ser humano (n. 3, 12, 13, 14, 17, 18, 19, 21, 23, 24, 29, 34), cujo projeto de salvação (n. 2, 11, 34) se resume na prática do amor (n. 93).

• Reconhece-se com grande ênfase a presença do Espírito Santo agindo no diálogo da Igreja com o mundo: fazendo do ser humano uma "criatura nova" (n. 37; no mesmo sentido: n. 45); "guiando" a Igreja na mesma obra de Cristo (n. 3; no mesmo sentido: n. 10, 11, 22, 43, 44, 45); "dirigindo o curso dos tempos" e "renovando a face da terra" (n. 26, no mesmo sentido n. 11); dando "o dom da esperança viva" (n. 93). "Pelo dom do Espírito Santo, o homem chega a contemplar e saborear, na fé, o mistério do plano divino (cf. Eclo 17,7-8)" (n. 15).

O substrato teológico de caráter *cristológico* é determinante em *GS*, de tamanha riqueza cristológica que é difícil de ser resumida. Apenas aludimos ao núcleo básico: o "arco cristológico" no qual está contido todo o conteúdo da primeira parte do documento. Os números 10 e 45 constituem o começo e o final, respectivamente, desta cobertura cristológica. Apresentadas "as inquietações mais profundas do ser humano", o Concílio oferece a chave da resposta num parágrafo solene que começa e termina assim: "A Igreja, por sua parte, acredita que Jesus Cristo, morto e ressuscitado por todos (cf. 2Cor 5,15), oferece aos homens pelo seu Espírito a luz e a força para poderem corresponder à sua altíssima vocação (...). Quer, portanto, o Concílio, à luz de Cristo, imagem de Deus invisível e primogênito de toda a criação (cf. Cl 1,15), dirigir-se a todos, para iluminar o mistério do homem e cooperar na solução das principais questões do nosso tempo" (n. 10). A primeira parte da Constituição termina com outro parágrafo cristológico não menos solene, intitulado "Cristo, Alfa e Ômega" (n. 45).

Dentro desse arco cristológico, sobressaem três momentos, como vértices luminosos de resplendor cristológico. São os números com os quais as exposições dos três primeiros capítulos atingem seu ápice: sobre o homem considerado em si mesmo: n. 22; sobre o homem enquanto ser relacional: n. 32; e sobre a atividade humana: n. 39. O primeiro número fala de "Cristo, o homem novo"; o segundo, do "Verbo encarnado e da solidariedade humana"; e no terceiro, reconhece-se a dimensão cristológica "da nova terra e do novo céu". Os conteúdos destes três números compõem uma *Cristologia* de grande densidade e de notável originalidade. Destes três vértices, o que corresponde ao mais alto é o 22, que talvez seja o melhor de toda a Constituição e muito provavelmente o mais citado na etapa pós-conciliar, como observamos anteriormente. Este compêndio cristológico começa com a seguinte afirmação, que dá a chave de uma antropologia cristológica: "Na realidade, o mistério do homem só no mistério do Verbo encarnado se esclarece verdadeiramente" (n. 22).

Não podem ser esquecidos outros muitos elementos de orientação cristológica disseminados em todo o texto da Constituição, sobretudo na primeira parte. O n. 38 faz um elogio à força salvadora do Mistério Pascal: "Constituído Senhor por sua ressurreição", Cristo concentra em si toda a história do mundo ("assumindo-a e recapitulando-a") e, a partir de si, difunde toda a bondade com a qual "a família humana busca fazer mais humana sua própria vida e submeter toda a terra a este fim".

II – DIÁLOGO COM O MUNDO E COMPROMISSO MORAL – CAPÍTULO 1

3. Um esboço de antropologia teológica

As referências teológicas que acabamos de apontar são muito valiosas e, por isso, há que se reconhecer que a base teológica principal de *GS* é a *antropologia teológica* vinculada à *cristologia*. Essas duas perspectivas não são duas orientações justapostas, mas duas iluminações articuladas entre si para expressar uma mesma realidade: a antropologia se sustenta na cristologia e esta última adquire seu pleno significado na primeira.

Foi a primeira vez que um Concílio fez uma exposição tão ampla e tão sistematizada da compreensão cristã sobre a condição humana. A Constituição *GS* dedica os três primeiros capítulos da primeira parte à análise do ser humano: em si mesmo (c. 1); enquanto ser social (c. 2); em sua atividade (c. 3). Em cada uma destas perspectivas utiliza o mesmo esquema: o plano de Deus, a deformação pelo pecado (este aspecto não é desenvolvido no c. 2) e a restauração em Cristo.

Referindo-se ao capítulo primeiro de *GS*, João Paulo II afirmou: "Não posso esquecer, sobretudo no contexto dessa encíclica (Fides et Ratio), que um capítulo da Constituição *Gaudium et Spes* é quase um compêndio de antropologia bíblica, fonte de inspiração também para a filosofia. Naquelas páginas reflete-se sobre o valor da pessoa humana criada à imagem e semelhança de Deus, fundamenta-se sua dignidade e superioridade sobre o resto da criação e se mostra a capacidade transcendente de sua razão (cf. n. 14-15)" (Fides et Ratio, 60).

A categoria fundamental com a qual é considerada a condição humana é a *imagem de Deus*. Apoiando-se nos textos básicos da Sagrada Escritura (Gn 1,26; Sb 2,23; Eclo 17,3-10), o Concílio fundamenta a compreensão do ser humano sobre a afirmação de que ele foi criado à imagem de Deus: "A Sagrada Escritura ensina que o homem foi criado 'à imagem de Deus', capaz de conhecer e amar o seu Criador, e por este constituído senhor de todas as criaturas terrenas (cf. Gn 1,16; Sb 2,23), para as dominar e delas se servir, dando glória a Deus" (n. 12, no mesmo sentido: n. 14, 14, 24, 34).

A afirmação *ontológica* da condição humana tem uma tradução em nível axiológico[8]. Ao ser imagem de Deus, o ser humano tem um valor único na ordem da criação. O Concílio "proclama a altíssima vocação do homem e afirma a presença nele de um certo gérmen divino" (n. 3). Recorda que, "segundo a opinião quase unânime de crentes e não crentes, tudo o que existe na terra deve ordenar-se ao homem como seu centro e ápice" (n. 12). Faz uma vigorosa defesa do "respeito" à pessoa humana, denunciando as formas atuais da "escravidão" humana (n. 27). Assume a afirmação axiológica de Paulo VI: "O ser humano vale mais pelo que é do que pelo que tem" (n. 35), e chega à valorização mais alta ao afirmar que "o ser humano é a única criatura na terra a qual Deus amou por si mesma" (n. 24)[9].

Três peculiaridades precisam ser assinaladas no esboço de antropologia teológica proposto pelo Concílio em GS:

- É uma antropologia na qual o *sujeito humano* (o termo sujeito = *subiectum* aparece somente uma vez: n. 25) é considerado como *pessoa humana* (título do primeiro capítulo).
- É uma antropologia construída sobre um substrato de *tensão dramática*, tanto de caráter sócio-histórica como de perspectiva pessoal, como aparece na *expositi-*

---

[8] F. BOGOÑEZ, *La relación con Dios como Fundamento Ontológico de la Persona Humana en la Gaudium et Spes*: Burgense 45 (225) 405-439.

[9] Sobre a repercussão dessa importante afirmação de GS no magistério de João Paulo II: P. IDE, *Jean Paul II*: Anthropotes 17 (2001) 149-178, 313-344. Para B. GHERARDINI, *Concilio Vaticano II. Il Discorso Mancato* (Turim, 2011) 33, nota 3, a afirmação de que "o ser humano é a única criatura terrestre a qual Deus amou por si mesma" é um "texto absurdo e blasfemo" e contrário à tradição.

vo introductiva (n. 4-10)[10]. Tal orientação é a marca que Pierre Haubtmann, secretário da redação do documento desde a reunião de Ariccia, deixou.

• É uma antropologia de orientação integral. É lapidar e de grande alcance a formulação que define o homem como "um ser único em corpo e alma" (*corpore et anima unus*) (n. 14). Um detalhe de integração é a síntese entre "verdade" e "sabedoria", entre "inteligência" e "vontade" (entre dominicanismo e franciscanismo) (n. 15).

4. Articulação entre o humano e o cristão: história e escatologia

Sem confundir a identidade ou negar a diversidade de cada uma das "ordens", a da razão (humana) e a da fé (cristã), o Concílio sublinha a articulação de ambas num único e mesmo projeto de salvação. O Vaticano II assume os resultados dos estudos de H. de Lubac sobre a relação entre a "ordem da criação" e a "ordem da salvação" na perspectiva de articulação e não de separação. Como prova, servem estes vibrantes textos:

• "A comunidade (dos dicípulos de Cristo) é formada por homens (...). Por este motivo, a Igreja sente-se real e intimamente ligada ao gênero humano e à sua história" (n.1).
• "A Igreja, por sua vez, 'grupo visível e comunidade espiritual' (*LG 8*), caminha junto com toda a humanidade e experimenta a mesma sorte terrena do mundo" (n. 40).

---

[10] Esta *expositivo introductiva* foi pedida na reunião de Ariccia (fevereiro de 1965) e redigida pelo secretário, P. Haubtmann. Cf. R. GALLAGHER, *Change and Contiuity in the Human Condition: the Implications of GS pars. 4-10 for a Moral Theology*: Studia Moralia 35 (1997) 49-69.

Essa articulação do humano com o cristão, que, com ressonâncias agostinianas, o Concílio chama de uma "compenetração da cidade terrena e celeste", e afirma, em seguida, que se não existe maior articulação entre estas duas ordens, entre o mundo e a Igreja, deve-se à condição pecadora da existência humana. "Esta compenetração da cidade terrena com a celeste só pela fé se pode perceber; mas, ela permanece o mistério da história humana, sempre perturbada pelo pecado, enquanto não chega a plena manifestação da glória dos filhos de Deus" (n. 40).

De acordo com *Gaudium et Spes*, a presença da ação da Igreja no mundo deve se sustentar e guiar pela força e luz que vêm da revelação. Através de uma ampla e profunda teologia, o Concílio explicitou o significado dessa densa fórmula orientadora "à luz do Evangelho" ou "à luz da Revelação". Fez isso, primeiramente, descobrindo o *fulgor de Cristo*, no qual a condição humana é "revelada" e "restituída"; um fulgor que tem sua origem e seu âmbito adequado na *Comunhão Trinitária*, que se abre à história humana, encontrando *na Igreja* um lugar privilegiado de manifestação. Deste modo, *a condição humana*, isto é, o mundo, a história, a realidade inteira, adquire seu significado pleno por estar penetrada pela dimensão cristológica, trinitária e eclesial.

A realidade humana, ao conseguir plena significação, é, ao mesmo tempo, histórica e escatológica. A *dimensão escatológica* da história humana e de toda realidade foi formulada por *GS* através do aprofundamento sobre o mistério cristológico.

> A dimensão escatológica está claramente formulada no n. 39 de *GS*. Com citações neotestamentárias, sublinha-se a tensão escatológica da vida cristã, mas ao mesmo tempo adverte-se que a "expectativa da nova terra não deve, porém, enfraquecer, mas antes ativar a solicitude em ordem a desenvolver esta terra, onde cresce o corpo da nova família humana, que já consegue apresentar uma certa pre-

figuração do mundo futuro". Neste importante número, o Concílio expôs a articulação correta entre "progresso humano" e "Reino escatológico": "Embora o progresso terreno se deva cuidadosamente distinguir do crescimento do Reino de Cristo, todavia, na medida em que pode contribuir para a melhor organização da sociedade humana, interessa muito ao Reino de Deus".

A Igreja "acredita que a chave, o centro e o fim de toda a história humana se encontram no seu Senhor e mestre" (n. 10). O ser humano, "associado ao mistério pascal, e configurado à morte de Cristo, vai ao encontro da ressurreição, fortalecido pela esperança" (n. 22). O ser humano, o mundo, a história, toda a realidade encontrarão em Cristo sua realização definitiva: "Caminhamos em direção à consumação da história humana, a qual corresponde plenamente ao seu desígnio de amor: 'recapitular todas as coisas em Cristo, tanto as do céu como as da terra' (Ef. 1,10)" (n. 45). "Sobre a terra, o reino já está misteriosamente presente; quando o Senhor vier, atingirá a perfeição" (n. 39).

A partir desta orientação, o Concílio superou a oposição da época pré-conciliar, sobretudo na Franca, entre tendência *encarnacionista* (D. Dubarle, G. Thils, B. De Solanges etc.) e tendência *espiritualista* (J. Daniélou, L. Bouyer etc)[11]. Os primeiros insistiam na realização da utopia humana; os segundos davam importância à presença explícita do Reino de Deus. *GS* propôs uma síntese: nem um Deus sem Reino (sem utopia intramundana) nem um Reino sem Deus (sem presença religosa explícita). História (utopia humana) e escatologia (Reino futuro) são as duas vertentes imprescindíveis do compromisso dos cristãos no mundo.

---

[11] J. FIL I RIBAS, *Encarnació Escatologia: una Relectura de la Controvérsia Francesa*: Qëstions de Vida Cristiana n. 219 (2005) 42-64.

5. A prática da relação da Igreja com o mundo

O núcleo de *GS* é a *relação* da Igreja com o mundo, tema desenvolvido ao longo de todos os seus parágrafos, como se tratasse do "tema" de uma sinfonia. Mas, existe um capítulo em que se concentra de forma especial essa orientação, é o capítulo 4 da primeira parte, intitulado com uma forma similar à do título geral da Constituição: "Função da Igreja no Mundo Atual" (n. 40-45). Deste importante conjunto, retomamos duas perspectivas[12].

– Relação em dois tempos

O Concílio teve como objetivo máximo prestar um "serviço ao homem" de nosso tempo, continuando assim, "sob a guia do Espírito Paráclito, a obra do próprio Cristo, que veio ao mundo para dar testemunho da verdade, para salvar e não julgar, para servir e não ser servido" (n. 3). Para atingir esse objeto, o Concílio se propôs repensar e "expor a todos como entende a presença e a ação da Igreja no mundo atual" (n. 2). Nessas duas frentes, articuladas entre si, concentra-se todo o interesse da Constituição Conciliar.

O capítulo quarto da primeira parte de *GS* é dedicado à analise e à apresentação da "função da Igreja no mundo atual". A cristologia – e, nela, a teologia trinitária e a antropologia – exposta como substrato teológico dos capítulos precedentes evolui agora na compreensão da Igreja aberta ao mundo. Se Cristo "revela" o mistério do ser humano no Mistério de Deus, agora a Igreja "descobre" o sentido do homem ao manifestar o mistério de Deus (observar os diversos matizes de "revelação" no n. 22 e de "manifestação" no n. 41).

---

[12] P. VANZAN, *I Repporti Chiesa-Mondo nel Capitolo IV della "Gaudium et Spes"*: Credere Oggi n. 85 (1995) 55-65.

Depois de afirmar a relação mútua entre a Igreja e o mundo (n. 40), desenvolve essa relação em dois tempos complementares: 1) o que a Igreja pode dar ao mundo; 2) o que a Igreja pode receber dele. O primeiro tempo está amplamente desenvolvido. As contribuições da Igreja são organizadas em torno a três eixos: o sentido e dignidade de cada ser humano (n. 41); o bem da sociedade humana em suas formas variadas e em suas diversas instituições (n. 42); a benéfica atividade dos cristãos, sejam os de condição laical ou ministerial (n. 43)[13].

– Aspectos inovadores

O desenvolvimento do segundo tempo – o que a Igreja recebe do mundo – é mais breve. Contudo, o conteúdo desse único número (44) é de grande densidade. Além disso, pode-se dizer que somente a formulação do tema já significa uma *inovação* do Concílio Vaticano II. Destacam-se as seguintes orientações:

• A afirmação geral: "Assim como é do interesse do mundo que ele reconheça a Igreja como realidade social da história e seu fermento, assim também a Igreja não ignora quanto recebeu da história e evolução do gênero humano".

• A interação entre o *anúncio* do Evangelho e as diferentes *culturas* humanas. A *inculturação* do Evangelho é assumida ao se afirmar que "esta maneira adaptada de pregar a palavra revelada deve permanecer como lei de toda a evangelização".

• O necessário discernimento de *novas linguagens*: "É dever de todo o Povo de Deus e sobretudo dos pastores e teólogos, com a ajuda do Espírito Santo, saber ou-

---

[13] Sobre a verificação do serviço da Igreja ao mundo nos últimos anos, cf. D. CHRISTIANSEN, *La Chies ache Serve. Gli Impulsi dello Spirito dopo il Vaticano II*: Il Regno-Attualità 57 (2012) n. 1117, 82-87.

vir, discernir e interpretar as várias linguagens do nosso tempo, e julgá-las à luz da palavra de Deus, de modo que a verdade revelada possa ser cada vez mais intimamente percebida, mais bem compreendida e apresentada de um modo conveniente". Esta orientação é reafirmada, ampliada e concretizada no n. 62 da constituição pastoral.

• A adaptação das *estruturas* da Igreja: "Não porque falte algo na constituição que Cristo lhe deu, mas para mais profundamente a conhecer e melhor a exprimir e para a adaptar mais convenientemente aos nossos tempos".

• A função positiva da *oposição*: "Mais ainda, a Igreja reconhece que muito aproveitou e pode aproveitar da própria oposição daqueles que a hostilizam e perseguem".

O "dar" e "receber" da Igreja em relação ao mundo se rege por um critério teológico geral que se converte em convicção eclesial básica: "Ao ajudar o mundo e recebendo dele ao mesmo tempo muitas coisas, o único fim da Igreja é o advento do Reino de Deus e o estabelecimento da salvação de todo o gênero humano. E todo o bem que o Povo de Deus pode prestar à família dos homens durante o tempo de sua peregrinação deriva do fato que a Igreja é o sacramento 'universal da salvação', manifestando e atuando simultaneamente o mistério do amor de Deus pelos homens" (n. 45).

Deve-se reconhecer que a Constituição GS significou uma virada na compreensão da relação da Igreja com o mundo, e os princípios e orientações práticas que constituem seu conteúdo ainda hoje continuam sendo matéria de discussão. De fato, as posturas que emergiram na etapa da redação novamente aparecem no momento da interpretação e da valorização do documento na etapa pós-conciliar.

Não se pode negar a *inovação* conciliar na compreensão teológica e na proposta prática da relação da Igreja com o mundo. Basta olhar a "declaração de intenções" que aparece no começo de *GS*, em que a Igreja quer assemelhar-se a Cristo e ser *testemunha* da verdade, *salvadora* da humanidade, *servidora* do ser humano (n. 3).

Apelando à presença e ação misteriosa do Espírito de Deus, o Concílio Vaticano II coloca em evidência a integração harmoniosa do "fermento evangélico" e a "consciência moral" da humanidade no sentido de propiciar uma "irrefreável exigência de dignidade" de todas as pessoas (n. 46). A partir do pressuposto das exigências éticas de uma ordem social "subordinada ao bem das pessoas", o Concílio afirma que "para o conseguir, será necessária a renovação da mentalidade e a introdução de amplas reformas sociais". Para realizar essa ingente tarefa, é necessário "somar" todas as possibilidades, sabendo que a origem de todo bom propósito está no único Espírito de Deus e que a meta de todos os esforços é a dignificação da pessoa humana: "O Espírito de Deus, que dirige o curso dos tempos e renova a face da terra com admirável providência, está presente a esta evolução. E o fermento evangélico despertou e desperta no coração humano uma irreprimível exigência de dignidade" (n. 26).

6. Algumas limitações

Nas reflexões acima, sustentei uma atitude conscientemente positiva em relação à Constituição pastoral *Gaudium et Spes,* e continuo a mantendo, uma vez que tanto a intenção do documento como seu conteúdo merecem uma alta valorização. No entanto, essa consideração não me impede de reconhecer um conjunto de ambiguidades na configuração final do texto.

No texto definitivo de *GS* persistem as "prevenções" que alguns teólogos, entre os quais estava K. Rahner, manifestaram diante de um projeto teológico *sui generis* que se configurou a partir da reunião de Zurique (1964) e, sobretudo, de Ariccia (janeiro-fevereiro de 1965)[14]. Ainda que de forma mitigada em razão dos matizes introduzidos no *iter* da redação, aquelas críticas podem ser mantidas:

1. Não se conseguiu total articulação ou síntese epistemológica entre teologia e teoria social, entre antropologia e cristologia, entre ordem da criação e revelação cristã.

2. A válida visão dinâmica da realidade não está suficientemente integrada na necessária aceitação da consistência ontológica: história e ontologia não adquirem um estatuto epistemológico de síntese, mas de justaposição.

3. A compreensão otimista do progresso humano aceita como valiosa não leva a ver como em tal dinâmica adquire significado a presença atuante do mal moral; por faltar uma real e profunda teologia do pecado, decresce a necessidade de uma salvação real dentro da história humana.

4. As análises sociológicas e as orientações antropológicas tendem à simplificação em função de uma orientação otimista do progresso humano.

5. Não é tão clara e segura, como deveria ser, a articulação entre a visão teórica da primeira parte e os temas concretos da segunda parte.

Para Bento XVI, em geral pouco entusiasta da Constituição Pastoral ou, pelo menos, de sua recepção pós-conciliar, a expressão "mundo de hoje", que *GS* utiliza, é muito vaga e

---

[14] Sobre as (compreensíveis) ambiguidades teológicas do texto de GS que inaugura o diálogo entre a Igreja e o mundo: P. HÜNERMANN, *Die Frage nach Gott und der Gerechtigkeit. Eine Kritische Dogmatische Reflexion auf die Pastoralkonstitution*: G. FUCHS – A. LIENKAMP (ed.), Visionen des Konzils. 30Jahre Pastoralkonstitution "Die Kirche in der Welt von heute" (Münster, 1997) 123-144.

não contém uma semântica precisa do que é essencial e constitutivo da era moderna. O papa acredita que "o encontro com os grandes temas da época moderna não foi produzido pela grande Constituição Pastoral, mas por dois documentos menores, cuja importância somente adquiriu relevância aos poucos com a recepção do Concílio"[15]. Ele se refere precisamente às declarações *Dignitatis Humanae*, sobre a liberdade religiosa e *Nostra Aetate*, sobre a relação da Igreja com as religiões não cristãs.

Como não podia ser de outra forma, *GS* está marcada pelo "espírito" de uma época (Zeitgeist), mesmo que esta tenha sido curta em espaço de tempo e imitada no âmbito sociocultural: os anos 60 do século passado no contexto das sociedades democráticas avançadas. (Símbolo e expressão real desse espírito foi "maio de 6".)

Complemento Bibliográfico

1. Comentários ao texto de GS
Comentários de "Cuadernos para el Diálogo" al *Esquema XIII* (Madri, 1967).

Commento alla Costituzione Pastorale sulla Chiesa nel Mondo Contemporaneo "Gaudium et Spes" (Milão, 1967).

Esquema XIII. Comentarios (Madri, 1967).

La Iglesia en Diálogo con Nuestro Tiempo, Texto y Comentarios a la Constitución Pastoral "Gaudium et Spes" (Bilbao, 1967)

La Iglesia en el Mundo de Hoy, obra coletiva dirigida por G. BARAÚNA (Madri, 1967).

---

[15] Prefácio à edição dos dois volumes que recolhem os escritos conciliares de J. Ratzinger (*Zur Lehre des Zweiten Vatikanischen Konzils*), texto cuja tradução em português pode ser encontrada em L'Osservatore Romano, Edição Semanal em Língua Portuguesa 43 (13 de outubro de 2012) n. 41, p. 11.

La Chiesa nel Mondo Contemporaneo. Costituzione Pastorale del Vaticano II, Introduzione e Commento a Cura di S. Quadri (Turim, 1967).

Concilio Vaticano II. Comentarios a la Constitución "Gaudium et Spes", obra coordenada pelo cardeal Herrera Oria (Madri, 1968).

La Constitución "Gaudium et Spes" en el Orden Económico y Social. Anales de Moral Social y Económica, n. 18 (Madri, 1968).

La Costituzione sulla Chiesa nel Mondo Contemporaneo (Turim – Leumann, 1968).

La Iglesia en el Mundo de Hoy, 3 volumes, obra coletiva coordenada por Y. Congar e M. Peuchmaurd (Madri, 1970).

2. Análises globais do documento

N. METTE, *Gaudium et Spes – Die Pastoralkonstitution und das Pastoralkonzil*: Münchener Theologische Zeitschrift 54 (2003) 114-126.

L. GONZÁLEZ – CARVAJAL, *Iglesia en el Corazón del Mundo* (Madri, 2005).

G. ROUTHIER, *L'Élaboration de la Doctrine sur la Liberté Religieuse et de L'Enseignement Conciliaire sur L'Église dans le Monde de ce Temps*: Ephemerides Theologicae Lovanienses 82 (2006) 333-371.

F. A. CASTRO, *"Gaudium et Spes". La Iglesia y la Ciudad Secular*: Vida Nueva n. 2792 (10-16 de março de 2012) 23-30.

3. História da redação do texto

– *Uma história detalhada e bem documentada*:

G. TURBANTI, *Un Concilio per il Mondo Moderno. La redazione della Costituzione Pastorale "Gaudium et Spes" del Vaticano II* (Bolonha, 2007).

– *Uma sinopse dos diversos textos preparatórios e do texto final aprovado*:

F. GIL HELLIN, *Concilii Vaticani II Synopsis. Constitutio Pastoralis de Ecclesia in Mundo huius Temporis "Gaudium et Spes"* (Cidade do Vaticano, 2003).

– *Aproximações da história da redação*:

M. C. McGRATH, *Notas Históricas sobre la Constitución Pastoral "Gaudium et Spes"*: G. BARAÚNA (ed.), *La Iglesia en el Mundo de Hoy* (Madri, 1967), 165-181.

E. DE RIEDMATTEN, *Historia de la Constitución Pastoral*: VÁRIOS, La Iglesia en el Mundo Actual. Constitución "Gaudium et Spes". Comentarios al Esquema XIII (Bilbao, 1968) 45-90.

CH. MÖLLER, *Die Geschichte der Pastoralkonstitution*: LEXIKON FÜR THEOLOGIE UND KIRCHE, Das Zweite Vatikanische Konzil, III (Friburgo – Basileia – Viena, 1968) 242-279.

PH DELAYE, *Historia de los Textos de la Constitución Pastoral*: Y. M. J. CONGAR – M. PEUCHMAURD (ed.), La Iglesia en el Mundo de Hoy. Constitución Pastoral "Gaudium et Spes", I (Madri, 1970) 233-320.

R. TUCCI, *Introdución Historica y Doctrinal a la Constitución Pastoral: Ibid.*, II, 37-45.

H. J. SANDERS, *Theologischer Kommentar zur Pastoralkonstitution über die Kirche von Heute*: P. HÜNERMANN – B. J. HILBERATH (ed.), Herders Theologischer Kommentar zum Zweiten Vatikanischen Konzil, IV (2005) 619-691.

A longa e complexa gênese da Constituição Pastoral *Gaudium et Spes* pode ser sintetizada através da seguinte sequência de esquemas, os quais correspondem a outra sequência de etapas redacionais e de encontros das comissões:

Esquema 1. Entre os 70 esquemas da Comissão Preparatória, o de número 7 intitulava-se *De Ordine Sociali*. Entrou na primeira sessão (outono de 1962), no entanto, não foi tratado.

Esquema: 2a: Redigido entre janeiro-maio de 1963, foi chamado de "texto emendado" (em Roma) e não foi aprovado pela Comissão Coordenadora. 2b: Fruto da *Reunião em Malinas* (Bélgica) em setembro de 1963, esse texto não foi passado à aula conciliar. Continuou o esquema 1, que passou a ser o XVII. A reunião de Malinas e o texto correspondente foram feitos praticamente por iniciativa do cardeal Suenens. Esse texto foi considerado como "texto privado", principalmente pelos desentendimentos protagonizados pelos cardeais Suenens e Garrone. Falecido Mons. Guano, bispo de Livorno, responsável pela redação, o cardeal Garrone ficou como único responsável. Os esquemas 2a e 2b foram rejeitados pela Comissão Coordenadora (maio e setembro de 1963, respectivamente) e não foram apresentados à aula conciliar.

Esquema 3. Resultado da Reunião de Zurique, em fevereiro de 1964. Foi apresentado à aula conciliar com o número 13 (Esquema XIII) no outono de 1964. Marcado por discussões e perseguição a Bernhard Häring (como visto no capítulo terceiro da primeira parte).

Esquema 4. Oriundo da Reunião de Ariccia (próximo de Roma) em janeiro-fevereiro de 1965, com um novo secretário, Pierre Haubtmann[16], recebeu muitas "críticas" antes da quarta sessão conciliar.

Esquema 5. Apresentação do texto de Ariccia (com contribuições) pelo cardeal Garrone, que foi discutido em aula conciliar.

Esquema 6. Foi submetido à votação. A votação de "modos" (destaques) ocorreu entre 23 de outubro e 10 de novembro de 1965, e a aprovação do texto integral em 7 de dezembro de 1965.

4. História da recepção

– *Nos trinta primeiros anos* (sobretudo, em conexão com o Sínodo Extraordinário dos Bispos de 1985):

S. LYONNET, *Il Dialogo tra la Chiesa e il Mondo. Rileggendo la Costituzione "Gaudium et Spes"*: La Civiltà Cattolica 133 (1982) III, 105-117.

---

[16] Foi proposto por Mons. Jacques Ménager, bispo de Meaux e membro da comissão de redação da *GS*. Sobre o trabalho conciliar do sacerdote francês Pierre Haubtmann (1912-1971), doutor em teologia, em filosofia e em ciências sociais, especialista reconhecido no pensamento de P.-J. Proudhon: PH BORDEYNE, *Pierre Haubtmann au Concile Vatican II. Un Historien et un Théologien de L'Inquiétude Contemporaine*: Ephemerides Theologicae Lovanienses 77 (2001) 356-383; ID., *La Colaboration de Pierre Haubtmann avec les Experts Belges*: D. DONNELY – J. FAMERÉE – M. LAMBERIGTS – K SCHELKENS (ed.). The Belgian Contribution to the Second Vatican Council (Lovaina, 2008) 585-610; ID., *Mgr. Haubtmann (1912-1971): Un Théologien de la Communication de la Foi*: Transversalités n. 116 (2010) 127-149. Sobre o tema da angústia em *GS*: ph bordeyne, *L'Homme et sa Agoisse. La Théologie Morale de "Gaudium et Spes"* (Paris, 2004) 25-82, 83-169.

B. LAMBERT, *"Gaudium et Spes" Hier et Aujourd'hui*: Nouvelle Revue Théologique 107 (1985) 321-346.

P. VANZAN, *Verso il Sinodo Straordinario sul Concilio: la "Gaudium et Spes" di Fronte alla Transizione Postmoderna*: La Civiltà Cattolica 136 (1985) III, 30-43.

V. CAPORALE, *"Gaudium et Spes": Luci e Ombre*: Rassegna di Teologia 30 (1989), 460-465.

A. GUERRA, *"Gaudium et Spes": Dialogo con el Mundo Moderno*: Revista de Espiritualidad 48 (1989) 389-414.

– *Nos trinta anos de GS*:
Antonianum 70 (1995) n. 3-4.
Credere Oggi n. 85 (1995).
Theologica 31 (1996) n. 1.
Studia Moralia 35 (1997) n. 1.
G. FUCHS – A. LIEKAMP (ed.), *Visionen des Konzils. 30 Jahre Pastoralkonstitution "Die Kirche in der Welt Heute"* (Münster, 1997).

– Nos quarenta anos de *GS*:
Asprenas 50 (2003) n. 2-3 (V. DE CICCO – A. SARANO, "La Recezione della 'Gaudium et Spes', 135-170).
N. METTE, *Die Patorale Konstitution über die Kirche in der Welt von Heute "Gaudium et Spes"*: F. X. BISCHOF – ST LEIMGRUBER (ed.), Vierzig Jahre II. Vatikanum. Zur Wirkungsgeschichte der Konzilstexte (Reinheim, 2004) 280-296.
G. COLOMBO, *Vaticano II e Postconcilio: Uno Sguardo Retrospectivo*: La Scuola Cattolica 133 (2o05) 3-18.
G. ROUTHIER, *A 40 Anni del Concilio. Un Lungo Tirocinio Verso un Nuovo Tipo di Cattolicesimo*: Ibid., 19-52.

– Nos cinquenta anos de *GS*:
CAMACHO, *Constitución Pastoral sobre la Iglesia en el Mundo de Hoy. Una Relectura Cincuente Años Después*: Razón y Fe 266 (2012), 131-144.

5. Sobre a relação da Igreja com o mundo

PH. DELAYE, *Le Dialogue de L'Église et du Monde d'après "Gaudium et Spes"* (Gembloux, 1967).

C. HUMMES, *Una Chiesa del Dialogo*: Il Regno Documenti 50 (2005) n. 970, 316-320.

S. MADRIGAL, *Las Relaciones Iglesia-Mundo Según el Concilio Vaticano II*: G. URÍBARRI (ed.), Teología y Nueva Evangelización (Madri-Bilbao, 2005) 13-95.

J. DUQUE, *Igreja e Mundo: Relação sem Conflito*: Estudos Teológicos 9 (2005) 145-154. J. DIAS DA SILVA, *"Gaudium et Spes"*: *Um Novo Paradigma das Relações Igreja-Mundo*: Ibid., 155-197.

N. GALANTINO, *Chiesa-Mondo, Logica e Teologia di un Rapporto. La "Gaudium et Spes"*: Rassegna di Teologia 47 (2006) 355-368.

M. DE FRANÇA, *Igreja e Sociedade na "Gaudium et Spes" e sua Incidência no Brasil*: Revista Eclesiástica Brasileira 66 (2006), 89-114.

L. GONZÁLES-CARVAJAL, *Una Nueva Actitud de la Iglesia ante el Mundo en la "Gaudium et Spes"*: Estúdios Eclesiásticos 81 (2006) 421-433.

P. D'ORNELLAS, *Vatican II, 50 Ans après un Appel au Dialogue des Sages*: Revue D'Éthique et de Théologie Morale n. 269 (2012) 9-24.

6. Sobre os fundamentos bíblicos

S. LYONNET, *Les Fondements Bibliques de la Constitution Pastorale "Gaudium et Spes" sur L'Église dans le Monde* (Roma, 1966).

PU. BORDEYNE, *L'Usage de L'Ècriture en "Gaudium et Spes". Un Accès au Discerniment Théologique et Morale de la Constitution Pastorale du Concile Vatican II*: Revue D'Éthique et de Théologie Morale n. 219 (2001) 67-107.

A Constituição GS contém 12 citações bíblicas diretas: quatro doxologies sobre o senhorio de Cristo: 1Cor 3,22b-23 (n.37), Ef 1,10 (n. 45), Ap 22,12-13 (n. 45), Ef 3,20-21 (n. 93); a formulação paulina do mistério pascal em Rm 8,11 (n. 22); quatro citações dos evangelhos sinóticos: Mc 2,27 (n. 26), Mt 4,4 (n. 86), Mt 5,43-44 (n. 28), Mt 25,40 (n. 27); duas citações de João: 13,35 (n. 93), 15,13 (n. 32);

e duas citações veterotestamentárias: Sl 8,5-7 (n. 12), Is 2,4 (n. 78). Além disso, existem 22 citações bíblicas absorvidas no texto conciliar (entre aspas), 3 envios a textos bíblicos no texto do documento e 78 envios nas notas.

7. Sobre a teologia de GS

M. APARICIO, La Plenitud del Ser Humano en Cristo. La Revelación en la "Gaudium et Spes" (Roma, 1997).

ID., *La Revelación Divina en la Elaboración de la "Gaudium et Spes"*: Revista Española de Teologia 59 (1999) 245-304.

S. MADRIGAL, *Los Fundamentos Teológicos de la Relación Iglesia-Sociedad*: Corintios XIII n. 116 (2005) 45-82.

8. Sobre a eclesiologia subjacente

J. SÁNCHEZ, *¿Una Iglesia para este Mundo? Relectura de la "Gaudium et Spes" en el Contexto Actual*: Pastoral Misionera n. 155 (1987) 68-77.

S. DIANICH, *Iglesia Extrovertida. Investigación sobre el Cambio de la Eclesiología Contemporánea* (Salamanca, 1991).

G. CANOBBIO, *La Chiesa Sacramento di Salvezza. Una Categoria Dimenticata*: Rassegna di Teologia 46 (2005) 663-694.

S. MAZZOLINI, *La Chiesa Sacramento del Regno*: Gregorianum 86 (2005) 629-643. R. REPOLE, *La Chiesa, Responsabile dell'Umanità*: Ibid., 644-664.

R. VÁSQUEZ JIMÉNEZ, *Una Iglesia "Excéntrica" para el Siglo XXI. La Eclesiología Conciliar de "Lumen Gentium"*: Vida Nueva n. 2798 (28 de abril a 4 de maio de 2012) 23-30, brochura.

9. Sobre a antropologia de GS

V. CAPORALE, *Antropologia e Teologia nella "Gaudium et Spes"*: Rassegna di Teologia 29 (1988) 142-165.

G. RESTREPO, La Antropología en la "Gaudium et Spes": Teología y Vida 36 (1995) 279-290.

F. SCANZIANI, *L'Antropologia Sottesa a "Gaudium et Spes". Invito alla Lettura*: La Scuola Cattolica 135 (2007) 625-652.

J. XAVIER, *Theological Anthropology of "Gaudium et Spes" and Fundamental Theology*: Gregorianum 91 (2010) 124-136.

Sobre o número 22 de GS: TH. GERTLER, *Jesus Christus – Die Antwort der Kirche auf die Frage nach dem Menschen* (Leipzig, 1986); G. SÁNCHEZ ROJAS, *El Señor Jesús y el Misterio del Hombre. Reflexiones sobre "Gaudium et Spes" 22*: Revista Teológica Limense 36 (2002) 301-328.

2
O TEMA DA MORAL NO CONCÍLIO VATICANO II

O Concílio Vaticano II (1962-1965) representou, por um lado, o apoio e a garantia dos esforços de renovação desenvolvidos durante o século XX. Por conseguinte, o significado geral do Vaticano II para a Teologia Moral concretizou-se em duas vertentes:

– Propiciou à reflexão teológico-moral alçar voo para os novos ares da renovação eclesial.

– Como consequência da anterior, selou o descarte e abandono do modelo casuístico em que vinha sendo sustentada a vida moral e a reflexão teológico-moral dos católicos desde o Concílio de Tento.

Nas páginas seguintes, serão oferecidos três agrupamentos de perspectivas a fim de recolher o significado global do Concílio Vaticano II para as exposições teológico-morais. No primeiro parágrafo, será analisada a evolução da temática moral ao longo da preparação e do desenvolvimento do Concílio. No segundo, será sublinhada a importância do voto programático a favor da renovação moral, contido no número 16 do documento *Optatam Totius* e, por último, insinuar-se-á uma possível "leitura moral" dos documentos mais importantes do Vaticano II.

1. Os temas morais no desenvolvimento do Concílio

– Escolha dos temas na fase preparatória

A tarefa de estudar os temas que podiam ser tratados no Concílio foi encomendada a dez comissões, acima das quais estava a Comissão Central Preparatória. Realmente, as possíveis questões a serem tratadas na assembleia conciliar foram organizadas em dois grupos:

– *Questões Pastorais*: os bispos e o governo das dioceses; a disciplina do clero e do povo cristão; religiosos; disciplina dos sacramentos; estudos e seminários; apostolado dos leigos; Igrejas Orientais.

– *Questões Doutrinais*: referem-se aos cinco temas sobre os quais nos deteremos a seguir.

Junto às comissões comprometidas com as questões pastorais e com as questões doutrinais funcionou o Secretariado para a Unidade dos Cristãos, do qual procederam não somente textos relacionados à união dos cristãos, mas também outros de grande significado no Concílio (relação com as religiões não cristãs e com o judaísmo, liberdade religiosa). Recorda-se, igualmente, que o pessoal dessas comissões preparatórias estava dividido em *membros* e *consultores*. Os primeiros tinham direito a voto e podiam falar livremente, enquanto os consultores não podiam votar e só podiam falar quando fossem convidados. Esta distinção funcionou formalmente, embora não tenha tido uma aplicação estrita.

O trabalho sobre as questões doutrinais foi dirigido e controlado por uma Comissão Teológica (preparatória), cujo presidente era A. Ottaviani e o secretário S. Tromp. No começo o número dos membros era 27, e o dos consultores, 29. Esse número aumentou no decurso da fase preparatória. Foi notável o fato de Y. Congar e H. de Lubac estarem entre os consultores. Com efeito, a maior parte das pessoas implicadas na Comissão Teológica era oriunda dos centros acadêmicos romanos. A Comissão Teológica ficou encarregada do chamado "projeto dogmático do Vaticano II"[1].

Para fazer a seleção das questões tanto de ordem pastoral como doutrinal, foram dadas orientações oficiais, as denominadas "*Quaestiones*". Para se propor as questões doutrinais, foi utilizada uma fórmula muito aberta: "Quaestiones ad Sacram Scripturam, Sacram Traditionem, Fidem Moresque Spectantes". Esta fórmula geral foi sintetizada inicialmente em cinco temas: as fontes da revelação, a Igreja, a ordem sobrenatural particularmente nos problemas de moral, o matrimônio e a doutrina social. Mais adiante, o número dos temas foi ampliado: 1) Sobre as fontes da revelação; 2) Sobre a ordem moral; 3) Sobre a defesa do depósito da fé; 4) Sobre a castidade, a virgindade, o matrimônio; 5) Sobre a Igreja; 6) Sobre a Santíssima Virgem; 7) Sobre a comunidade de nações e sobre a ordem social.

Assim, das cinco (ou sete) questões doutrinais, três (quatro) delas estavam ligadas ao mundo da moral. São os esquemas (com denominação latina): *De Ordine Morali; De Castitate, Matrimonio, Familia, Virginitate; De Ordine Sociali;* e *De Comunitate Gentium.*

– Estudo dos temas morais nas comissões preparatórias (e na Comissão Teológica)

Abaixo recolhemos os dados que mais sobressaíram no *iter* e acompanharam, na fase preparatória, os esquemas pertencentes à área da Teologia Moral[2].

---

[1] R. BURIGANA, *Progeto Dogmatico del Vaticano II: La Commissione Teologica Preparatoria (1960-1962)*: G. ALBERIGO – A. MELLONI (ed.), Verso il Concilio Vaticano II (1960-1962). Passaggi e Problemi dela Preparazione Conciliare (Gênova, 1993) 141-206. Ver p. 188-191 (sobre o esquema *De Ordine Morali*), p. 194-195 (sobre o esquema *De Castitate, Matrimonio, Familia, Virginitate*), p. 191-194 (sobre os esquemas *De Ordine Sociali* e *De Communitate Gentium*).

[2] Servimo-nos dos dados abordados por: J. KOMONCHAK, *La Lucha por el Concilio durante la Preparación*: G. ALBERIGO (ed.), Historia del Concilio Vaticano II. 1. El Catolicismo Hacia una Nueva

De ordine morali

Entre os esquemas da fase preparatória do Concílio se encontrava um dedicado à moral, intitulado *De ordine morali*. O primeiro esboço deste esquema foi desenvolvido por S. Tromp, cuja proposta (em texto apresentado em 13 de julho de 1960) de uma constituição sobre temas morais baseava-se sobre o princípio da existência de uma lei natural que a Igreja tem o direito de explicitar. Foram propostos os seguintes conteúdos:
- O valor absoluto da pessoa;
- A ética da situação e a liberdade de consciência;
- O amor como critério de moralidade;
- A noção de pecado;
- A sexualidade e o matrimônio.

O texto de Tromp foi revisado por várias mudanças e observações de F. X. Hürth e apresentado na primeira sessão plenária da Comissão Teológica, que o adotou como programa básico da subcomissão, dividindo, contudo, o trabalho em duas subcomissões: uma para o texto *De ordine morali individuali* e outra para o texto *De ordine sociali*.

A preparação do primeiro texto, *De ordine morali individuali,* ficou sob responsabilidade de três moralistas de três centros acadêmicos romanos: o jesuíta F. X. Hürth, da Gregoriana; o dominicano L. Guillon, do Angelicum e o franciscano E. Lio, do Antonianum[3]. Eram membros da subcomissão: J. Wright, F. Franic, P. Philippe, L. Guillon, F. X. Hürth. Como *consultores* estavam: Anastasius a SS. Rosario, E. Lio, Ph. Delhaye, B. Häring, A. Janssen. Descartado como membro da comissão, Häring contribui com dois escritos. Se o moralista redentorista

---

Era. El Anuncio y la Preparación (janeiro 1959-setembro de 1962) (Salamanca, 1999) 229-244.

[3] Sobre o *iter* do *De ordine morali* na fase preparatória: G. QUARANTA: *L'Etica Teologica All'Apertura del Concilio Vaticano II*: Rivista di Teologia Morale 44 (2012) n. 173, 17-21.

era visto com certa prevenção por causa de sua obra *Das Gesetz Christi* (Friburgo, 1954), também teve tratamento semelhante o professor de Lovaina Ph. Delhaye, em razão de um artigo no qual defendia a renovação da Teologia Moral[4]. Também A. Janssen[5] era visto com similar prevenção. Ao texto redigido por F. X. Hürth, o franciscano E. Lio acrescentou os capítulos referentes à castidade e ao matrimônio, temas que terminaram por se tornar independentes e formar um esquema autônomo. O texto recebeu muitas observações, foi discutido várias vezes na subcomissão e foi apresentado ao plenário da Comissão Teológica. Entre os críticos mais contundentes ao esquema figura E. Schillebeeckx, que afirmou que o *De ordini morali* deveria ser reescrito *ab initio usque ad finem*[6].

"Deixando de lado o acúmulo de sugestões particulares, as duas críticas mais gerais que o texto recebeu era de ser demasiado negativo, esquecendo-se dos elementos de verdade presentes nas opiniões errôneas, e que devia ser mais positivo e bíblico em seu tom e conteúdo (...). Tanto nas sessões da subcomissão como na plenária (da Comissão Teológica), um tema principal de debate foi o da função da caridade na vida moral cristã. Delhaye reclamou que sua proposta escrita sobre a seção da caridade nem sequer tinha sido lida na reunião da subcomissão. Laurentin fez circular uma proposta de que se acrescentasse uma referência a Rm 8,10 sobre o amor como cumprimento da lei e, mesmo recebendo um certo número de assinaturas em favor de sua petição, sua tentativa fracassou"[7].

---

[4] Ph. DELHAYE, *La Théologie Morale D'Hier e D'aujourd'hui*: Revue des Sciences Religieuses 27 (1953) 112-130.

[5] "Quando Janssen, Delhaye e Häring se apresentaram em uma das reuniões da subcomissão, Tromp disse-lhes que não haviam sido convidados. Contudo, eles permaneceram e, posteriormente, Tromp consideraria a presença deles providencial, pois pôde informar à sessão plenária que todos os presentes na reunião haviam aprovado o texto e aceitado as emendas propostas" (J. KOMONCHAK, *La Lucha por el Concilio...*, 231, nota 307).

[6] Dados documentais em G. QUARANTA: *L'Etica Teologica...*, 18, nota 4.

[7] J. KOMONCHAK, *La Lucha por el Concilio...*, 231. Y. Congar recorda que Delhaye disse-lhe que Hürth havia defendido sua opinião, segundo a qual a moral consiste primariamente em mandatos e proibições já que Cristo "havia falado da caridade somente por *transennam*, isto é, respondendo a uma pergunta ocasional de um fariseu": Y. CONGAR, *Mon Journal du Concile, I* (Paris, 2002) 73.

Nas sessões plenárias da Comissão Teológica o texto não foi modificado segundo pediam as críticas. Ao contrário, foi aprovado com algumas mudanças, em sua maior parte superficiais, que não modificavam nem a estrutura geral nem o conteúdo do esquema. No dia 7 de outubro de 1961 foi enviado à Comissão Central Preparatória para sua tramitação.

O conteúdo do texto aprovado pela Comissão Teológica era obviamente de caráter conservador[8]. Sua forma seguia a metodologia de condenação: condena os "erros atuais" na ordem moral. A exposição da doutrina – e a condenação dos erros ao final de cada tema – agrupavam-se em vários capítulos[9]:

- O Fundamento da Ordem Moral (*De fundamento ordinis moralis*).
- A Consciência Cristã (*De conscientia christiana*).
- O Subjetivismo e o Relativismo Ético (*De subiectivismo et relativismo ethico*).
- A Dignidade Natural e Sobrenatural da Pessoa Humana (*De naturali et supernatural dignitate personae humanae*).
- O Pecado (*De peccato*).
- A Castidade e a Pureza Cristã (*De castitate e de pudicitia christiana*).

O documento aprovado pela Comissão Teológica tinha, além do mais, outros significados. De um lado, apoiava a crítica e a condenação que o papa Pio XII (duas alocuções em 1952) e o Santo Ofício (1956) lançaram contra a "*nova moralidade*" (paralela à "*nova teologia*", condenada na encíclica *Humani Generis*) ou contra a "*ética da situação*"[10]. Por outro, tendia a colocar em descrédito as

---

[8] Ver o juízo de PH DELHAYE, *Les Points Forts de la Morale à Vatican II*: Studia Moralia 24 (1986) 5-40, especialmente p. 9-12.

[9] *Acta et Documenta Concilio Oecumenico Vaticano II Apparando*. Series II. Praeparatoria. Volumen III. Pars I (Cidade do Vaticano, 1969) 24-53.

[10] AAS 48 (1956) 144-145. Texto e comentário da instrução do Santo Ofício oferecidos por F.

vozes que se levantaram em favor de um novo "princípio organizador" da moral católica (F. Tilmann: seguimento; E. Mersch: vida do corpo místico; G. Gilleman: caridade) ou que punham em evidência as carências e falhas da moral casuísta (J. Leclerq, 1950).

A resposta comum dos defensores das proposições e métodos tradicionais era que as orientações mais positivas confundiam amiúde a Teologia Moral com o ascetismo cristão, e não ajudavam os confessores a tratar casos concretos e transitavam nos erros da ética de situação (...). Estas controvérsias recentes ajudaram a explicar a orientação e o conteúdo do esquema *De ordini morali*. Seu tema dominante era uma rejeição às tentativas de construir uma Teologia Moral sobre bases evangélicas e espirituais e dar-lhe uma orientação mais positiva e especificamente cristã. A preocupação principal pelo caráter objetivo e universal da ordem moral não só excluía a ética da situação, mas revelava também medo e suspeita diante de qualquer tentativa de confirmar as dimensões subjetivas da vida cristã, inclusive o empenho em promover a função central da caridade. A ênfase dada às fontes do magistério, particularmente de Pio XII, trazia implícita uma rejeição à ideia de que a Teologia Moral Católica necessitava muito de um contato renovado com a Escritura ou com a grande tradição teológica. Seria pedido ao Concílio não somente confirmar a doutrina do magistério, mas também a orientação, o método e os temas relevantes da clássica Teologia Moral Moderna[11].

De castitate, virginitate, matrimonio, familia

As *Quaestiones* oficiais pediam à Comissão Teológica que se apresentasse a doutrina católica sobre o matrimônio à luz do recente magistério pontifício e que se opusesse aos erros modernos do "naturalismo". Na sessão plenária da Comissão

---

X. Hürth em Periodica 45 (1956) 137-204.

[11] KOMONCHAK, *La Lucha por el Concilio...*, 233-234. No substrato das teses defendidas no texto da subcomissão e aprovado pela Comissão Teológica estavam os escritos prévios de seus principais redatores com críticas às intenções de renovação da Teologia Moral: L. GUILLON, *La Théologie Morale et L'Éthique de L'Exemplarité Personnelle*: Angelicum 34 (1957) 241+259, 361-378; ID., *L'Imitation du Christ et la Morale de Saint Thomas*, Angelicum 36 (1959) 263-286; F. HÜRTH, *Problemi Scelti di Teologia Contemporanea* (Roma, 1954) 393-414: "Metaphysica, Psycologica, Theologica Hodierna Conscientiae Christianae Problemata".

Teológica de outubro de 1960, decidiu-se repartir a matéria sobre o matrimônio em duas subcomissões: na *De ordine morali individuali* e na *De ordine morali sociali*.

O franciscano E. Lio redigiu os aspectos de caráter individual. Em seu escrito foram condenados os erros modernos: a difamação ou exaltação mística do sexo, o pansexualismo e a sexolatria, o falso feminismo, a separação de sexo e matrimônio, o racismo e o eugenismo, o psicologismo em matéria sexual, o determinismo biológico, o falso personalismo em matéria sexual, o sensualismo, o hedonismo e a imoralidade pública. Como expressão de alguns destes erros, o franciscano considerava algum livro de A. Hesnard e de M. Oraison e um número da revista francesa *Esprit* dedicado à sexualidade[12]. Ele apoiava sua argumentação sobretudo no magistério de Pio XII.

Os aspectos sociais do matrimônio e da família foram redigidos por R. Sigmond no âmbito da subcomissão *De ordine sociali*. O tom do escrito era diferente do utilizado por E. Lio nas questões de caráter individual. Todavia, não se deixava de condenar o controle de natalidade, exaltando ao mesmo tempo o bem dos filhos, que deviam ser recebidos como um dom de Deus.

Os textos das duas subcomissões foram distribuídos aos membros e consultores da Comissão Teológica no verão de 1961 em vista à sessão plenária em setembro desse mesmo ano.

> O texto de Lio recebeu mais de vinte páginas de observações, entre as quais as de Laurentin e de Häring eram particularmente críticas: o texto era demasiado jurídico e negativo, centrava-se muito na procriação, ignorava a importância do amor conjugal, era muito rígido no tratamento das questões e casos difíceis (...). Em 23 de setembro (1961), na sessão plenária, originou-se uma disputa pública sobre os fins do matrimônio, em que Häring se opusera a Tromp e Hürth, os quais insistiam na primazia única da procriação[13].

---

[12] A. HESNARD, *Morale sans Peché* (Paris, 1954); M. Oraison, *Vie Chrétienne et le Problème de la Sexualité* (Paris, 1951); Esprit 28 (novembro de 1960) 1665-1964.

[13] KOMONCHAK, *La Lucha por el Concilio...*, 236.

Devido às repetições, os dois textos foram integrados num só esquema *De matrimonio et familia.* O capítulo sobre a castidade e a modéstia continuou no *De ordine morali* que foi enviado à Comissão Central preparatória. Continuou-se trabalhando sobre o *De matrimonio et familia.* Embora os adjetivos que exaltavam a procriação como único fim primário do matrimônio tenham sido mitigados, não se mudou a orientação. O resultado desse trabalho foi o esquema *De matrimonio et familia christiana,* que estava pronto em fins de janeiro de 1962 e foi discutido na última sessão plenária da Comissão Teológica. A Comissão Central Preparatória havia recomendado que o texto sobre a castidade fosse retirado do *De ordine morali* e fosse integrado no *De matrimonio et familia,* que por sua vez deveria incluir uma ampla seção sobre a virgindade. Essas recomendações foram aceitas e o texto que ficou pronto em 28 de março de 1962 foi intitulado *De castitate, virginitate, matrimonio et familia*[14], que foi enviado à Comissão Central Preparatória.

O texto da Comissão Teológica abordava as tentativas das três décadas anteriores em ampliar e aprofundar a teologia do matrimônio. Iniciada por um leigo, D. Von Hildebrand (Die Ehe, Munique, 1929) e objeto de controvérsia quando foi adotada por teólogos sacerdotes (H. DOMS, *Vom Sinn um Zweck der Ehe,* Breslau, 1935; B. KREMPEL, *Die Zweckfrage der Ehe in neuer Beleuchtung,* Zurique--Colônia, 1941), esta tentativa buscava dar uma função maior aos significados personalistas e interpersonalistas do matrimônio para fazer um contrapeso à quase exclusiva insistência na procriação como fim primário do matrimônio (...). A divulgação destas teorias levou o Santo Ofício a intervir em 1 de abril de 1944 com um decreto rejeitando as opiniões daqueles *'qui vel negant finem primarium matrimonii esse prolis generationem et educationem, vel docente fines secundarios fini primario non esse essentialiter subordinatos, sed ese*

---

[14] Texto em *Acta et Documenta Concilio Oecumenico Vaticano II Apparando. Series II. Praeparatoria. Volumen III. Pars I* (Cidade do Vaticano 1969) 90-134.

aeque principales et independentes' (AAS 36 [1944] 103). Esta doutrina foi reiterada várias vezes por Pio XII em 1951 e, os autores da Comissão Teológica sobre o matrimônio estavam decididos a defendê-la não somente contra os autores anteriores, mas também contra alguns membros da própria Comissão Teológica[15].

O confronto sobre a procriação e o amor como fins e significados do matrimônio se concretizou na postura objetivista (e procriativista) de Hürth e na postura personalista (e de amor conjugal) de Häring. A tensão foi tão forte que levou Hürth a duas atitudes significativas. Se os autores personalistas citados (H. Doms, B. Krempel) acorriam para apoiar sua postura a uma passagem da encíclica *Casti Connubii* de Pio XI, na qual ele afirmava que se o matrimônio não for considerado em seu sentido mais estrito (como instituição para a procriação), mas em um sentido mais amplo (como uma comunhão total de vida), então "haec mutua coniugum interior conformatio, hoc assiduum sese invicem perficiendi studium, verissima quadam ratione, ut docet Catechismus Romanus, etiam primaria matrimonii causa et ratio dici potest"[16] (AAS 22 [1930] 548); Hürth acrescentou então ao texto de Pio XI: "quamvis quidam ex verbis Cathechismi Romani, ibidem relatis, indebite superestollunt amorem coniugalem ut finem primarium ipsius matrimonii"[17]. O segundo detalhe revelou mais tarde o redentorista Häring, que disse que Hürth afirmou: "gastei um dia inteiro para tirar da cabeça de Pio XI essa ideia que vocês continuam tendo"[18].

---

[15] KOMONCHAK, *La Lucha por el Concilio...*, 238-239.

[16] N. T.: A recíproca formação interior dos esposos e o cuidado assíduo de perfeição mútua, como ensina o *Catecismo Romano*, também pode-se chamar, em certo sentido muito verdadeiro, a causa e razão primeira do matrimônio.

[17] ADO, II/3, 918

[18] B. HÄRING, *25 Jahre Katholische Sexualethik*: Studia Moralia 20 (1982) 54-55; ID., *Fede, Storia, Morale*.Intervista de Gianni Licheri (Roma, 1989) 56-57. Quiçá a maior influência na redação da *Casti Connubii* não foi de Hürth, mas do também jesuíta Vermeersch: J. C. FORD – G. KELLY, *Contemporary Moral Theology, II* (Westminster, Md., 1964) 140.

Este debate revela mais uma vez que a preocupação principal das subcomissões da Comissão Teológica sobre questões morais era a defesa de uma ordem moral objetiva contra o que viam como efeitos relativizantes e debilitadores do subjetivismo. Em qualquer ponto no qual se fazia um esforço para introduzir as legítimas dimensões da subjetividade (a discussão sobre a consciência, a caridade, a liberdade, a sexualidade, o amor conjugal) devia-se levantar sinais de alerta. A moralidade tinha de continuar sendo uma matéria de proibições e mandamentos objetivamente fundados[19].

De ordine social e De communitate gentium

O último tema confiado à comissão Teológica pelas *Quaestiones* oficiais foi expressado dessa forma: "Doctrinae Catholicae de re social concinna expositivo edatur"[20]. Na primeira sessão da Comissão Doutrinal, outubro de 1960, decidiu-se confiar a redação a uma subcomissão *De ordine social*. Todavia, não foi nomeado nenhum membro para essa subcomissão enquanto se esperava a publicação da encíclica social que estava sendo preparada (que seria a *Mater et Magistra*, 1961). No entanto, o Papa João XXIII manifestou seu desejo de que essa subcomissão começasse a trabalhar, por isso indicou para ela os nomes de P. Pavan e de A. Ferrari Toniolo. Posteriormente se uniram a eles G. Gundlach, R, Sigmond e G. Jarlot. A subcomissão teve sua primeira reunião em fins de fevereiro de 1961, na qual os temas foram distribuídos: Gundlach e Pavan tratariam sobre os fundamentos da ordem social, Sigmondo sobre o matrimônio e a família, Jarlot e Ferrari Toniolo os assuntos econômicos e Pavan e Gundlach as questões da política[21]. As questões sobre a relação da Igreja e o Estado entrariam no programa de trabalho da subcomissão *De Ecclesia*.

---

[19] KOMONCHAK, *La Lucha por el Concilio...*, 239.

[20] ADP, II/1, 409.

[21] Sobre o pouco entendimento e até oposição entre Pavan e Gundlach, Y. CONGAR comenta, *Mon Journal...*, 1,87.

Pavan e Jarlot que participaram da preparação da encíclica *Mater et Magistra* do papa João, depararam-se com a oposição de Tromp e de Gundlach, que havia sido excluído de qualquer função na preparação da recente encíclica. Parece que Tromp convidou Jarlot a recalcar o direito à propriedade privada sobre a origem e a fonte comum dos bens criados.[22]

Como foi observado acima, a temática sobre o matrimônio e a família foi passada a outra comissão. Em relação aos demais temas, a subcomissão *De ordine sociali* concluiu seu primeiro texto em uma reunião especial no mês de junho de 1962. Tinha sete capítulos: sobre os fundamentos e princípios, sobre a propriedade privada, sobre o trabalho, sobre o salário justo, sobre a agricultura, sobre a paz social e sobre o governo e a economia.

A preparação de um texto sobre a ordem internacional foi encomendada a Sigmond e Cereceda, que se reuniram com Ottaviani e Tromp em 19 de maio de 1962, planejaram o texto, que elaboraram em menos de três semanas e que foi aprovado por Ottaviani em 8 junho. O texto *De Communitate Gentium* tinha cinco capítulos: sobre os fundamentos morais da comunidade internacional, sobre sua estrutura e autoridade, sobre os direitos e deveres dos Estados na comunidade internacional, sobre os impedimentos para sua criação e funcionamento, e sobre a defesa da ordem e da paz internacionais.

Os textos sociais foram enviados a Felici em junho de 1962, quando a Comissão Central Preparatória já tinha encerrado seus trabalhos. Isso explica porque os textos sobre questões sociais nunca foram discutidos. As observações feitas por alguns cardeais foram revisadas por um pequeno comitê da Comissão Teológica.

---

[22] KOMONCHAK, *La Lucha por el Concilio...*, 243.

Por esta breve história fica evidente que os líderes da Comissão Teológica não estavam muito convencidos da importância destes textos como o próprio papa. Protelou-se a nomeação dos membros para a subcomissão, que começou seu trabalho muito depois das outras. Seus rascunhos nunca foram discutidos publicamente em nenhuma das sessões plenárias e, seus textos definitivos tiveram de ser lidos às pressas no final da fase preparatória sem ser remitidos ao plenário da Comissão Teológica nem aprovados por ela. Esta história pode ser considerada como símbolo da indiferença da Comissão Teológica diante das questões principais que formavam uma parte muito importante do horizonte, que o papa queria, pelo qual o Concílio fosse congregado[23].

– Pareceres na Comissão Central Preparatória

A Comissão Central preparatória examinou os textos preparatórios desde a segunda sessão em novembro de 1961 até a sétima sessão em junho de 1962. Passaram por ela setenta e cinco esquemas (que podiam ser reduzidos a setenta). De fato, o número de esquemas elaborados na fase preparatória se viu reduzido a vinte e dois. "Contudo, este resultado das deliberações da Comissão Central Preparatória não foi conhecido até muito mais tarde, de forma que a impressão que se tinha era a de uma grande quantidade de material pobremente organizado e de qualidade muito desigual."[24]

De acordo com H. de Lubac, as sessões da Comissão Central Preparatória foram "um bom exemplo desta teologia terrivelmente decadente de certo número de teólogos romanos, especialmente da Gregoriana, que foram todo-poderosos com Pio XII e cuja influência ainda pesou sobre a Comissão Preparatória"[25]. Para Y. Congar, outro dos "consultores", aque-

---

[23] *Ibidem*, 344.

[24] *Ibidem*, 282.

[25] H. DE LUBAC, *Carnets du Concile, I* (Paris, 2007) 82. Citado por S. MADRIGAL, *El Vaticano II en el "Diario" de Sebastián Tromp*: Razón y Fe 260 (2009) 282.

les esquemas eram superficiais, escolares, demasiado filosóficos e negativos; obedeciam a um esquema de pensamento que continuava dando as costas aos últimos quarenta anos de trabalho bíblico, teológico, ecumênico e litúrgico[26].

Ao lado desse ambiente de corte conservador, as Atas das reuniões da Comissão Central preparatória "revelam que suas discussões se caracterizaram por uma grande liberdade e que seus membros não tinham nenhuma reserva em criticar os textos preparados pelas comissões preparatórias, diretamente nas reuniões ou indiretamente, em encontros fora delas. Não foram pouco frequentes as discussões abertas, algumas das quais muito animadas, o que fazia pensar que o Concílio poderia ser um evento não tão pacífico (ou automático) como alguns antecipavam, com esperança ou temor, que seria. Muitos dos posicionamentos discordantes que transcenderam ao mundo na primeira sessão do Concílio, já haviam marcado os debates, em grande parte secretos, da Comissão Central Preparatória[27].

O esquema *De ordine morali*, como projeto de constituição dogmática, passou pelo crivo da Comissão Central Preparatória em 15 de janeiro de 1962. Junto com os textos *De fontibus* e *De deposito fidei*, foi muito "criticado por seu caráter negativo e defensivo, por sua falta de argumentos e móvitos especificamente cristãos e teológicos e por tentar decidir questões legitimamente discutíveis"[28]. Concretamente recebeu o voto negativo do cardeal Liénart e avaliações críticas dos cardeais Frings, Döfner e Alfrink[29].

Entre a Comissão Central Preparatória e o Concílio propriamente, desenvolveu-se o trabalho da subcomissão para as emendas, presidida pelo cardeal Confalonieri e composta pelos seis cardeais da Comissão Central Preparatória (Micara, Copello,

---

[26] Y. CONGAR, *Mon Journal...*, I, 181.

[27] KOMONCHAK, *La Lucha por el Concilio...*, 284.

[28] *Ibidem*.

[29] *Acta et Documenta Concilio Oecumenico Vaticano II Apparando. Series II. Praeparatoria. Volumen II. Pars II* (Cidade do Vaticano, 1967) 28-96 (Disceptatio "De ordine morali").

Siri, Léger, Frings e Browne), tendo como secretário V. Fagiolo. Essa comissão se reuniu quatorze vezes entre 27 de janeiro de 1962 e 20 de julho deste mesmo ano.

> Seu método consistia primeiro em catalogar o mais sistematicamente possível as observações feitas nas reuniões da Comissão Central Preparatória e imediatamente enviá-las às respectivas comissões, nas quais um comitê formado por três membros devia preparar uma resposta. Depois era elaborado um texto que recolhia as observações da Comissão Preparatória e a resposta do comitê, que era distribuído aos membros da subcomissão, os quais, em suas reuniões, decidiam à luz das duas séries de observações que emendas serem introduzidas nos textos[30].

Os textos de conteúdo moral passaram por esse trâmite. O impacto das observações da Comissão Central Preparatória, através do trabalho da subcomissão de emendas, sobre eles é visível pela comparação entre o texto apresentado à Comissão Central e o distribuído para a discussão conciliar. Não nos interessa realizar esse trabalho. O esquema *De ordine morali* teve a aprovação do papa João XXIII em de 13 de julho de 1962 e foi enviado aos padres conciliares.

– Reação da assembleia conciliar

João XXIII deu uma diretiva ao cardeal A. Cicognani para que ele garantisse aos bispos que teriam tempo suficiente para a revisão dos textos antes do Concílio, para o qual os esquemas seriam enviados em julho de 1962. Esta política obrigou a redução do número de esquemas para vinte (sete de caráter teológico e treze de orientação pastoral). Destes, somente sete estiveram disponíveis para ser enviados aos bispos antes do Concílio[31].

---

[30] J. KOMONCHAK, *La Lucha por el Concilio...*, 285.

[31] Sobre as razões teóricas e sobre as motivações práticas que estiveram na base da escolhe destes sete documentos e não outros, veja os dados explanados por J. KOMONCHAK, *La Lucha por el Concilio...*, 316-326.

- O esquema da constituição dogmática sobre as fontes da revelação.
- O esquema da constituição dogmática sobre a guarda da pureza da fé.
- O esquema da constituição dogmática sobre a ordem moral cristã.
- O esquema da constituição dogmática sobre a castidade, o matrimônio, a família e a virgindade.
- O esquema da constituição sobre a sagrada liturgia.
- O esquema da constituição sobre os instrumentos de comunicação social.
- O esquema do decreto sobre a unidade da Igreja (a união com a Igreja oriental).

Pode-se observar que destes esquemas enviados antes do Concílio, dois eram de índole moral: *De ordine morali* e *De castitate, matrimonio, familia, et virginitate*.

Apesar da exiguidade do tempo concedido para o estudo (praticamente os meses de agosto e de setembro de 1962), houve 176 futuros padres conciliares que apresentaram suas observações aos esquemas enviados (38 respostas procediam da Itália, 28 da França e dos países francófonos, 11 da Alemanha e dos Países Baixos)[32]. "Os quatro primeiros esquemas foram recebidos com muita decepção por muitos bispos (...). Durante a reunião da Conferência Episcopal (alemã) em Fulda, em agosto de 1962, os bispos alemães manifestaram-se nessa direção."[33] Também alguns destacados teólogos apresentaram opinião negativa. "Küng compartilhava a crítica

---

[32] Sobre as reações dos bispos aos esquemas enviados: K. WITTSTADT, *En Vísperas del Concilio Vaticano II (1 de julio a 10 de octubre de 1962)*: G. ALBERIGO (ed.), Historia del Concilio Vaticano II. 1. El Catolicismo hacia una Nueva Era. El Anuncio y la Preparación (enero 1959 – septiembre de 1962) (Salamanca, 1999) 386-395.

[33] *Ibidem*, 390.

de Congar aos esquemas. Acreditava que da forma como os quatro esquemas teológicos estavam concebidos não eram possíveis ser corrigidos, e tinha de se trabalhar para que fossem rejeitados em sua totalidade (...). Küng e Congar estavam de acordo em se dirigir aos bispos com essa motivação (...). Os bispos alemães e franceses encarregaram o padre Rahner para que redigisse um texto "que rechaçasse os esquemas elaborados pela Comissão Teológica."[34]

Considerando essas reações nos dias imediatamente anteriores ao Concílio, não é de se estranhar que a maior parte dos esquemas preparados pela Comissão Teológica fossem rejeitados pelo Concílio durante a primeira sessão. Foram recusados concretamente os esquemas *De ordine morali* e *De castitate*.

O esquema *De ordine morali*, rejeitado em seu conjunto, não foi substituído por outro que recolhesse as referências à renovação da teologia moral. Este fato explica as vicissitudes a que esteve submetida a moral durante o desenvolvimento do Concílio.

Retomando a linha do documento pré-conciliar, Ph. Delhaye expõe assim a história da moral durante o Concílio:

> Maioria conciliar, criada em novembro de 1962, não aceita este texto que naufragará com o conjunto dos esquemas das comissões preparatórias. Mas, por quais razões não foi substituído por um novo? Podem ser indicadas várias. A história do Concílio demonstra que os grandes textos adotados pelo Vaticano II devem-se aos esforços teológicos que lhe haviam precedido. É o caso da liturgia, da eclesiologia, da exegese. Porém, o movimento a favor da renovação da moral foi relativamente eliminado (sic). De outro lado, havia poucos moralistas no Concílio. Os bispos especialistas em teologia ensinaram exegese e dogma. A escolha dos peritos eliminou quase totalmente os escassos moralistas favoráveis às novas tendências que haviam tomado parte nas comissões preparatórias. Foi necessário que se passasse um tempo para que se nomeasse alguns destes. Qua-

---

[34] *Ibidem*, 391-392.

se imediatamente depois, seu tempo será absorvido pela preparação da constituição *Gaudium et Spes*. As consequências derivantes deste fato serão paradoxalmente felizes. A antiga moral casuística chega praticamente a desaparecer. Buscar-se-á uma expressão nova dos imperativos da fé em consonância com a Escritura, o dogma, a vida da Igreja, em uma palavra, restabelecendo as relações que os partidários da renovação moral não se haviam atrevido sonhar[35].

– Produção de novos textos morais na assembleia conciliar

Embora os textos de conteúdo moral preparados pela Comissão Teológica tenham sido rejeitados pelos padres conciliares, isso não impediu que no Concílio houvesse preocupações de caráter moral. No esquema XVII, originada na etapa entre a primeira e segunda sessão, que foi convertido no esquema XIII, confluíram diversos retalhos provenientes dos esquemas *De ordine morali, De castitate, De ordine sociali, De communitate gentium*. Concretamente, no dia 26 de janeiro de 1963, a Comissão Coordenadora reenviou o esquema *De ordine morali* para uma "reordenação", que confirmava o final de sua breve vida. Na mesma sessão, o cardeal L. J. Suenens propôs que somente os capítulos I (o fundamento da ordem moral cristã) e o IV (o pecado) fossem utilizados na preparação do esquema XVII (depois, esquema XVIII)[36].

Entretanto, o que veio daí foi algo novo e original: a Constituição Pastoral *Gaudium et Spes*, na qual abundam conteúdos

---

[35] PH. DELHAYE, *La aportación del Vaticano II a la Teología Moral*: Concilium n. 75 (1972) 209.

[36] Veja o estudo detalhado sobre a configuração do esquema XVII em: J. GROOTAERS, *El Concilio se Decide en el Intervalo. La "Segunda Preparación" y sus Adversarios*: G. ALBERIGO (ed.), Historia del Concilio Vaticano II. 2. La Formación de la Conciencia Conciliar. El primer período y la primera intersesión (octubre 1962 – septiembre 1963) (Salamanca, 2002) 379-394. Na p. 394 pode-se ver um esquema no qual são detalhados os elementos dos documentos prepraratórios (*De ordine morali, De castitate et virginitate, De ordine sociali, De ordine internationali*) que foram assumidos pelo esquema XVII, futuro esquema XIII e mais tarde Cosntituição Pastoral *Gaudium et Spes*.

de orientação moral[37]. A apresentação das orientações morais deste documento conciliar será abordada no capítulo seguinte desta seção.

2. A opção decisiva e inequívoca do Concílio pela renovação da teologia moral

Tem um texto conciliar, no Vaticano II, que de forma explícita fala do *aggiornamento* da Teologia Moral. Estamos nos referindo ao parágrafo 16 do decreto *Optatam Totius* sobre a formação sacerdotal:

> Ponha-se especial cuidado em aperfeiçoar a teologia moral, cuja exposição científica, mais alimentada pela Sagrada Escritura, deve revelar a grandeza da vocação dos fiéis em Cristo e a sua obrigação de dar frutos na caridade para vida do mundo.

Trata-se de uma autêntica exortação, um *votum*, do Concílio para que se envide *especial* empenho na renovação da Teologia Moral. Esta ênfase deve ser interpretada a partir da situação desfavorável que se encontrava. Há, pois, um mandato expresso do Concílio no sentido de promover a renovação da Moral. Esta exortação "é a culminância de todos os esforços realizados até o presente para renovar a teologia moral, e significa, sem dúvida nenhuma, o começo de uma nova época"[38].

---

[37] É digna de ser considerada a seguinte observação de J. GROOTAERS, *El Concilio se Decide...*, p.294: "Ao se iniciar a elaboração de um novo esquema XVII, reproduz-se o mesmo procedimento [que foi utilizado para se compor o novo esquema *De ecclesia*], que pretende fazer crer que o novo projeto será elaborado necessariamente a partir dos distintos esquemas preparatórios. Todavia, esta postura não perdurará. Ao se considerar a virada que o grupo de redação do esquema XVII fará desde começo de março de 1963 e a renovação do clima que animará a Comissão de Coordenação na sessão de fins de março, poder-se-á avaliar o caminho percorrido em menos de dois meses".

[38] B. HÄRING, *La Ley de Cristo, I (Barcelona, 1968) 76.*

Esse texto foi comentado exata e profundamente pelos dois prováveis teólogos que mais influenciaram em sua redação: o jesuíta Josef Fuchs e o redentorista Bernhard Häring[39].

Foram destacados os traços que o Concílio pede à Teologia Moral renovada:

– Moral *alimentada com maior intensidade pela doutrina da Sagrada Escritura*: não é suficiente justapor ou acumular citações bíblicas. É necessário situar a Moral no contesto da História da Salvação, que tem seu ápice em Cristo. A Sagrada Escritura apresenta a doutrina moral como lei de Cristo e de seu amor, como lei da graça, da lei do espírito-de-vida-em-Cristo, como lei inscrita nos corações.

– *Exposição científica*, isto é, que tenha em consideração os dados das ciências humanas e que se organiza como um autêntico saber. O Concílio pede que a Teologia Moral não se reduza a casuísmo ou a receituário prático.

– *A excelência da vocação dos fiéis em Cristo*: antes de falar da *obrigação*, é necessário explicar a excelência da vocação cristã. Esta vocação é pessoal: cada um é chamado individualmente por seu nome, único e insubstituível. Porém, essa vocação tem um caráter essencialmente comunitário, é recebida no seio da comunidade e se orienta para o serviço da comunidade.

– *Obrigação de produzir frutos na caridade para a vida do mundo*:

- A *obrigação* não é um imperativo exterior, mas a consequência (indicativo consequencial) da excelsa vocação cristã.

- *Produzir frutos na caridade* é expressão de inspiração bíblica, sobretudo da teologia joanina, que orienta a vida cristã para uma fecundidade espiritual.

---

[39] Para o comentário sobre esse *votum* do Concílio: J. FUCHS, *Theologia Moralis Perficienda. Votum Concilii Vaticani II*: Periódica 55 (1966) 499-548; B. HÄRING, *Theologia Moralis Speciali Crua Perficenda*: Seminarium 6 (1966) 357-368.

• *Para a vida do mundo*, isto é, em solidariedade com o mundo dos homens, com o mundo que Deus criou e que foi redimido em Cristo.

Assim, nesse parágrafo bem elaborado de *OT* 16, o Concílio oferece um amplo programa de renovação para a disciplina de Teologia Moral:

• Caráter científico ("exposição científica").

• Especificidade cristã ("alimentada com maior intensidade pela doutrina da Sagrada Escritura").

• Orientação positiva e de perfeição ("deverá mostrar a excelência da vocação").

• Caráter eclesial ("dos fiéis cristãos").

• Unificada na caridade aberta ao mundo ("sua obrigação de produzir frutos a caridade para a vida do mundo").

3. A teologia moral implícita nos grandes documentos conciliares

Em vista dos documentos conciliares, qual é a contribuição do Concílio Vaticano II para a Teologia Moral? A resposta a esta pergunta pode variar, de acordo com o ângulo que nos coloquemos para avaliar o concílio.

De um lado, é certo que o Concílio Vaticano II não pode ser considerado como um concílio de moral. O teólogo Y. Congar, no III Congresso Internacional do Apostolado dos Leigos, realizado em Roma em 1967, numa espécie de balanço do Vaticano II, afirmou a ausência do tema moral no Concílio que, segundo sua interpretação, não se caracterizara por um concílio para a renovação da Teologia Moral[40].

---

[40] Y. CONGAR, *El Llamamiento de Dios*: Ecclesia 37 (1967) II, 1947.

Com efeito, as contribuições concretas sobre a reflexão teológico-moral e as avaliações morais dos problemas não são frequentes nos documentos conciliares. A justificativa para isso pode se dar pelo fato de que o Concílio não foi o momento da eclosão de coisas novas, mas de maturação ou consolidação de aspirações e realidades que já existiam na Igreja. A renovação da Moral na etapa anterior ao Concílio Vaticano II não era de tal magnitude e de tal profundidade que exigisse uma atenção excessiva. A responsabilidade pela pouca presença da temática moral não é, portanto, do Concílio, mas da situação de imaturidade em que ainda se encontravam os estudos de Teologia Moral na Igreja.

Todavia, também é verdade que o Concílio ofereceu grandes contribuições para a renovação da Teologia Moral. O espírito geral do Concílio é um ambiente que aceita e até exige a renovação da Moral. Além disso, muitos documentos conciliares, mesmo que não sejam diretamente de índole moral, são contribuições valiosas nesse campo.

Esta foi a avaliação que B. Häring fez, para o qual o Concílio marcou uma nova época para a Teologia moral, afirmando ao mesmo tempo que não existe documento conciliar que não possa ser considerado para configurar a moral cristã nessa nova época[41]. Häring tem consciência de que o Concílio Vaticano II não se ocupou expressamente da Teologia Moral num documento específico sobre o tema. Não obstante, também é consciente de que a renovação geral proposta pelo Concílio há de incidir no campo da Teologia Moral e marcar uma mudança decisiva neste segmento do saber teológico. Como bom conhecedor do espírito do Vaticano II em seu conjunto, Häring percorre os grandes documentos conciliares e descobre a repercussão que eles podem ter no sentido da renovação da Teologia Moral.

---

[41] B. HÄRING, *Moraltheologie Unterwegs*: Studia Moralia 4 (1966) 8-9.

- *A Constituição sobre a Liturgia* (*SC*) orienta a Moral a fazer uma síntese da vida cristã à luz do mistério pascal de Cristo, que revela a unidade que existe entre a glorificação de Deus e a salvação do ser humano. Desta forma, surgirá uma Teologia Moral em que a graça tenha primazia e na qual a existência cristã seja considerada, antes de tudo, dentro do espírito de adoração e glorificação de Deus.

- *A Constituição sobre a Igreja* (*LG*) ensina a abordar a Teologia Moral como uma tarefa eclesial, tendo como objetivo a formação de todo o povo de Deus. Não se pode conceber a Teologia Moral somente como uma proposta para a prática do confessionário. É necessário que o laicato cristão intervenha na formulação e na resolução dos problemas morais. Por outro lado, se no capítulo quinto da *LG* afirma-se que todos os batizados são chamados à perfeição, é preciso superar a dicotomia entre Teologia Moral e Teologia Espiritual. A Teologia Moral tem de se constituir como doutrina da vida cristã em vista de seu pleno desenvolvimento.

- *O Decreto sobre o Ecumenismo* (*UR*) ao indicar que é preciso promover a unidade-na-verdade através da unidade-no-amor, exorta os católicos e demais cristãos à unidade num compromisso conjunto pelas grandes causas da humanidade: a vida, a liberdade, a justiça, a paz.

- *A Declaração sobre a Liberdade Religiosa* (*DH*) indica a necessidade de se respeitar profundamente a reta consciência dos demais e de aceitar a validade de seu pressuposto, segundo o qual cada um pode e deve decidir sempre e em tudo de acordo com sua consciência. A Declaração sobre a Liberdade Religiosa demonstra que a Igreja, fiel a seu divino Mestre, tem o dever de respeitar a obra do Espírito Santo no seio da humanidade inteira e, mais concretamente, no santuário da consciência pessoal. Há aqui uma mensagem clara para a Moral: é necessário viver em conformidade com uma consciência bem formada, que escute as razões da razão e, na medida do possível, os motivos dos atos realizados pelas outras pessoas.

• *A Constituição Pastoral sobre a Igreja no Mundo Atual* (*GS*) introduz uma nova atmosfera e uma nova metodologia na forma de abordar a relação da fé com as realidades humanas. Num clima de vigilante otimismo, de diálogo sincero e de colaboração desinteressada, a Igreja faz suas as alegrias e as inquietações da hora presente. Pede aos moralistas um espírito vigilante, uma mente aberta e uma inteligência bem informada. A Constituição *GS* representa para a Teologia Moral do futuro um ensaio de moral nova. A nova Teologia Moral procurará apresentar uma concepção histórica e histórico-salvífica da lei moral e, por sua vez, uma teologia das realidades terrenas que permita capacitar os cristãos para colaborar com todos os homens de boa vontade; somente assim seu testemunho especial do Reino de Deus não os distanciará, mas os fará comungar com o mundo, isto é, com os demais seres humanos.

Embora o Concílio Vaticano II não tenha dito explicitamente nada sobre a Teologia Moral, bastaria recolher o espírito geral do Concílio para elaborar uma profunda renovação da Moral:

• A importância da Constituição Dogmática *Lumen Gentium* para a compreensão de uma Moral de caráter eclesial[42].

---

[42] M. COZZOLI, La *"Lumen Gentium" sulla Chiesa e L'Etica Teologica*: Rivista di Teologia Morale 44 (2012) n. 173, 29-35.

- A importância da Constituição Dogmática *Dei Verbum* em vista de uma fundamentação bíblica da Moral[43].

- A importância da Constituição *Sacrosanctum Concilium* em relação ao tom mistérico e sacramental de todo o comportamento moral cristão[44].

O historiador da Teologia Moral, L. Vereecke, afirma que o Concílio, além de oferecer diretrizes metodológicas (*Ot*, 16; *DH*, 14), " tentou dois ensaios de moral: um, para uma moral da caridade integral, em *LG*, 39-42 e, o outro em *GS*, no qual, superando uma ética individualista se dão os princípios fundamentais de uma moral social em nível mundial"[45].

De fato, onde mais aparecem as orientações morais do Concílio é na Constituição Pastoral *Gaudium et Spes*, na qual são tratados temas concretos e decisivos da vida e do comportamento dos cristãos. A ética familiar e a ética social foram beneficiadas de modo privilegiado e até quase exclusivo pelas contribuições conciliares. Com efeito, a Constituição *Gaudium et Spes*, que é o documento conciliar de matiz mais diretamente ético, é um tratado de ética social concreta.

> De acordo com a acertada avaliação de Ph. Delhaye, "a segunda parte da Constituição *Gaudium et Spes* é um verdadeiro 'tratado de valores', porque ocupa-se da vida familiar, cultural, econômica, social, política, internacional. Dessa forma, os tratados *De Matrimonio* e *De Justitia* clássicos são substituídos de forma vantajosa. Como não podemos fazer uma exposição detalhada, fixamos nossa atenção na mudança de perspectiva. A obsessão em descobrir e medir pecados desapareceu. Já não se apresenta os valores morais de forma

---

[43] S. ZAMBONI, *La "Dei Verbum" sulla Sacra Scrittura e L'Etica Teologica*: Rivista di Teologia Morale 44 (2012) n. 173, 37-44.

[44] M. REGINI, *La "Sacrosanctum Concilium" sulla Liturgia e L'Etica Teologica*: Rivista di Teologia Morale 44 (2012) n. 173, 23-28.

[45] L. VEREECKE, *Historia de la Teologia Moral*: Nuevo Dicionário de Teología Moral (Madri, 1992) 841.

isolada, mas junto a eles, situam-se os valores intelectuais, afetivos, sociais, numa palavra, os valores humanos e culturais. O enfoque já não é individualista, mas comunitário, tem-se a convicção de que é necessário passar por uma série de reformas estruturais para tornar possível a aplicação dos imperativos morais. Perfila-se uma colaboração entre a teologia e as ciências humanas. Já não se busca constituir um bloco homogêneo no campo do direito natural, mas em distinguir duas classes diferentes de abordagem. A vida familiar, a cultura e a vida política constituem realidades humanas autônomas que têm seu fundamento próprio. O papel da moral cristã consiste em explicitar o enfoque, o dinamismo da caridade, a força da graça cristã no interior dos fatos para extrair melhor seu sentido profundo e lhes oferecer a possiblidade de se superarem"[46].

Com o Concílio Vaticano II não se termina o trabalho de renovação da Teologia Moral, mas a partir dele, é que se intensifica essa renovação. Os últimos cinquenta anos foram decisivos para a renovação da Teologia Moral no âmbito da Igreja Católica.

Complemento Bibliográfico

Estudos sobre a moral cristã segundo o Vaticano II

PH. DELHAYE, *Les Grandes Devoirs du Chrétien face au Monde Moderne (Schéma, XIII)*: L'Ami du Clergé 75 (1965) 161-170, 241-249, 268-172.

ID., *L'Utilisation des Textes du Vatican en Théologie Morale*: Revue Théologique de Louvain 2 (1971) 422-431.

ID., *La Aportación del Concilio Vaticano II a la Teología Moral*: Concilium n. 75 (1972) 207-217.

---

[46] PH. DELHAYE, *La Aportación del Vaticano II...*, 216-217.

ID., *Les Poits forts de la Morale à Vatican II*: Studia Moralia 24 (1986), 5-40.

ID., *La Ciencia del Bien e del Mal. Concilio, Moral e Metaconcilio* (Barcelona, 1990).

J. FUCHS, *Aggiornanento della Teologia Morale: un Desiderio del Vaticano II*: Periodica 55 (1965) 499-549 = Sussidi (1980) 93-133.

ID., *Deseo del Concilio Vaticano II de Perfeccionar la Teología Moral*: VARIOS, Estudios sobre el Concilio Ecuménico Vaticano II (San Sebastián, 1967) 489-535.

ID., *La Moral y la Teología según el Concilio* (Barcelona, 1969).

ID., *Heil, Sittlichkeit, Richtiges, Handeln. Die Christliche Morallehre des Zweiten Vatikanischen Konzils*: Stimmen der Zeit 205 (1987) 15-23.

ID., *Conciliación de las Declaraciones Conciliares sobre la Moral*: R. LATOURELLE (ed.), Vaticano II. Balance y Perspectivas (Salamanca, 1989) 765-778.

ID., *50 Ans de Théologie Morale, un Essai D'Évaluation*: Le Supplément n. 200 (1997) 61-76.

B. HÄRING, *La Predicación de la Moral Después del Concilio* (Buenos Aires, 1966).

ID., *Orientaciones Actuales a la Teología Moral a la Luz del Concilio Vaticano II*: Pentecostés 4 (1966) 186-196.

ID., *Teología Moral en Camino* (Madri, 1969).

ID., *Líneas Fundamentales de una Teología Moral Cristiana* (Madri, 1969).

P. LUMBRERAS, *Aportación del Vaticano II a Nuestros Manuales de Teología Moral* (Madri, 1966).

L. MEILHAC, *La Morale Chrétienne dans L'Optique de Vatican II d'aprés des Travaus Récents*: Lumen Vitae 23 (1968) 6-26.

P. PALAZZINI, *Teologia Morale Pre e Post-Conciliare*: Divinitas 12 (1968) 475-494.

R. M. SCHMITZ, *La Morale Cristiana Secondo la Mente del Concilio Vaticano II*: Renovatio 1 (1983) 157-160.

F. W. BEDNARSKI, *Il Metodo della Teologia Morale nello Spirito del Concilio Vaticano II*: Angelicum 61 (1984) 213-251.

M. F. DOS ANJOS, *Renovação da Moral a Partir do Vaticano II*: Vida Pastoral 125 (1985) 27-33.

M. VIDAL, *Teología Moral. Renovación Posconciliar y Tareas de Futuro*: C. FLORISTÁN – J. J. TAMAYO (ed.). El Vaticano II, Veinte Años Después (Madri, 1986) 201-234.

M. RUBIO, *El Sujeto como Epicentro de la Ética Cristiana Postconciliar*: Moralia 9 (1987) 3-18.

J. M. AUBERT, *Les Orientations Actuelles de la Théologie Morale*: Seminarium 28 (1988) 321-330.

B. FRALING, *La Vocación como Categoría Ética Fundamental: Interpretación del II Concilio Vaticano a la Teología Moral Actual*: Salmanticensis 35 (1988) 79-93.

K. DEMMER, *Cristología – Antropología – Teología Moral. Expectativas para la Historia de las Consecuencias de la "Optatam Totius"*: R. LATOURELLE (ed.), Vaticano II..., 779-788.

J. DESCLOS, *Vatican II et la Dimension Filiale de la Morale Chrétienne* (Roma, 1992).

G. PIANNA, *Teología Moral*: VÁRIOS, Diccionario Teológico Interdisciplinar, I (Salamanca, 1996) 296-336.

P. CONCHA, *Imperativo de Renovación surgido del Concilio Vaticano II*: Teología y Vida 41 (2000) 591-625.

J. L. MÉNDEZ, *Teología Moral y Vaticano II*: Revista Teológica Limense 26 (2002) 351-373.

R. RUSSO, *Il Vaticano II e il Rinnovamento della Morale Cattolica. Un Approccio in Chiave Ontologica*: asprenas 50 (2003) 205-228.

J. R. FLECHA, *La Teología Moral en el Concilio Vaticano II*: G. TEJERINA (ed.), Concilio Vaticano II, Acontecimiento y Recepción. Estudios sobre el Vaticano II a los 40 Años de su Clausura (Salamanca, 2006).

VARIOS, *Il Concilio Vaticano II: 50 Anni Dopo. Il Camino Dell'Etica Teologica*: Rivista di Teologia Morale 44 (2012) n. 173, 7-53.

3
AS ORIENTAÇÕES AINDA ATUAIS DE "GAUDIUM ET SPES"

Numa recente proposta de Ética teológica fundamental, inspirei-me em *Gaudium et Spes* (*GS*) para desenvolver o terceiro dos três princípios em que procurei fundamentar o compromisso moral cristãos: teologicidade, eclesialidade, mudanidade. O desígnio salvífico de Deus (teologicidade), que recebemos através da mediação eclesial (eclesialidade), exige significação na transformação da realidade, e particularmente da história humana (mundanidade)[1]. Desta forma, a eternidade de Deus e o tempo da Igreja convertem-se em "acontecimento de salvação" no cenário do mundo.

Muitas são as orientações que *GS* ofereceu para renovar as proposições da Ética Teológica. Como afirma Bento XVI, *GS* "dá contribuições notáveis à questão da ética cristã"[2]. Tanto que essa Constituição Pastoral foi considerada como o documento conciliar de maior conteúdo ético. Realmente, o que sobrou de todos os textos relacionados com a Moral que surgiram na etapa de preparação (*De ordine morali, De matrimonio et familia, De communitate gentium*) e na fase propriamente conciliar, encontram-se reorientados e realocados na Constituição Pastoral *GS*.

---

[1] M. VIDAL, *Nova Moral Fundamental. O Lar Teológico da Ética* (Aparecida, 2003).

[2] Prefácio da edição dos volumes que recolhem os escritos conciliares de J. Ratzinger (*Zur Lehre des Zweiten Vatikanischen Konzils*), cuja tradução em língua portuguesa pode ser encontrada em L'Osservatore Romano, Edição Semanal em Língua Portuguesa 43 (13 de outubro de 2012) n. 41, p. 11.

Sem pretender ser exaustivo, aponto e comento as orientações morais mais decisivas que encontram na Constituição *GS*, organizando-as em dois grupos: as que se referem à moral fundamental e, aquelas que se relacionam com temas da moral concreta.

1. Orientações para a moral fundamental

As implicações de *GS* não estão reduzidas ao espaço da Moral Social, mas se relacionam com a proposta da Teologia Moral em seu conjunto. A seguir, indico as inovações principais que a Constituição Pastoral introduz na formação do discurso teológico-moral.

– A peculiaridade epistemológica do discurso ético-teológico

O Concílio Vaticano II elaborou uma bela fórmula para expressar a peculiaridade da epistemologia teológico-moral: "À luz do Evangelho e da experiência humana" (n. 46)[3]. O estudo dos interrogantes morais, o discernimento ético cristão, as decisões morais, e toda a vida moral do cristão devem ser compreendidos e realizados "à luz do Evangelho e da experiência humana", ou seja, à luz da Revelação e da razão, que formam uma unidade epistemológica com distinção de ordens ("ordem da razão humana", "ordem da revelação divina") e de qualificações (a Revelação como plenitude da razão humana).

O *Evangelho* é compreendido a partir do significado que o Concílio Trento lhe atribui, na importante passagem do Decreto *Sacrosancta* (da quarta sessão). "Prometido antes por obra dos

---

[3] E. HAMEL, *Lumen Rationis et Lux Evangelii*: Periodica 59 (1970) 215-249; ID., *Lux Evangelii in Constitutione "Gaudium et Spes"*: Periodica 60 (1971) 103-120.

profetas nas Sagradas Escrituras, nosso Senhor Jesus Cristo, Filho de Deus, proclamou por sua própria boca e ordenou que fosse pregado pelo ministério de seus apóstolos a toda criatura, como fonte de toda verdade salutar e de toda disciplina de costumes"[4]. Desta forma, aqui o Evangelho identifica-se com a divina *Revelação*[5]. "O Evangelho é, portanto, a revelação da graça e da benevolência divina que se cumpriu em Jesus Cristo, uma força de salvação, uma lei espiritual gravada nos corações pelo Espírito Santo"[6].

De outro lado, na fórmula conciliar a mediação humana não fica reduzida à "razão", mas assume todo o significado da *experiência humana*. Além disso, a articulação entre Evangelho e experiência humana é enfatizada pela partícula copulativa "e", que sugere não cair em justaposições incoerentes, nem em falsas confusões, nem em enfrentamentos estéreis.

Deve-se advertir que o Evangelho e a experiência humana não são perspectivas paralelas ou justapostas, mas estão compenetradas entre si, como estão compenetradas "a cidade terrena e a cidade celeste" (n. 40). Constituem o círculo hermenêutico da fé e da razão.

A Constituição *GS* apela frequentemente à "experiência" como lugar e meio para se descobrir a verdade. "A experiência dos séculos passados... aproveita igualmente à Igreja" (n. 44). Ela própria "sabe quanto deve aprender com a experiência dos séculos" (n. 43). Por essa razão, "deseja juntar a luz da revelação à competência de todos os homens, para que assim receba luz o caminho recentemente empreendido pela humanidade" (n. 33). Ao falar da vida econômico-social, o Vaticano II afirma que a "Igreja no transcurso dos séculos" soube unir "a luz do Evangelho" à "reta razão" para elaborar os princípios de justiça e de equidade (n. 63).

---

[4] DH, 1501.

[5] *Dei Verbum* 7 recolhe assim o texto antes citado do Concílio de Trento.

[6] B. SESBOÜÉ, *Escrituras, Tradiciones y Dogmas en el Concilio de Trento*: B. SESBOÜÉ (ed.), Historia de los Dogmas, IV (Salamanca, 1997) 112-113.

– A opção pelo método indutivo

Uma categoria-símbolo da *Gaudium et Spes* e a dos "sinais dos tempos".

A expressão *sinais dos tempos* apareceu na Constituição Apostólica *Salutis Humanae* (25/12/1961) com a qual João XXIII convocava o Concílio [Concilio Ecuménico Vaticano II, *Constituciones, Decretos y Declaraciones* (Madri, 2004) 1068]. Fora dos textos conciliares, João XXIII, na encíclica *Pacen in Terris*, sem utilizar a expressão (no texto oficial latino), estrutura sua exposição em torno aos "sinais dos tempos". A expressão foi utilizada por Paulo VI em *Ecclesiam Suam 19*. No pontificado de João Paulo II, a categoria "sinais dos tempos" foi eclipsada.

Este tema foi amplamente debatido na etapa da redação da *GS* e, no texto definitivo, existem dois números (n. 4, 21), nos quais o Concílio explicita o que quer dizer com "sinais dos tempos" e o que entende por "discernir esses sinais"[7].

O sintagma "sinais dos tempos" aparece somente quatro vezes nos textos do Concílio, nesta ordem cronológica: *UR* 4, *DH* 15, *PO* 9, *GS* 4. Encontram-se referências implícitas em *GS* 11 e 44, *PO* 6, *AA* 14, *DH* 15, *SC* 43. Na passagem da redação de Zurique para a de Ariccia, esta categoria perde força em *GS* devido provavelmente às críticas dos exegetas e dos observadores do Conselho Ecumênico das Igrejas, para os quais o texto de Mt 16,1-4 (e paralelos), de onde vem a expressão, apresenta um sentido messiânico-escatológico (cristológico) e, por conseguinte, seu uso para a teologia do social suporia certo desvirtuamento do sentido bíblico.

A realidade a que se refere são "os acontecimentos, as exigências e os desejos" mais evidentes do devir humano. A finalidade, portanto, é descobrir neles "quais são os sinais verdadeiros da presença do desígnio de Deus" e, para isso, é preciso

---

[7] Veja a bibliografia indicado no final deste capítulo.

"investigar a fundo" esses acontecimentos históricos mais relevantes e "interpretá-los à luz do Evangelho". Nesta proposta existe uma clara opção pelo método indutivo, que parte da análise da realidade (*ver*), continua com o discernimento à luz do Evangelho (*julgar*), e retorna à realidade para transformá-la de acordo com o resultado do discernimento (*agir*).

– A consciência moral: lugar de encontro do cristão com todas as pessoas de boa vontade

O Concílio oferece uma concepção de consciência moral (n. 16) em relação com a totalidade da pessoa e não somente com a lei ou em função do conhecimento moral[8]. Essa orientação holística da consciência é indicada pela localização do tema numa descrição *in crescendo* dos fatores que expressam "a dignidade da pessoa humana" (cap. 1, n. 12-22). Destacam também essa orientação as próprias palavras do texto: "No fundo da própria consciência, o homem descobre uma lei que não se impôs a si mesmo (...). A consciência é o centro mais secreto e o santuário do homem, no qual se encontra a sós com Deus..." (n. 16).

Este número 16 de *GS* teve várias redações (de julho de 1964 a dezembro de 1965 foram quatro), nas quais aparece a tendência de cada vez com mais ênfase, compreender a consciência a partir da dignidade do sujeito enquanto ser pessoal[9]. Destaca-se também a função de "encontro" que a consciência exerce entre os cristãos e as demais pessoas de boa vontade:

---

[8] D. CAPONE, *Antropología, Consciencia y Personalidad*. VARIOS, La Conciencia Moral Hoy (Madri, 1971) 101-156; ID., *La Teologia della Coscienza Morale nel Concilio e dopo il Concilio*: Studia Moralia 24 (1986) 221-249; J. CLEMENCE, *Le Mystère de Conscience à la Lumière du Vatican II*: Nouvelle Revue Théologique 94 (1972) 65-94; S. MAJORANO, *Coscienza e Verità Morale nel Vaticano II*: VARIOS, La Coscienza Morale Oggi (Roma, 1987) 259-278; L. A. ANAYA, *La Conciencia Moral em el Marco de la Constitución Pastoral "Gaudium et Spes"* (Buenos Aires, 1993); T. RYAN, *Conscience as Primordial Moral Awareness in "Gaudium et Spes" and "Veritatis Splendor"*: Australian eJournal of Theology 18/1 (2011) 83-96.

[9] *Iter Conciliar do n. 16 de GS* em: G. CAPONE, *Antropología, Conciencia...*, 133-156.

"Pela fidelidade à voz da consciência, os cristãos estão unidos aos demais homens, no dever de buscar a verdade e de nela resolver tantos problemas morais que surgem na vida individual e social".
Sem negar a função *manifestativa* da consciência diante dos valores objetivos ("o homem descobre uma lei que não se impôs a si mesmo"), o Concílio parece dar especial ênfase na função *implicativa* da consciência moral, recolhendo para isso um aspecto de orientação personalista próprio da tradição moral cristã: "Não raro, porém, acontece que a consciência erra, por ignorância invencível, sem por isso perder a própria dignidade". Esta orientação personalista, que alguns destacam como uma marca da tradição afonsiana--redentorista[10], foi enriquecido na etapa pós-conciliar pelos posicionamentos oficiais da Igreja (*Veritatis Splendor*, n. 54-64)[11].

No comentário ao número 16 de *GS*[12], J. Ratzinger destacou as ressonâncias de H. Newman (e de S. Kierkgaard) no pensamento do Vaticano II sobre a consciência. Contudo, segundo sua visão, "como acontece nos artigos precedentes, deve-se constatar também aqui uma falta de elaboração dos conhecimentos da filosofia moderna e suas ciências adjacentes que, justamente nesse lugar, dificilmente permite rejeitar a impressão de um pensamento pré-científico. Do pensamento moderno é assumido o impulso geral, em nosso caso, o propósito de fazer valer no sentido de Newman o indivíduo e sua consciência. Em compensação, os conhecimentos concretos aos quais estes impulsos são conduzidos, são apenas tocados. Continua prevalecendo uma tradição escolástica, proveniente dos esquemas da escola"[13].

---

[10] W. McDONOUGH, *"New Terrain" and a "Stumbling Stone" in Redemptorist Contributions to "Gaudium et Spes"...*, 9-48, especialmente p. 12-25. Além disso: M. VIDAL, *La Conciencia en el Proyecto Moral de Alfonso de Liguori*: Moralia 19 (1996) 389-410.

[11] M. VIDAL, *La Propuesta Moral de Juan Pablo II. Comentario Teológico-moral de la Encíclica "Veritatis Splendor"* (Madri, 1994) 91-106.

[12] LEXIKON FÜR THEOLOGIE UND KIRCHE, *Das Zweite Vatikanische Konzil. Dokumente und Kommentare, III* (Friburgo – Basilea – Viena, 1968) 328-331,

[13] *Ibidem*, 329.

– Abandono da categoria da lei natural

No centro das discussões teológico-moral dos últimos decênios na teologia católica, está a categoria de "lei natural". Recentemente, a Comissão Teológica Internacional propôs que se considerasse a lei natural como a base teórica de um paradigma de ética universal[14]. Não é momento de nos deter na avaliação desta proposta nem sobre o conjunto da produção teológico-moral sobre a pertinência de continuar ou utilizando essa categoria para descobrir (função heurística) e para expressar (função pedagógica) a dimensão ética do ser humano[15].

No discurso teológico-moral dos últimos cinquenta anos houve um momento em que a categoria de "lei natural" pareceu ficar obscurecida, sobretudo na época do Concílio Vaticano II e do imediato pós-concílio. Na verdade, no documento *GS*, para propor as questões de moral social, evitou-se intencionalmente a referência normativa ao "direito natural". Contudo, permanece a associação da *lex naturans* à *lex divina* em um mesmo sintagma em dois números de *GS*: *lex naturalis et evangelica* (n. 74); *lex divina et naturalis* (n. 89). Descontando-se essas duas alusões, a impostação geral da Constituição *GS* não é de caráter dedutivo, mas indutivo e, as categorias heurísticas e expressivas não estão próximas à *natureza* (lei natural), mas à *história*, consignada com a categoria de "sinais dos tempos" (n. 4).

Na época imediatamente depois do Concílio, nas questões de moral pessoal (bioética, moral sexual e conjugal) deu-se preferência à utilização da categoria "pessoa adequadamente entendida" (categoria insinuada no n. 51 de *GS*) e, para as

---

[14] COMISSÃO TEOLÓGICA INTERCIONAL, *Em Busca de uma Ética Universal: um Novo Olhar sobre a Lei Natural* (Cidade do Vaticano, 2009) – www.vatican.va/roman_curia/congregations/cfaith/cti_documents/rc_con_cfaith_doc_20090520_legge-naturale_po.html

[15] M. VIDAL, *El Problema de una Ética Universal. A Propósito del Paradigma Propuesto por la Comisión Teológica Internacional (2009)*: Moralia 33 (2010) 365-383.

questões de moral social, a categoria de "direito humano". Provavelmente por pressão de grupos conservadores e por medo de perder o sentido moral da realidade e de que o discurso teológico cedesse a um relativismo radical e a um exagerado positivismo, o Magistério Eclesiástico Católico voltou a insistir na pertinência da *lei natural* para descobrir e para expressar a dimensão moral da realidade humana[16].

– Diálogo com os saberes humanos e busca de novas linguagens

O discurso teológico-moral, sem prescindir das fontes específicas da Revelação, tem de estabelecer um diálogo sincero e fecundo com a racionalidade humana. O Concílio formulou este imperativo epistemológico da seguinte forma: "Os que se dedicam às ciências teológicas nos Seminários e Universidades, procurem colaborar com os especialistas de outros ramos do saber, pondo em comum trabalhos e conhecimentos. A investigação teológica deve simultaneamente procurar um profundo conhecimento da verdade revelada e não descurar a ligação com o seu tempo, para que assim possa ajudar os homens formados nas diversas matérias a alcançar um conhecimento mais completo da fé" (n. 62).

De acordo com a opção metodológica indutiva, o discurso teológico-moral tem de buscar novas formas expressivas (simbólicas, conceituais, linguísticas), que denominamos com o termo geral de "linguagens". Nesse sentido tem de ser atendida a exortação do Concílio: "É dever de todo o Povo de Deus e sobretudo dos pastores e teólogos, com a ajuda do Espírito Santo, saber ouvir (*auscultare*),

---

[16] Z. GROCHOLEWSKI, *La Legge Naturale nella Dottrina della Chiesa*: Studia Moralia 46 (2008) 383-412; D. FOYER, *La Loi Naturelle dans les Textes Récents du Magistère Catholique. Présentation et Évaluation*: Revue d'Éthique et de Théologie Morale n. 261 – Hors-série n. 7 (2010) 31-47.

discernir (*discernere*) e interpretar (*interpretari*) as várias linguagens do nosso tempo, e julgá-las à luz da palavra de Deus, de modo que a verdade revelada possa ser cada vez mais intimamente percebida (*penitius percipi*), melhor compreendida (*mellius intelligi*) e apresentada de um modo conveniente (*altius proponi*)" (n. 44).

A partir das duas orientações que foram indicadas, deduz-se que a apresentação da moral cristã tem de ser formulada como "uma proposta em devir", na qual se articulem as contribuições da ciência e da sabedoria humanas com os dados da revelação cristã. Esta orientação encontra-se muito bem formulada no número 33: "Guarda do depósito da palavra divina, onde se vão buscar os princípios da ordem religiosa e moral, a Igreja, embora nem sempre tenha uma resposta já pronta para cada uma destas perguntas, deseja, no entanto, juntar a luz da revelação à competência de todos os homens, para que assim receba luz o caminho recentemente empreendido pela humanidade".

– A humanização como critério da moral cristã

A todo o conjunto da moral cristã pode ser atribuído o critério ético que *GS* propõe para iluminar e orientar a atividade humana no mundo: "A norma da atividade humana é pois a seguinte: segundo o plano e vontade de Deus, ser conforme com o verdadeiro bem da humanidade e tornar possível ao homem, individualmente considerado ou em sociedade, cultivar e realizar a sua vocação integral" (35). O Concílio utilizou uma fórmula semelhante ao entender a missão da Igreja no mundo como um serviço de humanização: "Dar um sentido mais humano ao homem e a sua história" (n.40).

Paulo VI expressou muito bem o significado básico de *humanização*, relacionando-o com o desenvolvimento econômico. Na encíclica *Populorum Progressio* (1968), ele utilizou duas fórmulas para definir o "verdadeiro desenvolvimento" que, segundo ele, consistia na "passagem, para todos e para cada um, de condições de vida menos humanas a condições mais humanas" (primeira formulação – n. 20), e "promover todos os homens e o homem todo" (segunda formulação – n. 14).

É importante considerar que o objetivo da humanização não se limita ao âmbito econômico nem qualquer outro âmbito concreto (político, cultural, social etc.), mas está relacionado com o *significado integral* da pessoa. Por essa razão, *humanização* é o mesmo que realização integral de cada pessoa e construção da história de acordo com a dignidade de todo ser humano, imagem de Deus e que foi recriado em Cristo pela força do Espírito. Por outro lado, o valor da humanização recebe seu sentido pleno no contexto da ética cristã, ao ser entendido e praticado como realização do *Reinado de Deus*.

2. Orientações de caráter prático

– Novo paradigma para a ética social teológica

Devido a recepção de GS no discurso da ética teológica, a Moral social cristã abriu-se para um novo paradigma[17]. Essa Constituição Pastoral é o documento conciliar de matiz mais diretamente ético e corresponde a um tratado de ética social concreta. Embora o Concílio Vaticano II não tenha pretendido fazer uma exposição sistemática da Moral social, ofereceu, porém, suas próprias perspectivas para organizar os conteúdos da ética social. A segunda parte de GS organiza os temas da Moral social da seguinte forma: ética cultural (capítulo 2); ética econômica (c. 3); ética política (c. 4); ética internacional: paz e desenvolvimento (c. 5).

---

[17] J. QUEREJAZU, *La Moral Social y el Vaticano II* (Vitoria, 1993); A. IRIARTE, *Dos Marcos de Referencia para un Cristianismo Político: León XIII y la "Gaudium et Spes"* (Vitoria, 1997).

A Constituição *Gaudium et Spes* marcou o começo de uma mudança radical nas reflexões da ética social católica. No que se refere aos conteúdos ético-sociais concretos, a Constituição Pastoral conciliar introduziu uma variação nas proposições e nas orientações da Moral social cristã. A segunda parte de *GS* oferece novos horizontes axiológicos para os campos do matrimônio e da família, da cultura, da economia, da política, da guerra e da paz, da comunidade internacional. Os manuais de Moral social católica foram enriquecidos pelas contribuições conciliares de axiologia concreta[18].

Além disso, à luz da *GS*, a reflexão da Moral social constatou como estava mudando a economia das "fontes" teológicas, por exemplo, dando maior ênfase à Sagrada Escritura e à cosmovisão teológica; como se estava passando de uma visão "estática" da realidade social para uma outra concepção "dinâmica"; como as avaliações concretas não se realizavam mais de forma dedutiva, mas através de processos complexos de discernimento moral baseado em dados científico-técnicos e levando em consideração as implicações políticas das decisões concretas.

– As exigências éticas da secularidade e da laicidade

A afirmação conciliar sobre a "autonomia" das realidades humanas (n. 36) é uma das mais relevantes para as novas proposições do discurso e da práxis dos católicos em relação com o mundo[19]. As afirmações conciliares sobre a autonomia do sujeito, da natureza e do social constituem um sinal privilegiado da aceitação do Vaticano II aos ideais válidos da Modernidade[20].

---

[18] Pude constatar isso ao redigir o manual de Moral social: M. VIDA, *Moral de Atitudes. III. Moral Social* (Aparecida, 1985).

[19] M. BERNARDONI, *La Chiesa e la Modernità*: Regno-Attualità 56 (2011) n. 1113, 736-739. O artigo recolhe os conteúdos básicos que emergiram no Congresso Internacional celebrado na faculdade de filosofia da Universidade Gregoriana de Roma entre os dias 16 e 19 de novembro de 2011 com o tema "L'uomo dell'età moderna e la Chiesa".

[20] A. TORRES QUEIRUGA, *El Vaticano II y la Teología*: Concilium 312 (2005) 27-40, especialmente p. 34-39.

A realidade tem consistência por si mesma sem dependência direta da revelação cristã. A ordem da criação não fica anulada pela ordem da graça, pelo contrário, é assumida num único projeto de salvação. A peculiar autonomia das realidades humanas não elimina a ética, mas esta última adquire sua própria consistência. Existe, pois, uma *ética secular* sem necessidade de uma referência direta e explícita ao universo religioso, como também existe uma referência ética partilhada pelas diversas opções morais da sociedade pluralista e democrática (*ética civil*)[21]. De outra parte, a moral cristã tem de assumir as exigências da secularidade do humano[22]. Uma imediata repercussão dessa aceitação é constatada na configuração da verdade moral cristã, na qual a normatividade humana conserva ainda sua peculiar autonomia mesmo quando bem integrada na totalidade normativa do cristão[23].

Além da secularidade, *GS* assume os postulados da autêntica *laicidade* do Estado. Unindo a declaração *Dignitatis Humanae* com o n. 76 de *Gaudium et Spes*, obtém-se uma mudança de paradigma na compreensão do poder político e de sua relação (na perspectiva da laicidade) com a ordem religiosa. *GS* dá por concluídas as etapas do *constantinismo*, da *hierocracia medieval*, do *poder indireto* nas monarquias católicas e da *marca cristã* nas democracias da época mais recente[24].

Caso se acrescente a afirmação do caráter universal da salvação cristã no contexto de pluralismo religioso (*NA*) ao reconhecimento da autonomia do humano (*GS*) e ao princípio de

---

[21] M. VIDAL, *Ètica Civil y Sociedad Democrática* (Bilbao, 2002).

[22] M. VIDAL, *Moral Cristiana*: J. EQUIZA (ed.), 10 Palabras Clave sobre Secularización (Estella, 2002) 347-381.

[23] M. VIDAL, *¿Existen Verdades Morales Reveladas? Afirmaciones desde la Reflexión Ético-Teológica*: Iglesia Viva n. 233 (2008) 95-102.

[24] M-D CHENU, *El Evangelio en el Tiempo* (Barcelona, 1966) 13-31: "El fin de la era constantiniana".

liberdade religiosa (*DH*), teremos configurados os principais desafios que o Concílio Vaticano II assume dos amplos processos culturais e religiosos nascidos no interior da Modernidade. As contribuições da Teologia Moral do presente e do futuro não podem ignorá-los.

– Contribuição da moralidade da guerra "com mentalidade nova"

A nova sensibilidade em relação à guerra e à paz, que foi iniciada por João XXIII em sua encíclica *Pacem in Terris* e também, de certa forma pelo magistério de Pio XII, foi assumida e aprofundada pelo Concílio Vaticano II. As orientações conciliares encontram-se concentradas nos números 70-80 de *GS*[25]. É bom destacar as seguintes perspectivas sublinhadas pelo Concílio:

- Constatação do fato: "A guerra continua" (n. 79,1).
- Vigência dos princípios éticos que condenam os "crimes de guerra" (n. 79,2).
- Licitude, em princípio, da legítima defesa: "Enquanto haver risco da guerra e faltar uma autoridade internacional competente e provida de meio eficazes, uma vez esgotados todos os recursos pacíficos da diplomacia, não se poderá negar aos governos o direito de legítima defesa" (n. 79,4).
- A condenação solene da guerra total (n. 80), sem condenar de forma explícita e absoluta o uso da bomba atômica (n. 82,4).

---

[25] Ver o comentário de R. Coste aos números 80-90 de *GS* em: LEXIKON FÜR THEOLOGIE UND KIRCHE, *Das Zweite Vatikanische Konzils...*, 544-562. Estudos específicos: J. M. DÍEZ ALEGRÍA, *Actitudes Cristianas ante los Problemas Sociales* (Barcelona, 1967) 247-273: "A doutrina do Concílio Vaticano II sobre a paz e a guerra"; L. PEREÑA, *Mensaje Conciliar de la Paz* (Madri, 1967); G. CAMPANINI, *Oltre la "Guerra Giusta". La Stagione del Concilio Vaticano II*: Rivista Teologica di Lugano 5 (2000) 423-433; J. JOBLIN, *L'Église et la Construction de la Paix. L'Étape de "Gaudium et Spes"*: Gregorianum 91 (2010) 137-152; G. CESAREO, *Disarmare un Mondo Armato: il Contributo Specifico del Concilio*: Rivista di Teologia Morale 44 (2012) 217-223.

- Oposição à corrida armamentista (n. 81).
- Apoio às ações para evitar a guerra (n. 82).

A contribuição geral do Concílio Vaticano II sobre a guerra se desenvolve dentro dos parâmetros do magistério pontifício precedente, de Pio XII e João XXIII[26], mas também é necessário reconhecer que "a tônica geral da exposição adquire uma energia extraordinária na condenação da guerra"[27]. Embora o Concílio admita o princípio da legítima defesa (guerra defensiva), acrescenta-lhe, contudo, tais restrições que praticamente o tornam inoperante. A enérgica condenação da guerra total e do armamento moderno supõe uma restrição radical à doutrina da guerra justa[28].

Uma das intuições "proféticas" do Concílio Vaticano II – passagem continuamente citada – afirma que a nova situação criada pelo incremento das armas científicas "obriga-nos a examinar a guerra com mentalidade totalmente nova" (n. 80). Este discernimento e tomada de posição para que sejam autenticamente evangélicos, implicam uma mudança fundamental na atitude ética dos cristãos frente o fenômeno real e ameaçador da guerra. Para tornar isso possível é exigido dos cristãos uma nova convicção religiosa e um novo empenho ético diante desse fenômeno. Pode-se, pois, afirmar que a doutrina do Concílio Vaticano II situa-se de modo geral mais além dos pressupostos e das soluções morais oferecidos pela teoria da guerra justa.

---

[26] L. PEREÑA, *Op. cit.*,67: "O esquema doutrinal do Concílio sobre a moralidade da guerra defensiva, em seu conceito, com suas condições e limitações, está claramente inspirado na síntese orgânica e completa de Pio XII".

[27] J. L. GUTIÉRREZ, *Guerra: Conceptos Fundamentales nm la Doctrina Social de la Iglesia, II* (Madri, 1971) 235.

[28] "A comparação atenta dos textos reproduzidos permite concluir que hoje em dia a licitude da guerra defensiva é somente aplicável às guerras geograficamente circunscritas e militarmente limitadas ao chamado armamento convencional. Mas, de outro lado, como atualmente a rede de interdependência em nível mundial é tão grande e o perigo de generalização dos conflitos tão enorme, ocorre na prática, que dificilmente se pode, de antemão, afirmar se a licitude é aplicável a cada caso concreto de guerra defensiva" (J. L. GUTIÉRREZ, *op. cit.*, II, 238)

O magistério eclesiástico e a reflexão teológica da etapa pós-conciliar tem apresentado grande lucidez e grande valentia para explorar as consequências das orientações conciliares sobre a guerra. Atualmente, pode-se considerar doutrina comum católica a afirmação de que a resposta aos conflitos interestatais e mundiais tem de ser encontrada através de um paradigma diferente ao da guerra justa. É imperativo iniciar uma nova "tradição" na moralidade da guerra, ou melhor, da conflitividade humana[29].

– A criação de uma autoridade mundial

O Concílio Vaticano II estabeleceu o princípio de que, para evitar a guerra, "requer-se o estabelecimento de uma autoridade pública universal reconhecida por todos, com poder eficaz para garantir a segurança, o cumprimento da justiça e o respeito dos direitos" (n. 84)[30]. O conteúdo dessa afirmação não é totalmente novidade, porque correspondia a uma das mais originais intuições expostas por João XXIII na encíclica *Pacem in Terris* (n. 130-145). Essa originalidade do papa Roncalli foi reconhecida tanto pelos teólogos como pelo próprio magistério eclesiástico[31].

A proposição para "instituir uma autoridade pública geral" (*PT*, 137) ou "uma autoridade pública universal" (*GS*, 84), não se faz "para limitar ou substituir a responsabilidade dos

---

[29] Veja o desenvolvimento da afirmação em M. VIDAL, *Hacia el Cambio de Paradigma en la Moral de la Respuesta a los Conflictos Interestatales y Mundiales*: Moralia 30 (2007) 79-111 = Selecciones de Teología 47 (2008) n. 188, 275-288. Além disso: VÁRIOS, *La Promozione della Pace e della Comunità dei Popoli. 50 Anni dopo il Concilio Vaticano II* (1962-2012): Rivista di Teologia Morale 44 (2012) 183-230.

[30] M. MENDES, *A Autoridade Internacional como Árbitro nos Conflitos entre Estados no Concílio Vaticano II e no Ensino de João Paulo II*: Studia Moralia 43 (2005) 587-596.

[31] S. BERNAL, *¡Una Auténtica Comunidad Mundial! El Legado de Juan XXIII: a los 40 Años de la Encíclica "Pacem in Terris"*: La Cuestión Social 12 (2004) 124-134; JOÃO PAULO II, *"Pacem in Terris": uma tarefa Pendente. Mensagem para a Celebração da Jornada Mundial da Paz* (1/1/2003): Ecclesia n. 3133 (28 de dezembro de 2002) 28-32.

Estados, mas, pelo contrário, para abordar os problemas fundamentais que as nações sozinhas, qualquer que seja sua potência, não podem resolver"[32].

Ressoam também aqui as intuições dos moralistas clássicos para os quais a ausência de uma autoridade suprema tornava inevitável e legitimava o estatuto ético-jurídico da guerra[33].

– Orientação personalista na moral conjugal e familiar

NB. Este aspecto será tratado de forma mais desenvolvida no próximo capítulo.

3. Nota sobre a recepção da constituição pastoral *Gaudium et Spes*

Quando expor, no capítulo seguinte, o pensamento matrimonial e familiar, farei uma referência explícita às ambiguidades da recepção desse pensamento conciliar na etapa pós-conciliar. De imediato, ofereço uma observação de caráter geral, estando consciente de que a diversidade de recepções ou de "funcionalizações" do texto (*Wirkungsgeschichte*) na etapa pós-conciliar tem sua explicação ou, pelo menos, sua origem na diversidade de orientações que já tinham se dado na etapa redacional[34]. Como

---

[32] CONFERÊNCIA EPISCOPAL DOS ESTADOS UNIDOS, *El Fruto de la Justicia está sembrado en la Paz*: Eccleisa 2711 (1994) 33.

[33] A condição que Santo Tomás coloca para legitimar a guerra é que seja convocada pelo príncipe (*"autoritas principis"*), já que não existe autoridade superior (II-II, q. 40, a. 1). Esta orientação foi desenvolvida no século XVI pelos teólogos da escola de Salamanca e pelos teólogos da Companhia de Jesus. Para Vitória, a guerra somente pode ser declarada pela autoridade de todo o orbe (orbis totius auctoritate), da qual os príncipes têm a delegação através do direito dos povos (Relección De Iuri Belli, 19).

[34] J. KOMONCHAK, *La Redazione della "Gaudium et Spes"*: Il Regno-Documenti 44 (1999) n. 840, 446-455; ID., *Roots and Branches: Studying the History of Vatican II*: G. ROUTHIER (ed.),

na interpretação de outros textos, aqui também existe uma circularidade hermenêutica entre a *Wirkungsgeschichte* (recepção do texto) e a *Redaktionsgeschichte* (redação do texto). Não existem muitos estudos que se dedicam expressamente à análise da recepção pós-conciliar da temática moral do Vaticano II. São menos ainda os estudos que analisam a recepção autoritativa das passagens mais conflitivas da *GS*[35]. Nesse silêncio geral, existe uma exceção que se refere à questão da continuidade ou descontinuidade entre a encíclica *Veritatis Splendor* (1993) e *GS*[36].

De minha parte, não quero deixar de reconhecer a validade das ulteriores intervenções do Magistério Eclesiástico sobre os mesmos temas tratados pelo Concílio Vaticano II. O que se questiona aqui é quanto a orientação que adotou a recepção autoritativa do pós-concílio em relação aos temas morais mais conflitivos abordados pela Constituição *GS*.

Diante do perigo de uma suposta recepção de *GS*, sobretudo, a partir da volta das propostas da "minoria" conciliar e das intervenções exteriores à dinâmica do Concílio, é necessário recuperar o alento primigênio do Concílio em seu conjunto e fazê-lo frutificar nas novas condições do presente social e eclesial. Desta forma, não será esquecida a mensagem conciliar de um documento tão revolucionário como é a Constituição pastoral *Gaudium et Spes*[37].

Vatican II au Canada: Enracinement et Réception (Quebec, 2001) 503-524; ID., *Le Valutazioni della "Gaudium et Spes": Chenu, Dosseti, Ratzinger*: J. DORÉ — A. MELLONI (ed.). Volti di Fini Concilio. Studi di Storia e Teologia sulla Conclusione del Vaticano II (Bolonha, 2000) 115-153.

[35] T. KENNEDY, *Paths of Reception: How "Gaudium et Spes" Shaped Fundamental Moral Theology*: VÁRIOS, La Recezione del Concilio Vaticano II nella Teologia Morale (Roma, 2004) 115-145.

[36] Sustenta a descontinuidade: M. ELSBERND, *The Reinterpretation of "Gaudium et Spes" in "Veritatis Splendor"*: M. LAMBERIGTS — L KENNIS (ed.), *op. cit.*, 187-205. Defende a continuidade homogênea: G. ANGELINI, *I Sentieri Impervi della Morale. Dalla "Gaudium et Spes" alla "Veritatis Splendor"*: C. GHIDELLI (ed.), A Trent'anni dal Concilio (Roma, 1995) 347-380. Cf. T. KENNEDY, *Paths of Reception...*, 136-139.

[37] E. BORGMAN, *"Gaudium et Spes": El Futuro Olvidado de un Documento Revolucionario*: Concilium n. 312 (2005). 59-68.

Complemento Bibliográfico

1. Sobre as orientações morais de *GS*

C. J. PINTO DE OLIVEIRA, *Gaudium et Spes ¿Nuevo Paradigma de Ética Fundamental y Social?*: Anámnsis 1 (1996) 5-48.

J. A. SELLING, *Gaudium et Spes: A Manifesto for Contemporary Moral Theology*: M. LAMBERIGTS – L. KENNIS (ed.), Vatican and Its Legacy (Lovaina, 2002) 145-162.

É. GAZIAUX, *Vatican II et la Morale Postconciliaire: vers un Dépassement de L'Alternative Morale de Foi – Morale Autonome*: M. LAMBERIGTS – L. KENNIS (ed.), Vatican and Its Legacy..., 163-171; ID., *"Gaudium et Spes" et la Théologie Morale Fondamentale Aujourd'hui: Quelles Suggestions?*: PH. BORDEYNE – L. VILLEMI (ed.), Vatican II et la Théologie. Perspectives pour le XXIe. Siècle (Paris, 2006) 203-216.

PH. BORDEYNE, *L'Homme et son Angoisse. La Théologie Morale de "Gaudium et Spes"* (Paris, 2004).

L. LORENZETTI, *La "Gaudium et Spes" sulla Chies anel Mondo Contemporaneo e L'Etica Teologica Sociale*: Rivista di Teologia Morale 44 (2012) n. 173, 45-53.

2. A respeito da categoria dos "sinais dos tempos"

Existe abundante bibliografia sobre os "sinais dos tempos", da qual destaco alguns títulos:

P. VALADIER, *Signes de Temps, Signes de Dieu*: Études 335 (1971) 261-279.

CL. BOFF, *Sinais dos Tempos, Princípios de Leitura* (São Paulo, 1979).

H. SCHUTZEICHEL, *Die Zeichen der Zeit Erkennen*: Trierer Theologische Zeitscrift 91 (1982) 303-313.

L. GONZÁLEZ – CARVAJAL, *Los Signos de los Tiempos. El Reino de Dios Está entre Nosotros* (Santander, 1987).

J. SOBRINO, *Los "Signos de los Tiempos" en la Teología de la Liberación*: Estudios Eclesiásticos 64 (1989) 249-269.

X. QUINZÁ, *Los Signos de los Tiempos como Tópico Teológico*: Estudios Eclesiásticos 65 (1990) 457-468.

M. RUBIO, *Los "Signos de los Tiempos" como Hermenéutica del Acontecer de Dios en los Acontecimientos de los Hombres*: Moralia 13 (1991) 3-32.

V. BOTELLA, Una *Teología em Función de los "Signos de los Tiempos". Reflexiones en torno a la Metodología Teológica de la "Constitución Pastoral Gaudium et Spes sobre la Iglesia en el Mundo Actual del Concilio Vaticano II"*: Teología Espiritual 41 (1997) 103-129.

B. PETRÀ, *I "Segni dei Tempi": Um'appropriazione Indebita del Magistero da Parte della Teologia?*: Studia Moralia 35 (1997) 145-179.

S. RENDINA, *Segni dei Tempi e Discernimento*: Rassegna di Teologia 43 (2002) 43-74.

J. COMBLIM, *Signos de los Tiempos*: Concilium n. 312 (2005) 87-100.

C. I. CASALE, *Teología de los "Signos de los Tiempos". Antecedentes y Prospectivas del Concilio Vaticano II*: Teología Viva 46 (2005) 525-569.

Foi destacado o papel que teve o dominicano M.-D Chenu neste tema e no conjunto geral de *Gaudium et Spes*: *Les Signes des Temps*: Nouvelle Revue Théologique 87 (1965) 29-39.

G. TURBANTI, *Il ruolo del P. M.-D Chenu Nell'elaborazione della Costituzione "Gaudium et Spes"*: VÁRIOS, Marie-Dominique. Moyen Âge et Modernité (Paris, 1997) 191-195.

A. FRANCO, *I segni dei Tempi nella Riflessione di M.-D Chenu*: Rassegna di Teologia 41 (2000) 101-125.

4

A "VIRADA PERSONALISTA" DO VATICANO II NA TEOLOGIA DO MATRIMÔNIO

1. O contexto histórico e teológico

As mudanças que ocorreram no mundo contemporâneo e as novas orientações da Teologia Moral obrigaram, na segunda metade do século XX, a se repensar o fundamento metodológico-normativo sobre o qual se apoiava todo o edifício da ética matrimonial cristã. Começou a surgir um novo paradigma de moral matrimonial cristão; matrimônio cristão passa a ser visto sob a *perspectiva personalista*.

Esta reformulação iniciou-se nas décadas de 20 e 30 do século XX por alguns teólogos de orientação caracteristicamente personalista. "No século XX, surge um grupo de renomados teólogos católicos, entre os quais Herbert Doms, Bernhardin Krempel e Dietrich von Hildebrand, que formulam, em seus tratados sobre o matrimônio, uma postura mais ampla em que levam em consideração os valores personalistas da sexualidade cristã. Sem dúvida, seus escritos causaram impacto não somente nas ideias, mas também nas formulações oficiais da Igreja sobre a sexualidade"[1]. Merece destaque a obra de H. Doms "sobre a finalidade e o significado do matrimônio"[2].

---

[1] A. KOSNICK (ed.), *La sexualidade Humana. Nuevas Perspectivas en el Pensamiento Católico* (Madri, 1978) 69.

[2] H. DOMS, *Vom Sinn und Zweck der Ehe* (Breslau, 1935); tradução castelhana: *El Matrimonio*

No início, esta orientação não teve boa acolhida da parte das instâncias oficiais da Igreja Católica e, em 1944, através de um *Decreto* do Santo Ofício sobre os fins do matrimônio[3], recebeu uma séria advertência.

Apesar dessas advertências oficiais, a corrente personalista continuou e cresceu em estudos e partidário no campo da Teologia Moral Católica. Nos anos anteriores ao Concílio Vaticano II, apareceram tratados novos sobre o matrimônio com forte orientação personalista; surgiram também estudos sobre alguns pontos concretos (como por exemplo o problema da paternidade responsável), que evidenciavam um novo espírito nas reflexões e nas soluções.

Sobre esse tema, convém recordar os nomes de P. Anciaux, B. Häring, J. Reuss e L. Janssen como os grandes inspiradores desta nova orientação de caráter personalista no campo da moral matrimonial[4]. Também, deve-se considerar a notável contribuição dos movimentos matrimoniais, sobretudo no campo da espiritualidade conjugal[5]. A reflexão teológica e a renovação na espiritualidade e pastoral matrimoniais tornaram possível a preparação do capítulo da *Gaudium et Spes,* dedicado ao tema do matrimônio e da família (capítulo 1 da 2ª parte: n. 47-52).

(Madri, 1965). Sobre o pensamento matrimonial de H. Doms: A. SEVILLA, *El Pensamiento de H. Doms sobre algunos Aspectos Ignorados del Matrimonio* (Madri, 1985). Ver também: B. KREMPEL, *Die Zweckfrage der Ehe in neuer Beleuchtung* (Colônia, 1941).

[3] DH, 3838.

[4] Veja a exposição de temas e a referência a teólogos em: J. DAVID, *Nuovi Aspetti della Dottrina Eclesiastica sul Matrimonio* (Roma, 1968).

[5] P. LOCHT, *La Espiritualidad Conyugal entre los Años 1930-1960*: Concilium n. 100 (1974) 404-417.

2. As orientações do Vaticano II

– Orientação geral de caráter personalista

É opinião corrente entre os estudiosos do matrimônio que "a característica essencial da nova doutrina matrimonial apresentada pelo Vaticano II é a concepção personalista do matrimônio. Em síntese, isso significa que os próprios esposos situam-se no centro da realidade conjugal, realidade pessoal relativa a toda a vida dos esposos"[6].

Esta orientação personalista se manifesta na importância que a doutrina conciliar atribui aos seguintes fatores:

- A noção de *aliança* substitui a visão contratual do matrimônio.
- O matrimônio é considerado como comunidade de toda a vida (*consortium totius vitae*).
- O matrimônio ordena-se fundamentalmente ao bem dos esposos, sem esquecer sua orientação para a geração e a educação dos filhos.

A *GS* não fala da hierarquização dos bens do matrimônio em termos de *fins* e, menos ainda, com a classificação de *primário* e *secundário*. Recomenda que sejam tomados como princípio integrador para harmonização de ambos bens do matrimônio "a natureza da pessoa e seus atos" (n. 51).

A forma como o Vaticano II aborda os problemas do matrimônio e da família manifesta claramente uma nova atitude diante destas realidades, rejeita a primazia da procriação sobre os aspectos unitivos da sexualidade e insiste em sua devida harmonia e integração (n. 51).

---

[6] J. BERNHARD, *De la Vida a la Ley: a Propósito del Derecho Matrimonial y la Jurisprudencia*: Concilium n. 267 (1996) 143, o artigo completo nas p. 139-147.

Com razão propõe a pessoa humana como centro integrador de todos estes valores e reconhece explicitamente os valores pessoais (n. 51) e interpessoais que se situam no próprio núcleo da sexualidade. Chama a atenção sobre a qualidade humana das expressões da sexualidade e sobre o quanto estas podem contribuir para o desenvolvimento positivo da pessoa (n. 49). Finalmente, reconhece que o Criador é a fonte e a razão suprema da sexualidade humana, santificada de modo especial na união sacramental que é o matrimônio[7].

Esta visão positiva do amor conjugal como eixo da ética matrimonial não assume resíduos espúrios de pessimismo em relação à sexualidade, e evita certas formas de ascetismo e de restrição na intimidade conjugal, que seriam continuidade de tendências neoplatônicas e maniqueístas diante da realidade do amor conjugal. No número 49 da *GS*, o Concílio exalta a bondade do amor conjugal, "dado que é eminentemente humano – pois vai de pessoa a pessoa com um afeto voluntário –, compreende o bem de toda a pessoa e, por conseguinte, pode conferir especial dignidade às manifestações do corpo e do espírito, enobrecendo-as como elementos e sinais peculiares do amor conjugal".

Toda a vida conjugal deve expandir-se através deste núcleo essencial da *amizade conjugal*, cujos valores e atitudes são valores e atitudes da ética matrimonial. O carinho, a fidelidade, o caráter definitivo e totalizante da entrega são instâncias e qualidades dinâmicas da única realidade do amor conjugal. A ética cristã do matrimônio tem de propô-las como realizações dinâmicas da caridade conjugal e não como imperativos provenientes do matrimônio enquanto simples contrato (direito do "débito matrimonial", a fidelidade como uma obrigação proveniente do contrato, a indissolubilidade como uma exigência dos fins do contrato matrimonial). Deve-se destacar que as "expressões do corpo e do espírito" (não se fala do "ato conjugal", como nos tradicionais manuais de Teologia Moral)

---

[7] A. KOSNICK (ed.), *La Sexualidad Humana...*, 69.

são consideradas como "elementos e sinais da amizade conjugal". De outro lado, esses valores não devem ser propostos num sentido estático, mas dinâmico: são metas que continuamente devem ser alcançadas.

A partir da orientação personalista, inovada pelo Concílio Vaticano II, os elementos que, segundo a tradição teológico-canônica, configuram a realidade matrimonial são "redimensionados". O *consentimento* matrimonial não é considerado como um ato meramente pontual, mas como expressão do dom recíproco dos esposos durante a totalidade da vida conjugal. A *dimensão religiosa* do matrimônio cristão adquire um significado mais amplo ao ser situada na perspectiva da aliança bíblica. O matrimônio é sacramento porque significa e realiza a união (relação = aliança) de Cristo com a Igreja. A *fidelidade conjugal* não brota exclusivamente de um contrato nem se limita a uma promessa de não cometer adultério, ao contrário, trata-se de uma fidelidade "criativa", em dinamismo constante e em crescimento permanente.

– O significado da sexualidade para o casal

São reconhecidas por todos as dificuldades que têm se dado na história do Cristianismo sobre a questão da integração da sexualidade na vida do casal[8]. Aponto aqui a inovação que a doutrina do Concílio Vaticano II supôs a este respeito, recordando previamente os sinais de renovação anteriores ao Concílio.

Com efeito, "nos inícios do século XX começa a se configurar uma volta à valorização bíblica e à insistência na dimensão interpessoal da sexualidade humana no contexto do matrimônio"[9].

---

[8] Sobre as concepções históricas da sexualidade conjugal, ver os estudos de S. BOTERO, *Hacia una Nueva Comprensión de La Castidad Conyugal*: Medellín 23 (1998) n. 93, 43-70; *¿Castidad Conyugal o Humanización de la Sexualidad?* Carthaginensia 14 (1998) 321-343.

[9] A. KOSNIK (ed.), *La Sexualidad Humana...*, 130.

Pio XI, em sua encíclica *Casti Connubii* (1930), já refletia o avanço desta tendência sobre o matrimônio cristão. Neste documento encontram-se estas afirmações: "Esta mútua conformação interior dos esposos, este constante anseio de aperfeiçoar-se reciprocamente, pode-se inclusive chamar, em um sentido pleno de verdade, como ensina o *Catecismo Romano* (p. 2ª, c. 8, questão 24), causa e razão primária do matrimônio, sempre que o matrimônio for entendido não em seu sentido mais estrito de instituição para a honesta procriação e educação dos filhos, mas no sentido mais amplo de comunhão, trato e sociedade de toda a vida"[10].

Observa-se claramente que Pio XI assumia o "espírito personalista" sem se desprender da compreensão geral do matrimônio em função da procriação, que continuava sendo o critério decisivo e geral.

"Estava reservado ao Vaticano II maximizar esta tendência ao dar o reconhecimento oficial da Igreja à dimensão pessoal da sexualidade humana como elemento não menos importante que sua finalidade procriativa. As implicações dessa decisão são incalculáveis. Renunciando deliberadamente à antiga tradição de séculos, que considerava a finalidade procriativa como a mais importante da sexualidade, o Concílio torna necessária uma revisão total da teologia da sexualidade conjugal que aparece nos manuais. O capítulo que a Constituição sobre a Igreja no Mundo Moderno dedica ao matrimônio nos oferece a base para uma teologia atual da sexualidade conjugal. Um dos princípios dessa teologia renovada é o reconhecimento de que a essência do matrimônio, tal como o Concílio formulou, exige um compromisso mútuo em função de uma conjugalidade responsável."[11]

---

[10] *Casti Connubii*, n. 24: *La Familia, Futuro de la Humanidad* (Madri, 1995) 87.

[11] A. KONISK (ed.), *La Sexualidad Humana...*, 131.

O ponto de partida do Concílio não pode ser mais explícito: "A íntima comunidade da vida e do amor conjugal, fundada pelo Criador e dotada de leis próprias, é instituída por meio da aliança matrimonial, ou seja, pelo irrevogável consentimento pessoal. Desse modo, por meio do ato humano com o qual os cônjuges mutuamente se dão e recebem um ao outro, nasce uma instituição também à face da sociedade, confirmada pela lei divina" (n. 48).

A partir dessa compreensão personalista, é normal se afirmar que à conjugalidade corresponda a exigência de um permanente desenvolvimento mútuo dos cônjuges: "O homem e a mulher, que, pela aliança conjugal 'já não são dois, mas uma só carne' (Mt 19,6), prestam-se recíproca ajuda e serviço com a íntima união de suas pessoas e atividades, tomam consciência da própria unidade e cada vez mais a realizam. Essa união íntima, já que é o dom recíproco de duas pessoas, exige, do mesmo modo que o bem dos filhos, a inteira fidelidade dos cônjuges e a indissolubilidade da sua união" (n. 48).

A integração da sexualidade no projeto matrimonial foi, com beleza, descrita pelo Concílio. De forma breve, porém, intensa, destaca a importância da expressão conjugal entre os esposos como meio do amor múto: "A Palavra de Deus convida repetidas vezes os noivos a alimentar e robustecer o seu noivado com um amor casto, e os esposos, a sua união com um amor indiviso. E também muitos de nossos contemporâneos têm, em grande apreço, o verdadeiro amor entre marido e mulher, manifestado de diversas maneiras, de acordo com os honestos costumes dos povos e dos tempos" (n. 49).

Com expressões fortemente positivas, o Concílio afirma que a intimidade sexual, integrada de forma adequada à totalidade da vida de um casal casado, é o melhor meio de tornar realidade o compromisso de uma conjugalidade responsável:

Esse amor, dado que é eminentemente humano – pois vai de pessoa a pessoa com um afeto voluntário –, compreende o bem de toda a pessoa e, por conseguinte, pode conferir especial dignidade às manifestações do corpo e do espírito, enobrecendo-as como elementos e sinais peculiares do amor conjugal. E o Senhor dignou-se sanar, aperfeiçoar e elevar este amor com um dom especial de graça e caridade. Unindo o humano e o divino, esse amor leva os esposos ao livre e recíproco dom de si mesmos, que se manifesta com a ternura do afeto e, com as obras, penetra toda a sua vida; e aperfeiçoa-se e aumenta pela sua própria generosa atuação. Ele transcende, por isso, de longe a mera inclinação erótica, a qual, fomentada egoisticamente, rápida e miseravelmente se desvanece (n. 49).

O Concílio descreve, por sua vez, o encontro marital como sinal e causa da conjugalidade ("expressa e aperfeiçoa", "significa e promove") à semelhança de como a Igreja tem descrito tradicionalmente a natureza dos sacramentos: "Este amor tem a sua expressão e realização peculiar no ato próprio do matrimônio. São, portanto, honestos e dignos os atos pelos quais os esposos se unem em intimidade e pureza; realizados de modo autenticamente humano, exprimem e alimentam a mútua entrega pela qual se enriquecem um ao outro na alegria e gratidão" (n. 49).

Recorrendo a São Paulo, os padres conciliares advertem sobre as possíveis consequências para alguns casamentos da ausência da expressão sexual do amor humano: "Mas quando se suspende a intimidade da vida conjugal, não raro se põe em risco a fidelidade e se compromete o bem da prole; porque, nesse caso, ficam ameaçadas tanto a educação dos filhos como a coragem necessária para ter mais filhos" (n. 51).

A partir dessas orientações do Concílio, cabe à Teologia considerar a complexa riqueza de significados da intimidade conjugal[12] e oferecer orientações pastorais sobre este importante aspecto da vida matrimonial[13].

---

[12] E. GALENDE, *Sexo y Amor. Anhelos e Incertidumbres de la Intimidad Conyugal* (Barcelona, 2001).

[13] A. CHAPELLE, *La Chasteté Conjugale et la Célébration du Sacrement de Pénitence*: NRT 118 (1996) 856-861.

3. A difícil recepção da orientação personalista pelo magistério eclesiástico posterior ao Vaticano II

– Recepção de caráter positivo

Esta nova orientação do Concílio Vaticano II não foi rejeitada nem pela encíclica *Humanae Vitae* (1968) nem pela Declaração da Congregação para a doutrina da Fé *Persona Humana* (1975). Indiretamente, as crises provocadas por estes dois documentos contribuíram para o aprofundamento nas novas orientações teológico-morais sobre o matrimônio[14].

Diretamente, têm apoiado e desenvolvido essas novas orientações:

– O Sínodo dos Bispos (26 de setembro – 25 de outubro de 1980) foi dedicado ao tema da família[15] e a Exortação Apostólica pós-sinodal de João Paulo II *Familiaris Consortio* (22 de novembro de 1981)[16].

– A Carta às Famílias, de João Paulo II (1994).

– As múltiplas intervenções de João Paulo II sobre o matrimônio e a família[17].

---

[14] VÁRIOS, *Forum. Matrimonio e Famiglia. 50 Anni dopo il Concilio Vaticano II (1962-2012)*: Rivista di Teologia Morale 44 (2012) n. 175, 367-417; especialmente S. ZAMBONI, *Matrimonio e Famiglia nel Magistero Pontificio Post-conciliare*: Ibid., 381-387.

[15] J. L. LARRABE, *Problemas Candentes del Matrimonio según el Sínodo 1980*: Lumen 29 (1980) 412-433; PH. DELHAYE, *Quelques Thèmes Majeurs du Synode 1980*: Ésprit et Vie 91(1981) 321-331; T. RINCÓN, *Las Cuestiones Matrimoniales Abordadas por Juan Pablo II en el Discurso de Clausura de la V Asamblea General del Sínodo del Obispos*: Ius Canonicum 21 (1981) 645-664; DELEGACIÓN DE PASTORAL FAMILIAR (Madri), *El Sínodo de la Familia* (Madri, 1988).

[16] A. VILLAREJO, *El Matrimonio y la Familia en la "Familiaris Consortio"* (Madri, 1984); A. SCOLA, *Familiaris Consortio e Mistero Nuziale*: Anthropotes 17 (2001) 203-206; C. CAFARRA, *Familiaris Consortio – Istituto Giovanni Paolo II e Attualizzazione del Matrimonio e della Famiglia*: Anthropotes 17 (2001) 207-221.

[17] A. LIZARRAGA, *Discurso Pontificios a la Rota Romana* (Pamplona, 2001).

– Limitações na normativa eclesial

Apesar dos dados apontados antes, deve-se reconhecer que a orientação personalista do Vaticano II não foi de tudo concretizada pela Igreja na normativa, na jurisprudência e na pastoral da comunidade cristã. Os "pontos críticos" na teoria e na práxis matrimonial, de hoje, situam-se, no geral, nos aspectos em que fica difícil perceber a aceitação da inovação personalista com todas as suas consequências. O canonista J. Bernhard aponta as seguintes "indecisões" na aceitação do personalismo matrimonial (com suas correspondentes "dificuldades" no terreno canônico e pastoral):

– "O fato de a jurisprudência continuar centrando a atenção, pelo menos em princípio, sobre o ato único do consentimento inicial cria problemas à concepção personalista do matrimônio".

– "Também estranho é o fato de o Código de 1983 utilizar a noção de matrimônio-contrato nos cânones 1055,2 e 1097. Mesmo assim, em outras partes, o novo Código prefere a teoria contratual do matrimônio com suas noções jurídicas de validade e de nulidade, de indissolubilidade e de fidelidade. Em conjunto, o matrimônio é apresentado como um objeto jurídico estático e determinado de antemão; e quanto aos direitos e deveres conjugais, são separados da comunidade de vida e de amor para ser o objeto de uma relação jurídica" (cân. 1095).

– "Ao contrário do Concílio que afirma que a comunidade conjugal torna o matrimônio indissolúvel, o Código vê na indissolubilidade uma propriedade do contrato".

– "Tomando em consideração o caráter dinâmico e evolutivo da aliança, de seu caráter processual que se estende à vida conjugal inteira, tem de se admitir que o matrimônio pode não somente crescer, mas também se romper até o ponto que sua reanimação enquanto aliança (não somente como fachada) se revele moralmente impossível. Como realidade relacional, todo matrimônio pode se desfazer (matrimônio indissolúvel não significa matrimônio indestrutível). Contanto que a destruição do matrimônio não seja irreversível, cabe aos esposos manter sua união, todavia, se a comunidade de vida já não mais existe, continua sendo indissolúvel semelhante comunidade"?

– "O que resta da sacramentalidade do matrimônio quando já não aparece nada do amor nem da fidelidade de Cristo à Igreja? A teologia tradicional responde: na falta da relação interpessoal dos esposos subsiste sempre o vínculo jurídico. Na realidade, a indissolubilidade não é um vínculo sobreposto à comunidade conjugal, mas o vínculo da própria comunidade conjugal (a indissolubilidade não poderia se dissociar da fidelidade dos esposos".

– "Na perspectiva da indissolubilidade jurídica, ontológica (o matrimônio não é somente a imagem da aliança Cristo-Igreja, esta se faz realmente presente na aliança dos esposos), um novo matrimônio civil só pode ser considerado como uma relação adúltera; pois o vínculo do primeiro matrimônio continua existindo apesar da "morte" da primeira comunidade conjugal"[18].

– O matrimônio entendido (todavia) como contrato no novo Código de Direito Canônico (1983)

A caracterização do matrimônio como contrato chega até a codificação de 1917, na qual se considera a instituição conjugal como "contrato matrimonial" (cân. 1012,2). A mudança se verifica no Código de Direito Canônico de 1983, no qual o matrimônio passa a ser compreendido como "*aliança matrimonial*". Trata-se não somente de uma mudança terminológica, mas também – e sobretudo – de uma variação semântica.

---

[18] J. BERNHARD, *op. cit.*, 144-145.

A nova definição de matrimônio consignada no cânon 1055 assim afirma: "O pacto matrimonial (*matrimoniale foedus*), pelo qual o homem e a mulher constituem entre si o consórcio íntimo de toda a vida (*totius vitae consortium*), ordenado por sua índole natural ao bem dos cônjuges e à procriação e educação da prole"...

Esta definição é assim comentada pelos professores da Universidade Pontifícia de Salamanca:

> Quanto à sua natureza jurídica (do matrimônio), e partindo do princípio estabelecido no c. 1057 de que é o consentimento mútuo das partes que constitui o matrimônio, o texto utiliza dois termos para sua definição: *foedus matrimoniale* (c. 1055,1) e *contractus* (c. 1055,2). Na realidade, a questão carece de interesse, porque – reconhecendo que ambas expressões são inadequadas para manifestar a realidade jurídica do matrimônio – trata-se de mera mudança terminológica: a própria Comissão Codificadora advertiu explicitamente que ambas locuções, *contractus* e *foedus matrimoniale*, 'uno eodemque sensu adhibitae sunt, consulto quidem, ut liquidius pateat foedus matrimoniale de quo in 'Gaudium et Spes' nullo alio modo constitui posse pro baptizatis quam per contractus, etsi sui generis' (*Relatio*, 1981, p. 244-245). Em definitivo, encontramo-nos diante de um negócio jurídico de caráter contratual, *sui generis*, de um homem e uma mulher para constituir um consórcio total em suas vidas[19].

É evidente que na nova definição de matrimônio configurada pelo Código existam notáveis "inovações". Em primeiro lugar, diante da hegemonia da categoria de "contrato" durante os últimos séculos, recupera-se a categoria de *aliança matrimonial* com todo o significado desta expressão na teologia e espiritualidade bíblicas.

Em segundo lugar, ao invés de falar de "objeto" do contrato matrimonial e de concretizá-lo no "ius ad corpus" (direito ao corpo do outro em vista dos atos que visam à geração), coloca-se

---

[19] *Código de Derecho Canónico* (Madri, 1983) 503.

como conteúdo da aliança matrimonial o *totius vitae consortium*. A tradição jurídica contratualista estava embasada num conceito de matrimônio como intercâmbio de direitos. Em troca, no código atual "o matrimônio não é concebido como uma sociedade procriadora que surge de um intercâmbio de direitos aos atos sexuais, mas como um consórcio de toda a vida, uma aliança matrimonial, por isso, parece mais congruente que o texto legal se refira ao matrimônio com os termos mais adequados, para expressar um consórcio de toda a vida que surge de uma aliança matrimonial"[20].

Em terceiro, na exposição da finalidade do matrimônio acontece uma mudança quase radical em "relação à doutrina mantida até o Concílio Vaticano II"[21]. Na codificação precedente (cân. 1013,1 do CDC de 1917) era estabelecida uma classificação hierarquizada dos "fins" do matrimônio, distinguindo-os entre fim primário (procriação) e fins secundários (o bem das pessoas), que foi reafirmada pelo Santo Ofício e por Pio XII diante das tentativas de "renovação" anteriores ao Vaticano II[22]. Na nova definição não se fala de "fins"[23], muito menos faz uma hierarquização deles; fala-se que o consórcio de toda a vida está "ordenado por sua índole natural ao bem dos cônjuges e à procriação e educação da prole".

Apesar dessas evidentes "inovações", existem canonistas e, sobretudo, teólogos que pensam que a compreensão e a normativa oficiais sobre o matrimônio na Igreja Católica continuam mantendo-se basicamente na concepção "contratualista" do Código de 1917. O professor J. M. Diaz Moreno diz:

---

[20] E. OLIVARES, *Un Derecho Canónico Matrimonial Coherente*l Estudios Eclesiásticos 78 (2003) 657.

[21] *Código de Derecho Canónico* (Madri, 1983) 503.

[22] S. C. S. OFICII, *Decretum de Finibus Matrimonii* (1 de abril de 1944): AAS 36 (1944) 103; PIO XII, *Discorso alle Ostetriche* (29 de outubro de 1951): AAS 43 (1951) 835-854.

[23] Com efeito, em *Gaudium et Spes*, 50,1, mantém-se a expressão: "non posthabitis ceteris matrimonii finibus".

"As reformas introduzidas na normativa de 1983 não mudaram substancialmente esta situação. Por isso, é perfeitamente lógico perguntar se esta legislação encontra-se na linha de uma renovada teologia do sacramental"[24].

Juntamente com outros, este autor desejaria que se integrasse, total e definitivamente, na normativa canônica matrimonial a orientação de que o matrimônio é, segundo o que disse o Vaticano II, uma "íntima comunidade de vida e de amor" (*GS* 48). Nesse sentido, o Código de Direito Canônico da Igreja Oriental de 1991 (cânon 776) inclina-se a utilizar a terminologia de "aliança", abandonando a de "contrato"[25]. No Código Latino coexistem a duas expressões num mesmo cânon (1055, parágrafo primeiro: "aliança", parágrafo segundo: "contrato"), mesmo que o espírito geral da normativa tenda para a interpretação contratualista.

Considero de grande lucidez histórica a opinião daqueles que propõem *modificar o quadro teológico-canônico vigente*[26]. Esta proposta assume a consciência de que a última normativa canônica (1983), no que diz respeito ao direito matrimonial, não modificou a estrutura do Código de Direito Canônico de 1917. Em segundo lugar, acredita-se que essa normativa não dialoga com a cultura atual[27]. Além disso, avaliam os últimos documentos magisteriais sobre o tema como se tivessem o objetivo de "salvar o quadro teológico-canônico" do matrimônio delineado no Código de 1983.

---

[24] J. M. DIAZ MORENO, *Sobre el Matrimonio Canónico (Tres Cuestiones Abiertas a la Reflexión)*: Razón y Fe 222 (1990) 156.

[25] E. OLIVARES, *A. C.*, 629.

[26] B. PETRÀ, *I Divorziati Risposati. Alcune Considerazioni*: Rivista di Teologia Morale 31 (1999) 547-559.

[27] J. BERNHARD, *op. cit.*, 140-143.

– Alguns "nós" teóricos e práticos a serem resolvidos

Sobre a compreensão do matrimônio pesam sérias interrogações, de cuja forma de solução depende em gande parte a orientação que adotará a moral conjugal do futuro. É evidente que a questão da *indissolubilidade* deve continuar sendo recolocada e reformulada[28]. Num contexto de pluralismo cultural e visando cumprir as exigências da evangelização de todos os povos e de todas as culturas, adquire relevância especial no presente – e mais ainda em perspectiva do futuro – a necessidade de uma *plural inculturação* do matrimônio cristão[29].

Essas interrogações anotadas e retomadas são questões abertas à reflexão teológico-moral, assim como outras mais diretamente ligadas à "normatização" do matrimônio no interior da comunidade cristã, que se referem à articulação entre a inspiração evangélica e a normatividade eclesial concreta. Faço uma breve e sucinta referência a essas outras interrogações teórico-práticas do matrimônio cristão.

A identificação entre "contrato" e "sacramento"

A normativa atual a Igreja Católica coloca esta afirmação no núcleo de sua compreensão do marimônio entre batizados; é uma peça decisiva na contrução teológico-canônica sobre o matrimônio no Código de 1983, que recolhe, em sua estrutura

---

[28] Entre os muitos estudos que propõem uma reconsideração da questão está: K. R. HIMES – J. A. CORIDEN, *The Indissolubility of Marriage: Reasons to Reconsiderer*: Theological Studies 65 (2004) 453-499. Ver também: C. PEÑA, *El Fundamento de la Absoluta Indisolubilidad del Matrimonio Rato y Consumado en la Teología Actual*: Estudios Eclesiásticos 79 (2004) 599-647.

[29] Ver, entre outros, os seguintes estudos: CARDENAL MALULA, *Mariage et Famille en Afrique*: La Documentation Catholique 81 (1984) 870-874; W. GROSS – G. W. HUNOLD, *Die Ehe im Spiegel Biblischer und Kulturgeschichtlicher Überlieferung*: Theologische Quartalschrift 167 (1987) 82-95; A. DANOZ, *Inculturación Cristiana del Matrimonio Africano-Bantú* (Madri, 1987); M. LEGRAIN, *Mariage et Cultures* Le Supplément n. 61 (1987) 7-20; D. BOROBIO, *Inculturación del Matrimonio* (Madri, 1994).

essencial, a que já existia na codificação eclesiástica de 1917. Não é em vão que a afirmação sobre a inseparabilidade entre "contrato" e "sacramento" encontra-se no primeiro (1055) dos cânones dedicados à normativa matrimonial.

Essa afirmação tem múltiplas repercussões para a compreensão e para a prática do matrimônio entre batizados. A consequência prática mais importante é a obrigatoriedade do matrimônio canônico para todos os batizados, independentemente da situação em que se encontre sua fé pessoal.

Apesar de ser um dos elementos básicos da configuração teológico-canônica oficial sobre o matrimônio, a inseparabilidade entre "contrato" e "sacramento" não é uma afirmação que goza de uma posição totalmente tranquila entre os estudiosos[30].

Assim dizem os professores da Universidade Pontifícia de Salamanca, comentaristas do atual Código de Direito Canônico:

> Ao longo da história, tem sido um problema posto em questionamento a partir de perspectivas diversas: desde a teoria hilemórfica dos sacramentos, à raiz do ministro do sacramento do matrimônio, na ocasião das pretensões regalistas dos séculos XVII-XIX (...). Na atualidade, esta afirmação tradicional é questionada a partir de uma constatação pastoral: a existência de batizados que se declaram não crentes ou não praticantes[31].

A fé requerida para a celebração do matrimônio entre batizados

Trata-se de uma questão derivada da precedente. O Concílio Vaticano II afirmou que os sacramentos "não só supõem a fé, mas também a fortalecem, alimentam-na e expressam-

---

[30] Para um conhecimento mais aprofundado do estado da questão: L. ORSY, *Faith, Sacrament, Contract, Christian Marriage: Disputed Questions*: Theological Studies 43 (1982) 379-398; M. G. LAWLER, *Faith, Contract and Sacrament in Christian Marriage: A Theological Approach*: Theological Studies 52 (1991) 712-731; R. CALLEJO DE PAZ, *Sacramentalidad y Forma Jurídico-canónica. Sugerencias*: Estudios Eclesiásticos 79 (2004) 673-699.

[31] *Código de Derecho Canónico* (Madri, 1983) 504.

-na com palavras e ações; por isso se chamam sacramentos da fé"[32]. Uma conclusão lógica seria que para se realizar a sacramentalidade do matrimônio a fé é necessária.

Contudo, as coisas não são tão claras. Dada a afirmação sobre a inseparabilidade entre "contrato" e "sacramento" do matrimônio entre batizados, pode-se chegar a uma situação "aparentemente ilógica" de um sacramento válido (portanto, sacramental) entre batizados em que os dois ou um deles carecem de fé. A questão não fica aí, continua na prática pastoral: Que fé é necessária para admitir os batizados no sacramento do matrimônio (que por si mesmo é matrimônio válido)?

A questão tem sido consideravelmente debatida entre os especialistas. Nos anos 70 do século XX foi um dos problemas mais debatidos na teologia, na canonística e na pastoral do matrimônio[33].

No contexto da discussão sobre a atitude pastoral ante os divorciados católicos recasados, o presidente da Congregação para a Doutrina da Fé, J. Ratzinger, insinuou uma proposta alternativa que caminhava em direção contrária à oficial. Na *Introdução* que o referido cardeal fez ao livro *Sulla Pastorale dei Divorziati Risposati. Documenti, Commenti e Studi* (Vaticano, 1998), aparece o seguinte parágrafo, que não passou despercebido aos especialistas:

---

[32] *Sacrosanctum Concilium*, 59.

[33] Para um conhecimento mais aprofundado do estado da questão: T. RINCÓN, *El Requisito dela fe para la Conclusión del Pacto Conyugal entre Bautizados según la Exhortación Apostólica "Familiaris Consortio"*: Ius Canonicum 33 (1983) 201-236; J. M. DIAZ MORENO, *La Admisión al Matrimonio Canónico de los Cristianos que no Tienen Fe*: VÁRIOS, El Consortium Totius Vitae (Salamanca, 1986) 116-131; ID., *Sobre el Matrimonio Canónico (Tres cuestiones abiertas a la reflexión)*: Razón y Fe 222 (1990) 153-169, especial p. 159-163; J. L. LARRABE, *La Fe Necesaria para el Sacramento del Matrimonio (según la Comisión Internacional de Teólogos)*: Revista Española de Teología 47 (1987) 133-147; F. R. AZNAR, *Nuevas Publicaciones sobre la Fe y el Sacramento del Matrimonio entre Bautizados*: Revista Española de Derecho Canónico 46 (1989) 255-261.

É necessário, ao contrário, estudar em profundidade a questão se os cristãos não crentes – batizados que nunca foram crentes ou que já não creem em Deus – podem, verdadeiramente, contrair um matrimônio sacramental. Em outras palavras, é necessário esclarecer se verdadeiramente todo matrimônio entre dois batizados é 'ipso facto' um matrimônio sacramental. De fato, o próprio Código indica que somente o contrato matrimonial 'válido' entre batizados é, ao mesmo tempo, sacramento (cf. CDC, cân. 1055 §2). A fé está na essência do sacramento, por isso, fica por esclarecer a questão jurídica sobre qual carência evidente de fé (*evidenza di non fede*) tem como consequência que não se realize um sacramento[34].

"Situações" especiais a serem orientadas

Sem dúvida, tem de contar entre elas as que denominam "situações irregulares". A Exortação *Familiaris Consortio* dedicou um parágrafo para considerar a "ação pastoral diante de algumas situações irregulares" (n. 79-84), que são organizadas em cinco grupos:

- Matrimônios por experiência;
- Uniões livres de fato;
- Católicos unidos somente em matrimônio civil;
- Separados e divorciados sem segunda união;
- Divorciados que contraem nova união.

À distância de várias décadas do Sínodo dos Bispos sobre a família (1980) e da subsequente Exortação Apostólica *Familiaris Consortio*, as chamadas "uniões irregulares" continuam sendo objeto de atenção por parte dos teólogos e dos canonistas, bem como do magistério eclesiástico. O pior é que ainda nos encontramos diante do mesmo impasse, com as mesmas reflexões e sem que as soluções (ou ausência de soluções) tenham se modificado[35].

---

[34] *Sulla Pastorale dei Divorziati Risposati. Documenti, Commenti e Studi* (Cidade do Vaticano, 1998) 27-28.

[35] B. PETRÀ, *Crisi della Famiglia e Post-concilio. Le Situazioni Matrimoniali Irregolari: una Sfida Pastorale*: Rivista di Teologia Morale 44 (2012) n. 175, 389-395. Veja o pensamento

II – DIÁLOGO COM O MUNDO E COMPROMISSO MORAL – CAPÍTULO 4

Do ponto de vista teórico são feitas propostas de revisão da doutrina vigente da Igreja, tanto sobre a inseparabilidade entre "contrato" e "sacramento" como sobre a indissolubilidade do matrimônio. Também se recorre a soluções de consciência (foro interno) para reabilitar determinadas soluções pastorais, como o acesso à comunhão eucarística dos divorciados recasados.

Contudo, os pronunciamentos do magistério parecem fechar tanto o caminho da "revisão doutrinal" como o "da consciência". Isso não impede que continue válida a afirmação da *Familiaris Consortio* em relação aos divorciados recasados, que, porém, também pode ser aplicada a todas as situações irregulares: "Com firme confiança a Igreja vê que, mesmo aqueles que se afastaram do mandamento do Senhor e vivem agora nesse estado, poderão obter de Deus a graça da conversão e da salvação, se perseverarem na oração, na penitência e na caridade" (n. 84, último parágrafo).

Tendo em vista esta situação, da qual não é prudente eliminar o grau de problematicidade que contém e que parece confiná-la num "beco sem saída", é normal que surjam propostas diversas para abordar a questão[36]. Anteriormente, já indicamos as contribuições, as opiniões teológicas e as referências bibliográficas sobre essas três "situações especiais" em que se encontram problematizadas a teoria e a prática matrimoniais: as uniões de fato (heterossexuais e homossexuais) enquanto alternativa ao matrimônio, o acesso ao matrimônio civil por parte de batizados, os cristãos divorciados recasados[37].

---

mais desenvolvido do autor em B. PETRÀ, *Divorziati Risposati e Seconde Nozze nella Chiesa. Una Via di Soluzione* (Assis, 2012).

[36] A. FUMAGALLI, *Situazioni Irregolari*: Rivista di Teologia Morale 33 (2001) 509-516; I. MÜLLER, *Perspectivas de Condescendência diante das Uniões Irregulares na Igreja*: REB 64 (2004) 771-801.

[37] M. VIDAL, *O Matrimônio. Entre o Ideal Cristão e a Fragilidade Humana* (Aparecida, 2009) 229-347. Em relação à questão dos divorciados recasados são dignas de consideração as práticas das diversas Igrejas e confissões cristãs: VÁRIOS, *Dossier. L'Échec du Mariage des Chrétiens: Réponses Canoniques*

Uma referência a ser considerada para iluminar teoricamente e orientar pastoralmente tais situações é, sem dúvida, a aceitação da "virada personalista" realizada no Concílio Vaticano II (o matrimônio entendido na perspectiva de "aliança matrimonial"), da qual há de se deduzir todas as implicações teológicas, morais e canônicas.

– Balanço

Ao terminar esta exposição sobre a doutrina matrimonial do Concílio Vaticano II e de sua recepção na etapa posterior, fica uma pergunta: Houve mudanças na doutrina oficial da Igreja sobre a moral matrimonial? O ensinamento posterior ao Concílio Vaticano II significou um retrocesso em relação à doutrina conciliar?

Num livro dedicado à análise das mudanças no ensinamento católico oficial sobre a Moral[38], são oferecidos estudos sobre as questões que acabo de colocar[39]. Nos dois são analisados os textos mais relevantes a esse respeito, da época de Leão XIII até o pontificado de Paulo VI:

---

et Pastorales dans Diverses Confessions: Revue D'Éthique et de Théologie Morale n. 228 (2004) 239-306. Neste dossiê é constatado o uso estendido da epikeia na prática pastoral católica na Alemanha, onde se observa uma notável sensibilidade para as justificações teológicas, canônicas e pastorais no sentido de uma mudança teórica e prática na orientação do tema: R. PUZA, La Pratique Allemande, les Justifications Théologiques et le Droit Canonique en Cas d'Échec du Mariage: Ibidem, 243-261. Quanto ao acompanhamento pastoral das pessoas recasadas e, concretamente, da bênção religiosa em vista de seu matrimônio civil, veja as atinadas, ainda que comedidas, orientações do arcebispado de Estraburgo: Mons. J. DORÉ, Orientations pour une Pastorale des Personnes Divorcées et Divorcées Remariées (1/5/2004): La Documentation Catholique 101 (2004) n. 2.318, 693-695. Sobre a consideração cristã do matrimônio civil: J. M. DIAZ MORENO, El Matrimonio Meramente Civil de los Católicos: Algunas Precisiones: razón y Fe 249 (2004) 145-168; R. SERRES, El Matrimonio Civil ante el Ordenamiento Canónico: Estudios Eclesiásticos 79 (2004) 649-672. Outros dados mais recentes, tanto sobre a reflexão teológica como do magistério eclesiástico, podem ser encontrados em: M. VIDAL, Orientaciones Éticas para Tiempos Inciertos (Bilbao, 2007) 321-352: "Proposta para uma normalização eclesial dos casais católicos 'recasados'".

[38] CH. E. CURRAN (ed.), Change in Official Catholic Moral Teachings (Readings in Moral Theology, n. 13). (Mahwah, N. J., 2003).

[39] J. GALLAGHER, Marriage and Sexuality: Magisterial Teaching from 1918 to the Present CH. E. CURRAN (ed.), Changes.... 227-247; J. A. SELLING, Magisterial Teaching on Marriage 1880-1968: Historical Constancy our Radical Development?: Ibidem, 248-252.

II – DIÁLOGO COM O MUNDO E COMPROMISSO MORAL – CAPÍTULO 4

• Encíclica *"Arcanum Divinae Sapientiae"* (1880) de Leão XIII.
• Código de Direito Canônico (1917).
• Encíclica *"Casti Connubii"* (1930) de Pio XI.
• Decreto do Santo Ofício sobre os Fins do Matrimônio (1944).
• Discursos às parteiras de Pio XII (1951).
• Constituição Pastoral *"Gaudium et Spes"*, parte II, capítulo I (1965), do Concílio Vaticano II.
• Encíclica *"Humanae Vitae"* (1968) de Paulo VI.
• Declaração *"Persona Humana"* (1975) da Congregação para a Doutrina da Fé (Paulo VI).

Após o exame atento do ensinamento matrimonial contido nesses documentos, com objetividade, pode-se falar de um *desenvolvimento doutrinal*. Esse desenvolvimento se concretiza, sobretudo, em dois pontos principais: 1) Na compreensão do matrimônio: de uma consideração contratualista ("contrato com direito ao corpo") para uma orientação personalista ("íntima comunidade de vida e amor"). 2) Na ordenação dos fatores que configuram a realidade conjugal: de uma compreensão de "fins" e de "fins hierarquizados" (tendo a procriação como fim primário) para uma consideração da realidade matrimonial a partir do "amor conjugal".

À pergunta se a partir da *Humanae Vitae* pode-se constatar um retrocesso na teologia matrimonial, os dois autores não duvidam em responder afirmativamente. A objetividade dessa afirmação é confirmada quando se considera o conjunto de documentos do pontificado de João Paulo II, tanto em sua letra como em seu espírito.

211

4. Ambiguidades na fase de redação

Retomamos aqui uma afirmação que fizemos no capítulo precedente de que as dificuldades na recepção de um documento conciliar, ao menos em parte, costumam ter explicação naquilo que aconteceu na época de sua redação. Falamos da circularidade hermenêutica entre *Redaktionsgeschichte* e *Wirkungsgeschichte*, lei que também se aplica ao tema matrimonial. Nele também se deram determinadas ambiguidades na etapa de redação que podem explicar – repetimos, pelos menos em parte – as que se deram na etapa da recepção. Aponto dois grupos de fatores que teriam contribuído para tais ambiguidades redacionais.

– A metodologia de "consenso"

O primeiro grupo de fatores está vinculado à metodologia de *consenso* utilizada para redigir os documentos conciliares, que trouxe consigo, na etapa pós-conciliar, o surgimento de hermenêuticas conflitantes. Como se quis que o texto aprovado constituísse um trançado (fórmula de compromisso) entre dois fios distintos (duas tendências), a hermenêutica dos textos conciliares pode preferir um fio ou outro como chave de leitura. Desta forma nascem interpretações "diferentes" de um mesmo texto. Limitando-nos a *Gaudium et Spes*, isto ocorre de forma evidente no tema do matrimônio e da família (capítulo primeiro da segunda parte), cujo texto, como falado acima, configura-se claramente como um "texto de consenso".

Para resolver essa ambiguidade não basta considerar que um dos fios que compõe o texto pertence à "maioria" e, por conseguinte, teria maior garantia de objetividade interpretativa. A organização e o peso de "maioria" e "minoria" mudaram de caráter na etapa pós-conciliar. A "minoria", no pós-concílio, passou a ser (= continuou sendo) a detentora do poder e, consequentemente, a ser a autoridade que determina o sentido dos textos. Desta forma, tornou-se normal que o fio da "minoria", na etapa pós-conciliar, tenha se imposto como chave hermenêutica do significado do Concílio.

A última afirmação não indica que a interpretação autoritativa que utiliza, de preferência, o posicionamento da "minoria" tenha necessariamente caráter conservador. As leituras autoritativas (magisteriais) de GS têm sido de diferente teor, segundo o conteúdo a que se referem. Sem cair em dualismos ideológicos e inoperantes, pode-se afirmar que tem existido dois tipos de hermenêutica em relação às questões morais contidas em GS: 1) Quando as questões estão no campo da chamada Doutrina Social da Igreja ou, como outros chamam, de "cultura do compromisso social", as interpretações têm sido de caráter "progressista"; basta pensar na doutrina pontifícia pós-conciliar sobre a guerra, sobre a justiça econômica, sobre os direitos humanos, sobre a liberdade religiosa etc. 2) Nas questões que se referem à "cultura da autonomia pessoal", as interpretações autoritativas têm adotado a orientação "conservadora", basta ver a postura do magistério pontifício em relação ao controle de natalidade, à sexualidade, à bioética etc.

É evidente que no capítulo dedicado ao matrimônio e à família (GS 47-52) percebe-se a presença de duas teologias: a "inovadora" que fala do matrimônio na perspectiva de *aliança* e a "conservadora" que insiste na visão do matrimônio como *contrato*. É tão explícita a presença desta dupla perspectiva que pode dar a impressão de se estar diante de um texto "contraditório"[40]. É certo que essa peculiaridade do texto con-

---

[40] J. O'RIORDAN, *Evoluzione della Teologia del Matrimonio* (Assis, 1974) 55. O caráter de "compromisso" do texto final de *Gaudium et Spes* tem sua origem na gênese de sua redação: L. BERNAL, *Génesis de la Doctrina sobre el Amor Conyugal de la Constitución "Gaudium et Spes". Esquemas de Hasselt e de Ariccia*: Ephemerides Theologicae Lovanienses 51 (1975) 48-81. Este autor lembra que, na última etapa do Concílio (fevereiro-dezembro de 1965),

ciliar pode ser interpretada como o intento válido de fazer progredir a doutrina matrimonial, a partir das formulações precedentes, para novos horizontes. Contudo, o "trançado" das duas teologias tem como resultado um texto suscetível de interpretações díspares, o que explica as dificuldades ocorridas em sua recepção da etapa pós-conciliar.

– As "intervenções" ou "emendas" papais

Outra série de fatores que explicam determinadas ambiguidades do texto final de GS são influências externas que incidiram na redação dessas correspondentes passagens do texto[41]. Refiro-me às intervenções diretas do papa Paulo VI na redação de algumas passagens conflitivas de GS. A referida orientação conservadora na recepção autoritativa dos temas relacionados com a "cultura da autonomia pessoal" é melhor compreendida quando se considera essa intervenção do papa Montini no processo da redação desta Constituição Conciliar.

É um dado incontroverso o interesse que Paulo VI manifestou pelo chamado esquema XIII. Sem essa preocupação papal o Concílio não poderia ter superado a atitude receosa dos bispos americanos diante do que consideravam um deslocamento excessivamente pacifista do documento ou o fechamento doutrinal do Santo Ofício diante dos temas familiares (a teoria dos "fins" do matrimônio e sua

---

a chamada "minoria" conciliar pressionou para que fosse retirado o esquema XII (atual GS) por sua não ortodoxia na doutrina sobre o matrimônio e, mais precisamente, por dar pouco destaque à procriação (p. 74). Nesse sentido, ele pode concluir seu estudo com a afirmação: "Por muitos motivos, o texto final de Gaudium et Spes não podia ser senão um compromisso, às vezes arbitrariamente ajustado" (74).

[41] Sobre a intervenção do cardeal Montini no primeiro período do Concílio: J. GROOTAERS, Actes et Acteurs à Vatican II (Lovaina, 1998) 31-58. Essa intervenção se fez mais forte quando se tornou papa nos seguintes períodos conciliares e foi decisiva no tema da liberdade religiosa: Ibidem, 59-92. Sobre as intervenções de Paulo VI, tanto durante o Concílio como na etapa pós-conciliar, o juízo tem de ser mitigado a partir do exposto no capítulo sétimo da sessão primeira.

II – DIÁLOGO COM O MUNDO E COMPROMISSO MORAL – CAPÍTULO 4

"hierarquização" em favor da procriação). Para esse trabalho o papa encontrou inestimável ajuda no Mons. Guano, bispo de Livorno, capelão dos intelectuais católicos italianos e grande conhecedor da Cúria Romana. Quando este adoeceu, encontrou apoio em Mons. Gabriel Garrone, que tinha fácil acesso ao papa.

Todavia, junto a este interesse geral de Montini pelo projeto conciliar de *GS*, também, deve-se reconhecer suas intervenções pontuais sobre a redação concreta de algumas passagens controvertidas, particularmente sobre os temas do ateísmo, da guerra e da moral familiar[42]. Algumas destas intervenções foram respostas diante de determinadas pressões de alguns teólogos ou de padres conciliares; outras foram tomadas por iniciativa própria. Com frequência, Paulo VI utilizou da mediação de seu teólogo de confiança C. Colombo para levar suas observações às comissões de redação[43]. É um dado suficientemente estudado o fato das "emendas" papais em aspectos conflitantes da temática familiar ("crise de novembro de 1965")[44]. Detalhamos a seguir a mensagem das quatro emendas do papa:

- Que a contracepção (*artes concepcionales*) fosse situada entre os pecados contra a vida, no atual n. 47, e que fosse remitida em nota à encíclica *Casti Connubii*.
- Que fosse suprimida a palavra "*etiam*" no atual n. 50 e se acrescentasse a frase "os filhos são o dom mais excelente do matrimônio e contribuem para o bem dos

---

[42] J. GROOTAERS, *Le Crayon Rouge de Paul VI: les Interventions du Pape dans le Travail des Commissions Conciliaires*: M. LAMBERIGTS – CL. SOETENS – J. GROOTAERS (ed.), Les Comissions Conciliaires à Vatican II (Lovaina, 1996) 316-51.

[43] J. GROOTAERS, *Actes et Acteurs...*, 287-300.

[44] Sobre as quatro emendas de Paulo VI existe abundante bibliografia. Ver: J. M. HEUSCHEN, *Gaudium et Spes: les Modi Pontificaux*: M. LAMBERIGTS – CL. SOETENS – J. GROOTAERS (ed.), Les Comissions Conciliaires..., 353-358; J. GROOTAERS, *Actes et Acteurs...*, 223-250 (Chapitre VIII. Des Amendements de Paul VI qui Tratent de la Doctrine du Mariage); P. HÜNERMANN, *Le Ultime Settimane del Concilio*: G. ALBERIGO (ed.), Storia del Concilio Vaticano II (Bolonha, 2001) 379-491, hic: 416-427 ("la questione del matrimonio. I 'modi' del papa"); J. GROOTAERS, *La Régulation des Naissances à Vatican II: une Semaine de Crise* (Lovaina, 2002).

próprios pais", a fim de enfatizar a importância da finalidade procriativa, insinuando ao mesmo tempo a hierarquia entre os fins matrimoniais.

• Que se afirmasse, no atual n. 51, a autoridade do Magistério eclesiástico neste tema ("caminhos reprovados ou que serão reprovados pelo Magistério"), remetendo à encíclica *Casti Connubii* e ao discurso de Pio XII às parteiras (1951).

• Que neste mesmo número (51) se fizesse uma referência explícita à castidade conjugal, no sentido de vencer as dificuldades de harmonizar "as leis divinas da transmissão da vida e o fomento do autêntico amor conjugal".

A comissão de redação analisou as emendas papais e deu-lhes o direcionamento correspondente. A primeira emenda foi recolhida no atual n. 47. A segunda aparece com matizes no n. 50. A terceira também foi aceita, mas "redimensionada" para não se afirmar que com a doutrina de Pio XI e Pio XII (a cujas citações é acrescentada a Alocução de Paulo VI aos cardeais no dia 23 de junho de 1964) a questão estava de todo encerrada: "Algumas questões necessitam novas e mais cuidadosas investigações" (nota 14 do n. 51)[45]. A quarta emenda não foi aceita porque se considerou que a referência à castidade conjugal já estava suficientemente expressa em diversas passagens do texto conciliar.

A comissão fez um trabalho com certo malabarismo hermenêutico para não contradizer à orientação geral do Concílio (de tendência claramente "personalista"), respeitando ao mesmo tempo os desejos do papa que havia cedido às pressões

---

[45] Sore a gênese redacional e sobre o significado último da nota 14: V. HEYLEN, *La Note 14 dans la Constitution Pastorale "Gaudium et Spes"*: Ephemerides Theologicae Lovanienses 42 (1966) 555-566.

da "minoria" conservadora, desejosa de continuar propondo a hierarquização dos significados do matrimônio a partir do fim primário da procriação. O labor de encaixe hermenêutico se deve, sobretudo, à perícia teológica de V. Heylen e ao otimismo eclesial do bispo auxiliar de Lieja J. M. Heuschen, estratégias que não foram compartilhadas por Ph. Delhaye, P. de Locht e A. Dondeyne. Este último disse "um decepcionado adeus ao Vaticano II"[46].

Os acontecimentos ulteriores não deixaram de lhe dar razão. Segundo alguns comentaristas, nas emendas papais de novembro de 1965 encontra-se o "esboço" do que será o projeto da encíclica *Humanae Vitae* de julho de 1968[47]. Se o cardeal P. Felici pôde sublinhar a concordância doutrinal entre *Humanae Vitae* e *Gaudium et Spes*[48], isso se deveu não às orientações mais inovadoras, mas às brechas deixadas pelas emendas papais. Ph. Delhaye demonstrou que o universo mental de *Humanae Vitae* se distancia bastante da orientação fundamental de *GS*; basta observar que no texto conciliar os critérios normativos da procriação responsável tem uma natureza personalista, enquanto que na encíclica *Humanae Vitae* baseiam-se especialmente nas leis biológicas[49].

Foi dito que a hermenêutica autoritativa pós-conciliar seguiu mais a tendência da "minoria" em detrimento da corrente da maioria. Deve-se acrescentar a essa afirmação que a orientação das intervenções diretas de Paulo VI nos aspectos conflitantes da doutrina familiar foi a que se impôs na etapa pós-conciliar. Vendo as coisas a partir de um ponto de vista histórico, a encíclica *Humanae Vitae* (1968), a declaração *Per-*

---

[46] J. GROOTAERS, *Actes et Acteurs...*, 244, nota 26.

[47] *Ibidem*, 250, nota 36.

[48] L'Osservatore Romano de 1 de novembro de 1968.

[49] PH. DELHAYE, *L'Encyclique "Humanae Vitae" et L'Enseignement de Vatican II sur le Mariage et la Famille*: Bijdragen 29 (1968) 351-358.

sona Humana (1975) e outros documentos pós-conciliares sobre questões relacionadas ao matrimônio, à sexualidade humana e à bioética, devem ser situados na linha marcada pelas intervenções do papa Montini durante o Concílio.

Complemento Bibliográfico

Comentários ao texto conciliar sobre o matrimônio e a família (c. 1 da 2ª parte de GS)

Comentário de B. Häring em: LEXIKON FÜR THEOLOGIE UND KIRCHE, *Das Zweite Vatikanische Konzil. Dokumente und Kommentare*, II (Friburgo – Basileia – Viena, 1968) 423-447.

F. GIL. *El Lugar Próprio del Amor Conyugal en la Estructura del Matrimonio según "Gaudium et Spes"*: Anales Valentinos n. 11-12 (1980) 1-35.

A. MIRALLES, *Amor y Matrimonio en la "Gaudium et Spes"*: Lateranum 48 (1982) 295-354.

J. A. SELLING, *Magisterial Teaching on Marriage 1880-1968. Historical Constancy or Radical Development?*: Studia Moralia 28 (1990) 439-490.

J.-R FLECHA, *Aportación del Vaticano II a la Teología del Matrimonio*: Estudios Trinitarios 29 (1995) 19-43.

L. VELA, *La Familia según la "Gaudium et Spes"*: Estudios Eclesiásticos 70 (1995) 31-53.

G. ROUTHIER, *Famile, Mariage e Procréation. Le Combat de deux Cardinaux Canadiens*: Cristianesimo nella Storia 23 (2002) 367-428.

III

COMO SER CRISTÃO, SEGUNDO O ESPÍRITO DO VATICANO II, NUMA SOCIEDADE "OFICIALMENTE" NÃO CRISTÃ

Nesta terceira seção desejo refletir sobre como o cristão pode se fazer presente na sociedade atual, de acordo com o "espírito" do Concílio Vaticano II, refletido de forma eminente na Constituição Pastoral *Gaudium et Spes*. O conceito de *presença*, aqui, tem um significado mais amplo do que o que normalmente lhe é dado. Vai desde o *estar* ao *interagir*, passando pelo *manifestar-se* com a peculiaridade do próprio ser. Os sublinhados (itálico) da frase anterior indicam as vertentes nas quais se expressa a presença cristã: *coerência* com a própria identidade; *manifestação pública* daquilo que se é; *atuação* no conjunto de dinamismos que conformam a vida social. Existem várias metodologias para a abordagem do tema. Poderia refleti-lo de forma sistemático-propositiva, formulando os princípios orientadores, assinalando as mediações sócio-históricas de acordo com essas orientações e concretizando a forma de relação do cristão com a sociedade através da escolha de estratégias coerentes com os princípios formulados e adequadas às mediações sócio-históricas assumidas. Para realizar essa metodologia me serviria como texto de referência o citado documento conciliar *Gaudium et Spes* para contrastar o próprio pensamento. De fato, a presente reflexão está incluída no objetivo do citado documento conciliar. Além disso, estou convencido de que neste aspecto o Vaticano II tem funcionalidades inéditas para a configuração de um cristianismo, de um lado, de raiz evangélica e, de outro, em grande sintonia com os interesses do momento presente.

Não irei seguir esse procedimento metodológico, num capítulo da seção anterior já o utilizei. Todavia, se o recordei aqui é porque tudo quanto se disser nessa reflexão considero como variações sobre o *texto* conciliar buscando aplicá-lo ao contexto de hoje.

Sublinho o de *contexto* atual, porque meu discurso está amarrado à situação das sociedades que se entendem a si mesmas e que, no geral, expressam-se em dois sentidos: a *secularidade* no aspecto sociocultural e a *laicidade* no exercício do poder político. Parece-me que estes são os traços de maior destaque no contexto mais próximo, quando formulamos a questão sobre a relação do cristão com a sociedade. A expressão "oficialmente não cristã" do título desta seção quer dizer isso mesmo.

A sociedade atual, secular e leiga, também é denominada "sociedade pós-cristã" enquanto tanto a secularidade como a laicidade são entendidas e realizadas *depois* de outras compreensões e realizações nas quais o cristão se situava num lugar indevido, suplantando o posto que correspondia às instâncias humanas. O Concílio Vaticano II superou tais "desvios" com duas afirmações-chave e de longo alcance:

> – Diante da indevida "sacralização do humano" afirmou a "autonomia" das realidades temporais (*GS*, 36), ou seja, apoiou a autêntica secularidade.
> – Diante da "confessionalização" da vida política propôs a distinção das duas ordens, a da comunidade política e a da religião, neste caso a da Igreja (*GS*, 76), isto é, iniciou a orientação que os dois últimos papas, João Paulo II e Bento XVI, expressaram através da fórmula de "a sã laicidade".

Considero que os dois números apontados (36 e 76) de *GS* são decisivos para uma nova formulação da relação do cristão com a sociedade. Em certo sentido, essa concepção está situada fora do horizonte da "era constantiniana". Esta é a convicção que me leva a pensar a relação do cristão com a sociedade atual com paradigmas anteriores à "guinada" histórica que originou a Igreja constantiniana[1].

Retomo, pois, a etapa pré-constantiniana e procuro me inspirar nas formas de relação que os cristãos dessa época adotaram ante a sociedade. Para a sociedade "pós-cristã" (no sentido de pós-constantiniana) pode ser que sirvam de iluminação, ou pelo menos de inspiração, os paradigmas que os cristãos dos três primeiros séculos utilizaram para se relacionar com a sociedade "pré-cristã" (no sentido de "pré-constantiniana").

Não tenho a intenção de fazer uma exposição de caráter histórico sobre o cristianismo dos três primeiros séculos. Em três paradigmas, busco recolher a forma de relação que os cristãos adotaram diante da sociedade do momento. Exponho esses três paradigmas enquanto podem servir de orientação para pensar e realizar a presença do cristão na sociedade atual. No quarto artigo, expresso de modo propositivo o essencial de meu pensamento sobre a nova forma de presença do cristão na sociedade de hoje.

---

[1] Utilizo o adjetivo "constantiniana" (pré e pós) para "denotar" a guinada ou passagem do cristianismo de religião marginal (e até perseguida) para religião oficial (e até única). Não entro na discussão atual sobre as "causas" dessa guinada. Foi uma decisão pessoal e bem intencionada, de Constantino, como afirma J. Veune? Aconteceu em função de dinamismos internos do próprio cristianismo, como crê M.-P Baslez? Cf. P. VEYNE, *El Sueõ de Constantino. El fin del Imperio Pagano y el Nacimiento del Mundo Cristiano* (Barcelona, 2008, tradução do original francês); M.-F BASLEZ, *Comment notre Monde Est-il Devenu Chrétien?* (Tours, 2008).

1
O PARADIGMA MARTIRIAL

E sse paradigma expressa e orienta a presença do cristão no mundo a partir da opção pelo *confronto* direto, em que se percebe a sociedade, através de suas diversas instâncias, como *perseguidora* dos cristãos. Estes últimos têm de opor o *testemunho* insubornável de sua fé, mesmo que seja às custas de sua proscrição e até eliminação dessa sociedade em que vivem. Faremos uma verificação histórica desse paradigma, veremos sua atualização no pensamento teológico de hoje e tentaremos uma aplicação à situação presente.

1. Verificação histórica

No mundo antigo, a perseguição foi um fenômeno generalizado tanto por motivos religiosos como por razões filosóficas e por opções culturais[1]. Nesse amplo contexto de intransigência, a perseguição aos cristãos nos três primeiros séculos foi um fenômeno complexo, que precisa ser analisado a partir de vertentes diversas[2]. Desejamos unicamente aqui confirmar

---

[1] Ver o estudo de M.-F BASLEZ, *Les Persécutions dans l'Antiquité. Victimes, Héros, Martyrs* (Paris, 2007).

[2] Da abundante bibliografia indico alguns dos títulos mais significativos: J. MOREAU, *La Persécution du Christianisme dans l'Empire Romain* (Paris, 1956); W. A. C. FREND, *Martyrdom and Persecution in the Early Church* (Oxford, 1965); V. MONACHINO, *Le Persecuzioni Nell'Impero Romano e la Polemica Pagano-cristiana* (Roma, 1980); P. MARAVAL, *Les Persécutions des Chrétiens durant les Quatre Premiers Siècles* (Paris, 1992); G. B.

duas coisas: em primeiro lugar, o sistema justificativo que utilizaram os perseguidores e, em segundo lugar, a resposta que ofereceram os perseguidos.

– Justificação da perseguição

Existiram dois sistemas causais e justificativos que, mesmo independentes entre si, funcionaram de forma sinérgica. De um lado, mobilizou-se a ira popular que, em alguns casos, foi a única origem dos casos de perseguição e, em muitos outros, serviu de detonador para o funcionamento do segundo sistema, que era o estabelecido pelo ordenamento jurídico romano e, em termos gerais, permite afirmar que, na perspectiva jurídica, as perseguições foram um fato legal. Não seria de outro modo num sistema sociopolítico como o romano em que o império da lei era algo inquestionável.

Como pano de fundo, deve-se situar a existência de uma religião oficial do império, que não impedia a presença de outras crenças de caráter mais ou menos esotérico. Tais práticas religiosas não eram rechaçadas desde que não se opusessem ao culto imperial[3] como força de coesão do Estado.

Os primeiros a entrar em choque contra o exercício obrigatório da religião oficial foram os judeus. Mas eles, como ia ser prática constante em outros tempos e em lugares posteriores, conseguiram uma relativa independência às custas de imposições econômicas especiais[4].

BOWERSOCK, *Martyrdom and Rom* (Cambridge, 1995); R. TEJA, *El Cristianismo y el IMperio Romano*: M. SOTOMAYOR – J. FERNÁNDEZ UBIÑA (ed.), Historia del Cristianismo. I. El Mundo Antiguo (Madri, 2005) 293-326.

[3] L. CERFAUX – J. TONDRIAU, *Um Concurrent du Christianisme. Le Culte des Souverains dans la Civilisation Gréco-romaine* (Tournai, 1957). Sobre a relação estreita entre o culto imperial e o poder: S. PRICE, *Rituals and Power: The Roman Imperial Cult in Asia Minor* (Cambridge, 1984).

[4] J. JUSTER, *Les Juifs dans l'Empire Romain. Leur Condition Juridique, Économique et Sociale* (Paris, 1914); A. M. RABELLO, *The Legal Condition of the Jews in the Roman Empire*: Aufstieg und Niedergang der Römischen Welt, II, 13 (1980) 662-771.

III – COMO SER CRISTÃO, SEGUNDO O ESPÍRITO DO VATICANO II... – CAPÍTULO 1

Os cristãos não optaram por um pacto semelhante ao dos judeus, o que, sem descartar o desejo deles de "se distinguir" dos judeus, foi uma razão que os levou a uma postura de confrontação. Opuseram-se diretamente à imposição de um culto religioso a partir do poder político, que estava na origem do problema, e invocaram a liberdade de consciência para recusarem a obrigatoriedade de uma religião oficial[5]. Essa postura trazia implícitas grandes afirmações axiológicas, que darão fruto ao longo da história:

- a liberdade religiosa;
- a separação da religião e do poder político;
- a incompetência do Estado em questões religiosas e, por conseguinte, sua condição leiga.

Como foi advertido por Suetônio, o cristianismo era uma forma religiosa "nova" e com forte carga "subversiva" para o Estado: *superstitio nova et maléfica*.

A defesa da liberdade de consciência, através da afirmação pública de sua fé e a oposição ao culto imperial, foi conseguida pelos cristãos às custas de rejeição e perseguição, que a autoridade romana justificou e formulou mediante diversos sistemas jurídicos:

1. O *institutum neronianum*, que se resumia na fórmula precisa que Tertualiano transmite: "Non licet esse christianus" (não é lícito ser cristão)[6]. Essa fórmula sobrevive e reaparece nos documentos oficiais do século II, diante da qual se levanta a voz dos apologetas cristãos desse século, que protestam: E por que nos exclui?

---

[5] F. MILLAR, *The Imperial Cult and the Persecutions*: VÁRIOS, Le culte des Souverains dans l'Empire Romain (Vandoeuvre – Genebra, 1972) 145-175.

[6] *Apologeticum*, 4,3.

2. O famoso rescrito de Trajano em resposta a uma consulta dirigida por seu legado na Bitínia, Plínio, em 112, dizia que os cristãos não tinham de ser procurados por ofício da autoridade, porém, se são denunciados e são convictos, devem ser castigados, entendendo-se aqui com a pena capital.

3. Septimio Severo (193-211) inaugurou outro sistema baseado em rescritos imperiais dirigidos diretamente contra o cristianismo. Em 202 proibiu toda propaganda religiosa, incluindo aí judeus e cristãos[7]. Se o *institum neronianum* propôs-se como objetivo de "não haver cristãos" (*Ut christiani non sint*), agora a autoridade imperial estabelece: *Ne fiant christiani* ("não é lícito tornar-se cristão"). O édito de Septimio severo apontava para a propaganda cristã.

4. Os imperadores que de verdade, por éditos, quiseram exterminar com o cristianismo foram Décio em 249 e Valeriano em 258. Os textos desses éditos não nos chegaram, mas indiretamente, sobretudo pelas *Atas* martiriais, pode-se reconhecer o essencial de seus dispositivos. Para defender-se e poder subsistir, a Igreja havia adotado o estatuto reconhecido de corporação ou colégio funerário, colocando-se assim sob o amparo da lei que protegia esses colégios como coisa sagrada. Valeriano, no entanto, suprimiu essa base jurídica da propriedade coletiva, sequestrando cemitérios e proibindo, sob pena de morte, aos cristãos de os visitarem. As mortes trágicas tanto de Décio como de Valeriano puseram fim à perseguição[8].

5. No último terço do século III, o cristianismo gozou de certa paz e tranquilidade, porém, no ano 303, estourou a última e mais terrível perseguição. Esta "grande

---

[7] A. DAGUET-GAGEY, *Septime Sévère, un Empereur Persécuteur des Chrétiens?*: Revue des Études Augustiniennes 47 (2001) 3-32.

[8] R. SELINGER, *The Mid-Third Century Persecutions of Decius and Valerian* (Berna, 2004); R. TEJA, *l. c.*, 307-311.

perseguição" foi habilmente conduzida por Diocleciano através de quatro éditos (303-305)[9], que se dirigiam tanto contra as pessoas como as coisas: os templos deviam ser destruídos e os livros sagrados consumidos pelo fogo.

– Resposta dos cristãos

O Apocalipse contém uma esplêndida teologia do martírio (Ap 13; 6,10-11; 12; 13,2-4). O autor deste último livro da Bíblia Cristã emprega constantemente a palavra grega *martyrion*, que significa *testemunho*, para designar o testemunho dado pelos cristãos em favor de Cristo pelo derramamento de seu sangue.

Os mártires cristãos tinham um precedente no Antigo Testamento[10]. A *Carta* da Igreja de Lyon sobre os mártires do ano 177 tem consciência disso quando compara a atitude de Blandina, aquela doce escrava, natural de Lyon, martirizada com a conduta da mãe dos Macabeus (2Mc 7,20ss)[11]. Naturalmente o mártir cristão se distinguia do mártir judeu não somente pela peculiaridade de sua fé, mas sobretudo pela referência explícita à morte de Cristo.

O martírio foi proposto e desenvolvido por muitos escritores dos três primeiros séculos como ideal cristão de fidelidade ao Evangelho. Esta orientação se fundamentava nas perspectivas com que era contemplado o fato martirial por importantes escritores da época:

---

[9] G. E. M. DE SAINTE-CROIX, *Aspects of the "Great" Persecution*: Harvard Theological Review 47 (1954) 75-113; N. H. BAYNES, *The Great* Persecution: The Cambridge Ancien History, vol. XII: The Imperial Crisis and Recovery A. D. 193-324 (Cambridge, 1961); P. S. DAVIES, *The Origin and Purpose of the Persecution of AD 303*: Theological Studies 40 (1989) 66-94.

[10] E. LOHMEYER, *Die Idee des Martyriums im Judentum und Urchristentum*: Zeitschrift für Systematische Theologie 4 (1927) 232-249.

[11] D. RUIZ BUENO, *Actas de los Mártires* (Madri, 1951) 327-348.

– O martírio como imitação de Cristo em Inácio de Antioquia e em Policarpo de Esmirna[12]. No escrito sobre o *martírio* de Policarpo encontra-se o relato mais antigo e mais paradigmático de um martírio cristão[13].

– O martírio como a forma mais honrosa de morte no seio da comunidade cristã, segundo Justino[14].

– O martírio como testemunho da verdade em Irineu de Lião e em Hilário de Poitiers[15].

Nos três primeiros séculos o ápice da coerência cristã era o martírio, por isso a vida cristã era uma preparação, e como uma antecipação desse final. Assim expressaram os mais conspícuos escritores do cristianismo primitivo: Tertuliano em seu *Ad Martyres*; Orígenes em sua *Exhortatio ad Martyrium*; os *Comentários Bíblicos* de Hipólito; as *Cartas* de Cipriano[16]. De certa forma, o modelo martirial veio substituir o modelo do profetismo das primeiras comunidades cristãs[17].

---

[12] R. GÓMEZ FERNÁNDEZ, *El Martirio como Imitación de Cristo: Ignacio de Antioquía y Policarpo de Esmirna*: Verdad y Vida 63 (2005) 27-47.

[13] Edição: *Padres Apostólicos* (BAC, 65) p. 672-689.

[14] G. ARAGIONE, *Justin de Naplouse Devient Justin Martyr (1 Apologie 2,4)*: Revue de Théologie et de Philosophie 139 (2007) 127-141.

[15] R. TREMBLAY, *Le Martyrre selon S. Irenée de Lyon*: Studia Moralia 16 (1978) 167-189; M. PELLEGRINO, *Martiti e Martirio nel Pensiero d'Ilario di Poitiers*: Studi Storico-Religiosi IV/1 (1980) 45-58.

[16] Sobre a teologia do martírio no cristianismo antigo: T. BAUMEISTER, *Genèse et Évolution de la Théologie du Martyre dans l'Église Ancienne* (Berna, 1991). Uma síntese: ID., *Mártires y Perseguidos en el Cristianismo Primitivo*: Concilium n. 299 (2003) 312-320.

[17] M. LODS, *Confesseurs et Martyrs, Sucesseurs des Prophètes dans l'Église des Trois Premiers Siècles* (Neuchâtel, 1958).

III - COMO SER CRISTÃO, SEGUNDO O ESPÍRITO DO VATICANO II... - CAPÍTULO 1

2. Atualização

A realidade e a teologia do martírio têm sido constantes em todo o percurso da história do cristianismo. Às vezes esse paradigma se transformou em prática da "paciência" diante de todo tipo de adversidades: internas e externas, de proveniência humana e de origem física ou cósmica[18]. Esta orientação foi apoiada por uma sentença de Gregório Magno, que teve notável êxito. Nela se dizia que a paciência era como o "martírio do quotidiano"[19].

Em seu sentido direto, o martírio (como realidade e como discurso teológico) adquiriu, pode-se dizer, maior relevo no cristianismo do século XX e nos começos do século XXI[20].

O concílio Vaticano II não deixou de se referir ao martírio, sublinhando o dado teológico do "caminho martirial" da Igreja, que continua o exemplo de Cristo (*LG*, 8; cf. n. 9). Afirmou que o martírio é "dom insigne e prova de suprema caridade" e que os cristãos são chamados a "confessar Cristo diante dos homens" e a "segui-lo no caminho da cruz no meio das perseguições que nunca faltarão à Igreja" (*LG*, 42). Com um olhar de amplitude ecumênica, admitiu a existência de mártires fora da Igreja (*LG*, 15).

O magistério pontifício da época recente apresenta um balanço quantitativo de textos, de índole diversa, sobre o martírio[21]. Mais precisamente, o papa João Paulo II insistiu mui-

---

[18] M. SPANNEUT, *Patience et Martyre chez les Pères de l'Église*: Compostellanum 35 (1990) 545-560.

[19] M. SPANNEUT, La *Patience, Martyre au Quotidien: la Fortune d'une Sentence de Saint Grégoire le Grand*: Studia Patristica 23 (1989) 186-196.

[20] Como exemplo, vejam-se as diversas aproximações ao fato martirial (no judaísmo antigo, no islã, no cristianismo etc.): Theologie der Gegenwart 51 (2008) n. 3: "Martyrium", com bibliografia (sobretudo da área alemã) nas p. 232-235.

[21] M. E. GONZÁLEZ RODRÍGUEZ, *El Martirio Cristiano. Testimonio y Profecia* (Madri, 2007) 203-255.

to na transcendência humano-cristã do fenômeno martirial; entre muitos outros textos de seu magistério pode-se destacar as referências em *Tertio Millennio Adveniente*, 37, e em *Tertio Millennio Ineunte*, 7.

O pensamento teológico também se ocupou da dimensão martirial do cristianismo[22], analisando-o em seus significados antropológicos de "testemunho" e de "fidelidade"[23]. A teologia do martírio tem ressaltado as diversas dimensões do fenômeno martirial: teologal, cristológica, eclesiológica, missionária etc.[24], apresentando Cristo como o protótipo de mártir.

O conceito cristão de "mártir" e "martírio"[25] tem despertado especial interesse da parte dos teólogos. Bento XVI definiu martírio como "a morte aceita voluntariamente pela fé cristã ou pelo exercício de outra virtude relacionada com a fé"[26]. K. Rahner pedia que se ampliasse a razão do martírio, que não ficasse somente no "odium fidei", mas também no "odium caritatis" (ou "iustitiae"). Esta sugestão de Rahner foi assumida e desenvolvida por teólogos atuais que afirmam que mártir é

---

[22] Veja o boletim bibliográfico de L. S. CUNNINGHAM, *On Contemporary Martyrs: Some Recent Literature*: Theological Studies 63 (2002) 374-381. Estudos de caráter global: N. BROX, *Zeuge und Märtyrer* (Munique, 1961); Concilium n. 183 (1983): "El Martirio Hoy"; Concilium n. 299 (2003): "Repensar el Martirio".

[23] P. RICOEUR, *Hermenéutique du Témoignage*: E. CASTELLI (ed.), La Testemonianza (Roma, 1972) 35-61.

[24] Vertente teologal: D. SALADO, *La Teologalidad del Martirio Cristiano: Una Relectura Hermenéutica*: Ciencia Tomista 131 (2004) 619-675. Vertente eclesiológica: M. PELLEGRINO, *Le Sens Ecclésial du Martyre*: Revue de Sciences Religieuses 35 (1961) 151-175. Vertente missionária: VÁRIOS, *La Iglesia Martiria Interpela nuestra Animación Misionera* (Burgos, 1988); J. SARAIVA, *Martirio y Misión*: M. E. GONZÁLEZ RODRÍGUEZ, o. c., 13-32.

[25] Catecismo da Igreja Católica, n. 2473: "O martírio é o supremo testemunho dado em favor da verdade da fé; designa um testemunho que vai até à morte". Sugere-se que não restrinja a noção de testemunho no âmbito estrito da fé, mas que se abarque também os significados da "caridade", da "justiça" etc. Cf. R. BLÁZQUEZ, ¿Quién es um Martir Cristiano?: M. E. GONZÁLEZ RODRÍGUEZ, o. c., 33-60.

[26] BENEDICTUS XIV, *De Servorum Dei Beatificatione et Beatorum Canonizatione*, lib. III, cap. II, n. 1 (Prati, 1839).

também: o testemunho do amor, morto pelo ódio ao amor[27]; o testemunho da justiça[28]; o testemunho dos direitos humanos, podendo-se falar de um "mártir político"[29]. Merece destaque as referências aos mártires a partir da Teologia da Libertação[30]. Mesmo o pensamento oficioso da Igreja Católica tem utilizado a categoria de martírio para compreender a morte infligida a pessoas dedicadas, imparcial e inteiramente, à causa dos mais pobres[31].

Uma novidade na teologia martirial de nossos tempos é ter explicitado nela a dimensão moral. Tanto que na encíclica *Veritatis Splendor* foi-lhe dedicado um parágrafo no capítulo III, com o título: "O Martírio, Exaltação da Santidade Inviolável da Lei de Deus" (n. 90-94)[32]. Existem estudos que oferecem visões de síntese da vertente moral do martírio cristão, apoiando-se em dados bíblicos, em perspectivas da tradição teológica e em possíveis sistematizações do tema (por exemplo, a partir da visão martirial-pascal de Cristo)[33].

---

[27] J.-I GONZÁLEZ FAUS, *testigo del Amor, Muerto por Odio al Amor*: Concilium n. 299 (2003) 67-74.

[28] G. BOFF, *Martire per la Fede e anche per la Giustizia*: Rivista di Teologia Morale 37 (2005) 71-76.

[29] H. MAIER, *Politische Martyrer? Erweiterungen de Märtyrerbegriffs in der Gegenwart*: Stimmen der Zeit 222 (2004) 291-305.

[30] M. MAIER, *Teología del Martirio en Latinoamérica*: Sal Terrae 92 (2004) 753-764; ID., *Um des Lebens Willen. Zur einer Theologie des Martyriums aus Befreiungstheologischer Sicht* (Mainz, 1998).

[31] Veja o EDITORIALE *Cioè che Conta nella Vita È solo Amare*: La Civiltà Cattolica 154 (2003) IV, 209-215, referindo-se a "uma mártir de nossos dias: Annalena Tonelli", assassinada em 6 de outubro de 2003 em Borama (pequeno povoado da Somália).

[32] R. TREMBLAY, *Le Martyre, Garant de la Vérité Morale et de la Morale de l'Excellence*: Studia Moralia 41 (2003) 331-349.

[33] S. ZAMBONI, *Chiamati a Seguire l'Agnello. Il Martirio, Compimento della Vita Morale* (Bolonha, 2007). O livro traz o conteúdo da tese doutoral apresentada na Academia Alfonsiana (Roma). Ver uma síntese do estudo: S. ZAMBONI, *Martirio e Vita Morale*: Rivista di Teologia Morale 37 (2005) 53-70.

3. Aplicação

Não sou eu quem negará o valor do martírio na vida cristã. A recordação das perspectivas que a Teologia atual oferece é para sublinhar sua importância. Naturalmente, deveria se considerar os novos significados que essa teologia coloca em relevo. Destaco concretamente dois deles:

– Em primeiro lugar, a força transformadora e libertadora que supõe o testemunho martirial. Não é questão somente de ser coerente com a própria fé (dimensão preferencialmente pessoal), mas também de fazer que essa fé produza frutos de "caridade" nos diversos ambientes da libertação humana (dimensão "política" do martírio).

– Em segundo lugar, a afirmação do direito à liberdade de consciência diante de intromissões indevidas do poder humano, que foi a orientação que teve a proposta corajosa e radical do autor do *Apocalipse*. Afirmar o valor da própria consciência supõe, ao mesmo tempo, colocar o Poder no seu lugar e impedi-lo de extrapolar suas funções. O mártir cristão propiciou a aparição e o desenvolvimento desse direito, talvez o mais básico e o gerador de todos os outros, que é a liberdade de consciência e de religião diante de toda forma de "endeusamento" totalitário de qualquer tipo de poder, de modo especial o poder político.

Pode-se aplicar o paradigma martirial à relação do cristão com a sociedade de hoje nos âmbitos humanos em que nos movemos? Existem vozes, creio minoritárias, que respondem afirmativamente. Acreditam que a Igreja (religião e fé) sofre perseguição por parte da sociedade atual (sobretudo através de suas instâncias políticas e culturais)[34]. Diante dessa perseguição, propõem aos fiéis um com-

---

[34] Como amostra dessa "autoconsciência" de sofrer perseguição, servem duas referências. Em resposta à pergunta se "as propostas legislativas da Espanha, Chile ou do Equador fazem parte de uma manobra internacional contra a vida", o cardeal Javier Lozano Barragán assim respondia: "Sim, e mesmo se o que é feito na Espanha não tem reflexo em toda a América

portamento coerente em tudo às normas morais oficiais, mesmo que isso implique a "negação" (morte martirial) dos direitos de cidadania. A última afirmação vale, de forma paradigmática, para os políticos "católicos" na hora de propor, de apoiar, de sancionar ou de executar leis contrárias às normas oficiais da Igreja Católica (em sistemas de convivência afetiva, em ações biomédicas etc.).

Meu modo de ver a situação presente e de enfocar ação dos cristãos é diferente do que acabo de apontar. Às duas perspectivas assinaladas, contraponho estas outras:

– Não encontro dados suficientes para afirmar que, nas sociedades democráticas e pluralistas que nos cercam, possa ser diagnosticado um programa oficial de perseguição contra a religião, contra a fé cristã ou contra a Igreja. As Constituições vigentes não a apoiam, mais ainda, a descartam e a proscrevem. Além do mais, existem mecanismos legais para impugnar as pretensões anticonstitucionais que aparecerem.

– Quanto à compreensão e à realização da coerência de consciência dos cristãos diante das leis contrárias às normas morais oficiais da Igreja são necessárias matizações que não costumam ser de uso normal na cultura católica do presente. Remetendo a uma exposição mais detalhada[35], permito-me assinalar estas duas matizações:

1ª) É necessário fazer distinção entre "cosmovisão cristã", "ética civil" e "ordem jurídica". A primeira refere-se à livre aceitação de parte do grupo crente; a ética civil justifica, moral-

---

Hispânica, não é a Espanha a origem desta manobra, mas a Onu que, com a ajuda de países da Europa, compra os votos dos países pobres para aprovar certas legislações. Compram literalmente os países africanos e, inclusive, a alguns países europeus é dito: 'Você Polônia, você Lituânia, você Albânia, quer entrar na União Europeia? Sua entrada lhe custa votar a favor do aborto, da eutanásia etc., ou se não, não a admitimos'. É um clube da morte que quer empregar cada vez mais assassinos para si" (em Alfa y Omega, 21/09/2009, p. 21). Apreciações semelhantes podem ser lidas em J. M. GIL TAMAYO, *Revolución Silenciosa*: Ecclesia n. 3450 (24 de janeiro de 2009) 38.

[35] M. VIDAL, *¿Existen Verdades Morales Reveladas? Afirmaciones desde la Reflexión Ético-teológica*: Iglesia Viva n. 233 (2008) 95-102.

mente, a convivência de todos dentro do normal pluralismo; a ordem jurídica é legitimada em razão do bem comum e, sem ir diretamente contra a cosmovisão religiosa nem a ética civil, não está obrigada a realizar todo o conteúdo nem da cosmovisão religiosa nem sequer da ética civil.

2ª) A ordem jurídica das sociedades avançadas admite a "objeção de consciência" como um elemento interno ao próprio sistema legal. Esta condição da lei evita ter de recorrer a atitudes e comportamentos de caráter "martirial", que são de maior custo humano e que denotam estágios a serem superados nos sistemas de convivência social.

2

O PARADIGMA "INTEGRADOR"

K. Rahner dizia que o cristão, enquanto cristão, não é um sujeito do "não" contínuo e absoluto, nem tampouco uma pessoa do "sim" permanente e a todo custo. Ao cristão corresponde a atitude ineludível do "discernir" (Rm 12,2) tudo o que acontece para saber o "que sobra" de bom (cf. Fl 4,8) e, a partir do discernimento, assumir o que é válido e integrá-lo no único projeto de salvação ou de libertação integral[1].

Mantendo a mesma metodologia do capítulo anterior, verificarei este paradigma no cristianismo pré-constantiniano, apontarei sua recepção na teologia recente e vou terminar com algumas indicações sobre sua possível aplicação à situação atual.

1. Verificação histórica

Juntamente com a atitude martirial, os cristãos dos três primeiros séculos da Igreja desenvolveram outra forma de relação, de caráter integrador, com seu entorno sociocultural e político. Este tipo de relação encontrou sua melhor expressão na chamada literatura apologética, sobretudo nos escritores cristãos do século II.

---

[1] M. VIDAL, *El Discernimiento Ético. Hacia uma estimativa Moral Cristiana* (Madri, 1980).

– A crítica filosófica ao cristianismo

Ao longo do século II o cristianismo se expandiu geográfica e numericamente, ao mesmo tempo, e foi penetrando o tecido da sociedade[2]. Este fato não podia passar despercebido aos olhos das autoridades e do povo em geral. Muito menos deixou indiferentes os grupos mais identificados com um credo religioso e/ou filosófico. Houve tensões com os judeus e, sobretudo, com os pagãos.

Na crítica generalizada dos pagãos aos cristãos, existiu um grupo de pessoas que ofereceram uma resistência singular à crescente penetração do cristianismo na sociedade. Foram os filósofos, entre os quais cabe destacar Luciano de Samosata (Turquia), Frontão de Cirta (na Argélia), Galeno e, sobretudo, o filósofo platônico Celso. Suas críticas eram de índole diversa: ridiculariza-se o nome de "cristão"; acusava-se estes de imoralidades e de canibalismo; viam-se intenções perversas nos gestos litúrgicos, como o beijo; recriminava-lhes por ter comportamentos próximos à magia; atacavam-se as bases de sua teologia e de sua ética[3].

A crítica do filósofo pagão Celso, conhecida através das passagens citadas por autores cristãos (sobretudo por Orígenes), foi a que provocou maiores dificuldades para a comunidade cristã[4].

---

[2] A. HAMMAN, *La Vie Quotidienne des Premiers Chrétiens* (95-197) (Paris, 1971); R. MINNERATH, *Les Chrétiens et le Monde (Ier. et IIe. Siècles)* (Paris, 1973); R. M GRANT, *Cristianesimo Primitivo e Società* (Brescia, 1987); XX Siglos 5 (1994) n. 21: "El Cristianismo y la Antigüedad"; N. SANTOS, *Cristianismo y Sociedad pagana en el Imperio Romano durante el Siglo II* (Oviedo, 1998).

[3] Veja a exposição dessas críticas em: ST. BENKO, *Pagan Rome and Early Christian* (Indianápolis, 1986), sobre o beijo p. 79-102; sobre as bases da teologia e da ética cristãs, p. 140-162. Veja também: PADOVESE, *Lo Scandalo della Croce. La Polemica Anticristiana nei Primi Secoli* (Roma, 1998); J. W. HARGIS, *Against the Christians. The Rise of Early Anti-Christian Polemic* (Nova York, 2001); X. LEVIEILS, *Contre Chrétiens. La Critique Sociale et Religieuse du Christianisme des Origines au Concile de Nicée (45-325)* (Berlin – Nova York, 2007).

[4] Sobre o conteúdo e a importância da acusação de Celso, que sobreviveu até ser desmontada por Orígenes na segunda metade do século III: C. ANDRESSEN, *Logos und Nomos. Die Polemik des Kelsos wider das Christentum* (Berlim, 1955); L. ROUGIER, *Celse contre les Chrétiens: La Réaction Païenne sous l'Empire Romain* (Paris, 1977); S. FERNÁNDEZ, *El "Discurso Verdadero" de Celso contra los Cristianos. Crítica de un Pagano del Siglo II a la Credibilidad del Cristianismo*: Teologia y Vida 45 (2004) 238-257.

Em três frentes o filósofo platônico lançou oposição à credibilidade do cristianismo:

– O cristianismo não apresenta nenhuma "inovação", porque é uma corrupção vulgar, em alguns casos da religião judaica e, em outros, da filosofia grega.

– É impossível aceitar a afirmação do cristianismo, isto é, da "descida" de Deus no mundo (a encarnação).

– É também inaceitável a pretensão de universalidade com que se apresenta o cristianismo: Como se pode dizer que para chegar ao Grande Mistério seja possível somente por um único caminho?

A réplica de Orígenes, setenta anos depois (250), foi certeira: 1) Por que Celso exclui Moisés da "sabedoria antiga"? 2) A fé tem uma base racional e implica, em si mesma, elementos de racionalidade. 3) Os pagãos também "creem", uma vez que todo conhecimento humano supõe e movimenta crenças. "É interessante nessa argumentação, que Orígenes avança em algo do que se tinha consciência apenas no pensamento filosófico da época, que o elemento da fé está presente em todo conhecimento humano. Não pode-se negar que nisto Orígenes deu uma resposta clara às objeções apresentadas contra a fé dos cristãos, entre outros por Celso. Essa resposta pode ser considerada como o final da primeira fase do diálogo entre o cristianismo e a filosofia grega[5]."

– **Significado da "apologia" cristã**

A literatura apologética está insinuada em passagens do Novo Testamento. Paulo fala da "apologia" do evangelho em Fl 1,7.16. O texto mais significativo é o de 1Pd 3,15: os crentes

---

[5] E. VILLANOVA, *Historia de la Teología Cristiana, I* (Barcelona, 1987) 173.

têm de estar sempre prontos "a dar a razão de sua esperança a todo aquele que perguntar". Esse "dar a razão" traduz a expressão grega *pros apologían*.

A apologia no sentido grego não é somente a *réplica* a uma acusação, mas, sobretudo, *o discurso de defesa*. O exemplo mais conhecido na literatura antiga, sem dúvida, é a *Apologia* de Sócrates, escrita por Platão em memória do mestre condenado pelas autoridades de Atenas, com o objetivo de afastar toda sombra de suspeita de sua memória.

O fato literário de escrever apologias cristãs tem um notável significado[6]. "Pela primeira vez na história do cristianismo, os crentes articulam sua fé superando os limites das comunidades cristãs (...). Pela primeira vez há crentes que não somente receberam uma formação filosófica – pelo menos numa medida básica –, mas que também querem colocar seus conhecimentos a serviço da expressão e transmissão dos conteúdos da fé."[7]

Os escritos apologéticos oferecem a primeira formulação da mensagem cristã utilizando a roupagem do pensamento culto da época. Este contato com a cultura grega supõe a *consolidação sociocultural* do grupo. O cristianismo, nascido do judaísmo, podia ter ficado reduzido a um fenômeno religioso-cultural que se expressava em aramaico e que pensava com os parâmetros próprios da religião judaica. Contudo, já desde seus inícios, existiram grupos cristãos de mentalidade e de cultura judaico-helenistas, como por exemplo, o grupo de Estevão. Logo se juntaram aos cristãos, convertidos do paganismo, especialmente em função do êxito da missão paulina. Os escritos apologéticos manifestam a consolidação da base

---

[6] Sobre o significado e a função da literatura apologética cristã do século II, cf. H. LONA, *Defensa de la Fe – Anuncio de la Verdad. Literatura Apologética y Propaganda Cristiana*: Proyecto 35 (2000) 5-41.

[7] *Ibidem*, 8.

cultural grega das comunidades cristãs. Com os apologistas realiza-se a primeira *inculturação* da fé cristã no mundo da filosofia grega, fenômeno que recebe o nome de *helenização* do cristianismo[8].

Partindo desse pressuposto, compreende-se que a literatura apologética do século II, além de apologética, seja também uma literatura protréptica; isto é, além de defender a mensagem cristã, tem como objetivo apresentá-la de forma convincente e, por conseguinte, utilizando as exigências do pensamento filosófico. O *Protréptico* mais famoso é o de Aristóteles. Também Epicuro e alguns estoicos enriqueceram o gênero com suas obras. Na literatura latina sobressai o *Hortensius* de Cícero, que exercerá grande influência no processo de conversão de Agostinho[9]. No século II d.c. Galeno escreveu seu Protréptico para convidar ao estudo da medicina. O único Protréptico cristão que conhecemos é o de Clemente de Alexandria, escrito em fins do século II (até 195)[10].

---

[8] É inegável o fato da "helenização" do cristianismo, mas sua avaliação não goza de mesma unanimidade. Alguns autores, sobretudo os protestantes, consideram-no de forma negativa, por supor um afastamento do Evangelho e um distanciamento em relação à verdade original. Por sua vez, Bento XVI, no discurso pronunciado na Universidade de Ratisbona em 12 de setembro de 2006, defendeu o encontro do Evangelho com o pensamento grego: O "encontro entre a mensagem bíblica e o pensamento grego não era simples coincidência. A visão de São Paulo – quando diante dele estavam se fechando os caminhos da Ásia e, em sonho, viu um macedônio que lhe suplicava: 'Passa à Macedônia e vem ajudar-nos!' (cf. At 16, 6-10) – esta visão pode ser interpretada como a 'condensação' da necessidade intrínseca de aproximação entre a fé bíblica e a indagação grega" (Discurso aos Representantes das Ciências na Universidade de Ratisbona [12/09/2006] [versão definitiva]: Ecclesia n. 3337 [25 de novembro de 2006] 31-36 [hic: 33]). Talvez uma postura e outra tenham de manter-se como polaridades de uma afirmação superior mais complexa. A inculturação helênica foi inevitável e trouxe vantagens. Os inconvenientes que nela ocorreram podem ser neutralizados, sobretudo, pelo não impedimento de outras inculturações igualmente necessárias.

[9] W. J. COLLINGE, *Hortensius ("Hortensio")*: A. D. FITZGERALD (ed.), Diccionario de San Agustín (Burgos, 2001) 625-653.

[10] Edição Francesa: C. D'ALEXANDRIE, *Le Protreptique*. Édition par C. Mondésert et A. Plassart. SC 2bis (Paris, 1949).

– Relação do cristianismo com a cultura grega: as "sementes do logos"

Uma das contribuições mais significativas da reflexão cristã da época pré-constantiniana é ter compreendido a relação do cristianismo com a cultura grega, mais precisamente com a filosofia da época, através da categoria estoica do *logos spermatikós*.

Os estoicos atentos ao processo de desenvolvimento e crescimento da pessoa, falavam do "logos seminal" (*logos spermatikós*) para indicar que o logos já estava presente na criança, mas tinha de se desenvolver de forma evolutiva como no processo de uma semente que se converte em planta.

Justino (c. 165), o mais destacado dos apologistas gregos do século II e uma das personalidades mais originais da literatura cristã primitiva[11], utilizando essa categorização estoica, distinguiu entre o "logos seminal" disperso e presente em toda a humanidade e o "logos total", que é Cristo[12]. A humanidade antes de Cristo teve um acesso limitado à verdade, porque não possuía o logos total. Os cristãos se encontram em uma posição privilegiada: "Assim, pois, nossa religião se revela mais sublime que todo o ensinamento humano, pelo simples fato de que o Logos total, que é Cristo, tendo aparecido por nossa causa, fez-se corpo, razão e alma" (*Apologia II, 10,1*).

A semente do Verbo "encontra-se inata em todo o gênero humano" (*Apologia* II, 8, 3), embora Justino a veja presente de modo especial em "alguns que professaram a doutrina estoica,

---

[11] Aproximações de sua vida e obra: E. R. GOODENOUGH, *Theology of Justin Martyr* (Amsterdã, 1968); E. F. OSBORN, *Justin Martyr* (Tubinga, 1973); S. J. G. SÁNCHEZ, *Justin, Apologiste Chrétien* (Paris, 2000); ID., *Justin Martyr: un Homme de son Temps*: Sacris Erudiri 42 (2002) 5-29; S. PARVIS – P. FOSTER (ed.), *Justin Martyr and His World* (Minneapolis, 2007). Sobre a "redescoberta atual" da figura de Justino: Revue de Théologie et de Philosophie 139 (2007) n. 2: "Justin Martyr. Nouvelles Hypothèses".

[12] E. F. OSBORN, *Justin Martyr and the Logos Spermatikos*: Studia Missionalia 42 (1992) 143-160.

III – COMO SER CRISTÃO, SEGUNDO O ESPÍRITO DO VATICANO II... – CAPÍTULO 2

porque pelo menos na ética se mostram moderados, do mesmo modo que os poetas em determinados pontos" (*Apologia* II, 7 e 8). Estes "vivem conforme a uma parte do verbo seminal", ainda que não "conforme o conhecimento e a contemplação do Verbo total, que é Cristo"[13].

Semelhante apresentação sobre as "sementes do Verbo" se encontra nos escritos de Clemente de Alexandria, que afirma que "no começo dos tempos aconteceu uma semeadura da verdade divina, o que faz que haja fragmentos dela tanto entre os bárbaros como entre os gregos, sobretudo no pensamento filosófico"[14]. Esta orientação persistiu nas etapas posteriores do pensamento cristão, encontra-se em Ambrósio, Cesário de Arlés, Gregório Magno etc., e foi adotada por autores medievais como Pascásio Radaberto, Bernardo etc.

2. Atualização

A doutrina sobre o *logos spermatikós*, presente na busca da verdade pelos não cristãos, recebeu uma notável acolhida na teologia contemporânea. A Comissão Teológica Internacional em seu documento sobre o *Cristianismo e as Religiões* (1998), sublinhou expressamente a "recepção" do tema das "sementes do Verbo" pelo magistério eclesiástico recente[15].

O Concílio Vaticano II, continuando as pegadas da Patrística, valoriza como uma "preparação ao Evangelho" todo o bem que há naqueles que "sem culpa, não chegaram ao conhecimento claro de Deus, mas se esforçam com sua graça

---

[13] *Apologia II, 8*: "ad partem aliquam rationis disseminatae vitam instituere student, sed ad totius Verbi, id est Christi, cognitionem et contemplationem" (PG 6,458 [Latim], 457 [grego]).

[14] CLEMENTE DE ALEXANDRIA, *stromata, I,7, 37, 1-6*: PG 8, 735-736.

[15] COMISSÃO TEOLÓGICA INTERNACIONAL, *Christianismus et Religiones*: Gregorianum 79 (1998) 442-445.

para viver de forma honrada". Referindo-se explicitamente a Eusébio de Cesareia, afirma: "Tudo o que de bom e verdadeiro neles há, é considerado pela Igreja como preparação para receberem o Evangelho" (cf. Eusébio de Cesareia, *Praeparatio Evangelica*, 1,1: *PG*, 21,28 *AB*) e como um dom daquele que ilumina todos os homens para que possam ter finalmente vida[16].

Atitude semelhante o Concílio adota em relação à cultura atual. Sem deixar de apontar os "lamentáveis resultados" que ela pode gerar, observa que esses desvios "não devem induzir-nos à tentação de não reconhecer os valores positivos" que ela contém: interesse pelo conhecimento, fidelidade à verdade, trabalho em equipe, sentido da solidariedade internacional, consciência de responsabilidade, vontade de criar condições de vida mais favoráveis para todos e, de modo especial, para os mais necessitados. Nestes valores, o Concílio Vaticano II vê uma "preparação ao Evangelho". "Tudo o que pode significar uma preparação para receber a mensagem do Evangelho, que pode ser animada com a caridade divina por Aquele que veio para salvar o mundo[17]."

João Paulo II, em uma de suas catequeses dedicadas ao tema das "sementes do Verbo"[18], remetendo a seu magistério precedente (*RH*, 11), afirmou que as "sementes do Verbo" não se referem somente ao Verbo, mas também que têm sua origem no Espírito Santo: "As 'sementes do Verbo' presentes e operantes nas diversas tradições religiosas são um reflexo do único Verbo de Deus, 'que ilumina todo homem' (Jo 1,9) e que se fez carne em Cristo Jesus (Jo 1,14). São ao mesmo

---

[16] *Lumen Gentium*, 16.

[17] *Gaudium et Spes*, 57.

[18] João Paulo II, *Las "semillas de verdade"*. Catequese de quarta-feira 9 de setembro de 1998: Ecclesia n. 2912 (26 de setembro de 1998) 33; *El Espíritu y la "Semillas de Verdad"*. Catequese de quarta-feira 16 de setembro de 1998: Ecclesia n. 2913 (3 de outubro de 1998) 25-26.

III – COMO SER CRISTÃO, SEGUNDO O ESPÍRITO DO VATICANO II... – CAPÍTULO 2

tempo, 'efeito do Espírito de verdade que age mais além dos confins do Corpo Místico' (*RH* 6 e 12) e que 'sopra onde quer' (Jo 3,6)"[19].

Em documento ulterior, o mesmo papa apontou na filosofia atual, por mais distanciada do universo da fé que esteja, "gérmens preciosos que aprofundados e desenvolvidos com retidão de mente e coração, podem ajudar a descobrir o caminho da verdade. Estes gérmens de pensamento se encontram, por exemplo, nas análises mais profundas sobre a percepção e a experiência, o imaginário e o inconsciente, a personalidade e a intersubjetividade, a liberdade e os valores, o tempo e a história; inclusive o tema da morte pode chegar a ser para todo pensador um sério convite para buscar dentro de si mesmo o sentido autêntico da própria existência"[20].

Bento XVI, na catequese sobre Justino, durante a audiência geral de 21 de março de 2007, voltou a ressaltar a importância da doutrina do apologeta cristão sobre o *logos spermatikós*: "Deste modo, Justino (...) orienta com decisão para o Logos qualquer verdade filosófica, motivando a partir do ponto de vista racional a singular 'pretensão' de verdade e de universalidade da religião cristã"[21].

Pode-se ver que um tema iniciado por Justino e por outros escritores da época preconstantiniana mantém sua vigência na atualidade e tem notável funcionalidade em diversos campos teológicos, especialmente no campo do diálogo inter-religioso[22]. No terreno da moral, ajuda a constituir adequadamente a epistemologia do discurso teológico-moral. Na autêntica

---

[19] *Las "Semillas de Verdad"*: l. c, 33.

[20] *Fides et Ratio*, 48.

[21] Texto da catequese em Ecclesia n. 2365 (9 de junho de 2007) 28-29.

[22] H. DONNEAUD, *De l'Usage Actuel de la Doctrine des "Semeances du Verbe" dans la Théologie Catholique des Religions*: Revue Thomiste 106 (2006) 145-270. A meu ver, o autor faz uma interpretação excessivamente "restritiva" da funcionalidade teológica do axioma tradicional.

moral humana existem "sementes do Verbo", que constituem verdadeiros "preâmbulos da fé". Ao ser assumida na cosmovisão cristã, a racionalidade moral adquire a plenitude de um significado que já tem "seminalmente" e como em "preâmbulo" dentro de sua própria e peculiar condição[23].

3. Aplicação

Considero que o paradigma "integrador" com que se pensa e realiza a relação do cristão com a sociedade, oferece notáveis funcionalidades positivas. Naturalmente deve ser bem trabalhado. Os próximos dois parágrafos dedico-os às funcionalidades positivas e ao seu bom uso.

– Funcionalidades positivas

Na tentativa de retratar as funcionalidades positivas, sobretudo a partir das contribuições do discurso teológico-moral, aponto as seguintes:

– *Apoio à consistência e à autonomia do humano a partir da fé*. A ordem natural, vista a partir da categoria de "criação" de Deus, recebe um apoio "teologal", como têm destacado importantes teólogos católicos[24]. Na perspectiva de P. Tillich, a "teonomia" não elimina a consistência da "autonomia", mas a fundamenta e a plenifica.

---

[23] G. COTTIER, *Il Cammino verso la Fede: la "Praeparatio Evangelica" e i "Preambula Fidei"*: Aquinas 41 (1998) 597-605.

[24] J. FUCHS, *Lex Naturae. Zur Theologie des Naturrechts* (Düsseldorf, 1955); K. RAHNER, Über das Verhältnis des Naturgesetzes zur Übernatürlichen Gnadenordnung: Orientierung 20 (1956) 8-11; E. SCHILLEBEECKX, *La "Ley Natural" y el Orden de Salvación*: ID, Dios y el Hombre (Salamanca, 1969) 404-428; A. AUER, *Autonome Moral und Christlicher Glaube* (Düsseldorf, 1971); F. BÖCKLE, *Natürliches Gesetz als Göttliches Gesetz in der Moraltheologie*: Naturrecht in der Kritik (Mogúncia, 1973) 165-188.

– Reinterpretando a categoria clássica de "lei natural", pela precariedade dessa mediação conceitual, reafirmou-se a relação entre a ordem normativa humana (lei natural) e a ordem normativa da fé (lei evangélica). Tanto a partir de perspectivas bíblicas[25] como a partir da reflexão teológica[26] voltou a se dar relevância à afirmação dos teólogos do século XVI, mais precisamente Suárez, sobre a coincidência de conteúdo entre a lei evangélica e a lei natural[27].

– *Afirmação do único projeto de salvação na centralidade de Cristo.* Esta centralidade cristológica foi magnificamente expressa pelo Concílio Vaticano II ao afirmar que "o Verbo de Deus, pelo qual foram feitas todas as coisas, Ele mesmo se fez carne e habitou a terra dos homens (cf. Jo 1,3.14), homem perfeito, entrou na história do mundo, assumindo-a e recapitulando-a (cf. Ef 1,10)" (*GS*, 38). É o próprio Concílio que também afirma a existência de um único projeto de salvação.

– Em sua relação com o mundo, o cristão sabe *integrar a racionalidade humana com a cosmovisão cristã* num único projeto de elevação moral da humanidade em seu conjunto. Não é a confrontação estéril, mas o diálogo mutuamente estimulante a atitude adequada para estabelecer a relação entre a racionalidade moral e convicção de fé, entre filosofia moral e ética teológica. A encíclica *Veritatis Splendor* constata que "em seu testemunho do bem moral absoluto os cristãos não estão sós. Encontram uma confirmação no sentido moral dos povos e nas grandes tradições religiosas e sapienciais do Ocidente e do Oriente, que dão relevância à ação interior e misteriosa do Espírito de Deus" (n. 94).

---

[25] P. GRELOT, *L'Idée de Nature em Théologie Morale: le Temoignage de l'Écriture*: Le Supplément n. 81 (19167) 202-229.

[26] R. COSTE, *Loi Naturelle et Loi Évangelique*: Nouvelle Revue Théologique 92 (19170) 76-89.

[27] M. VIDAL, *¿Existen Verdades Morales Reveladas? Afirmaciones desde la Reflexión Ético-teológica*: Iglesia Viva n. 233 (2008) 95-102.

– *Esta presença do Espírito* é que justifica a validade do paradigma integrador para entender e viver a relação do cristão com a sociedade. O Concílio apela à presença e à ação misteriosas do Espírito de Deus para destacar a integração harmoniosa do "fermento evangélico" com a "consciência moral" da humanidade no sentido de propiciar uma "irrefreável exigência de dignidade" de todas as pessoas (*GS*, 26).

– Continuando a perspectiva pneumatológica, o paradigma integrador alcança sua máxima expressão no axioma de que *toda a verdade (toda beleza, toda bondade), diga quem queira, vem do Espírito Santo*, é uma afirmação que foi expressa pela primeira vez pelo Ambrosiaster, um misterioso clérigo da Igreja de Roma na época do papa Dâmaso (366-384), talvez um convertido do judaísmo ao cristianismo, cujo nome foi eliminado até de seus próprios escritos[28]. Esse axioma foi repetido muitas vezes ao longo da tradição teológica. Tomás de Aquino utilizou-o em 16 ocasiões, com três significados: toda verdade (ontológica e lógica) vem de Deus; Deus se manifesta de algum modo, através da verdade; as verdades religiosas, mesmo as naturais, estão orientadas a Cristo[29].

– Uso correto

Para que as funcionalidades positivas apontadas sejam verificadas no paradigma integrador, convém indicar alguns perigos no uso do mesmo, do qual aponto de forma telegráfica unicamente dois:

---

[28] Sobre a identificação do Ambrosiaster, veja os estudos já antigos: G. MORIN, *L'Ambrosiaster et le Juif Converti Isaac*: Revue d'Histoire et de Littérature Religieuse 4 (1899) 97-121; ID., À Propos du Case de l'Ambrosiaster: Revue Bénédictine 40 (1928) 251-255; A. SOUTER, *A Study of Ambrosiaster* (Cambridge, 1905); C. MARTINI, *Ambrosiaster. De Auctore, Operibus, Theologia* (Roma, 1944).

[29] S. TH. BONINO, *"Toute verité, quel que soit celui qui la dit, vient de l'Esprit Saint*: Autour d'une citation de l'Ambrosiaster dans le corpus thomasien*: Revue Thomiste 106 (2006) 1001-1047. Em I-II, q. 109, a. 1 ad 1, Tomás de Aquino diz: "Toda verdade, quem quer que a diga, procede do Espírito Santo quando infunde em nós a luz natural e nos move para entender e expressar a verdade". Este texto tomista é recolhido e comentado por João Paulo II na encíclica *Fides et Ratio*.

– Mesmo "integrando" a verdade humana no conjunto da cosmovisão cristã é preciso continuar respeitando a *autonomia* do humano. A rápida "sacralização" (cristianização) dos movimentos históricos, das instâncias sociais, dos valores humanos costuma ser uma fácil tentação no paradigma integrador. É necessário estar atentos para afastar ou vencer esta tentação.

– O dinamismo de "integração" não pode ser entendido nem executado na perspectiva de poder, mas como um exercício de serviço. Articular o cristão com o humano não é "dominar" o segundo pelo primeiro, ou melhor, é colocar a cosmovisão cristã a serviço para iluminar, consolidar e desenvolver o genuinamente humano no interior da história.

3

O PARADIGMA DE SUPERAÇÃO

Aconfrontação é o traço próprio do paradigma martirial; o paradigma integrador se constitui através dos dinamismos de *reconhecimento* e de *aceitação*. O que determina a existência do paradigma de superação é, de um lado, a encarnação na situação comum ("ser" e "fazer" como outro qualquer) e, de outro, o afã de excelência e assim poder se colocar mais além do exigido pela normativa comum, tentando desta maneira ser "alma" – luz e fermento – para todo o "corpo" social.

1. Verificação histórica

Ao centrar nossa reflexão na consideração sobre o valor exemplificador dos textos em que foi formulada a relação dos cristãos com a sociedade na época pré-constantiniana, seria imperdoável não recorrer à *Carta a Diogneto*, uma das expressões de maior beleza e de mais intensa inspiração e originalidade entre as que apareceram nessa etapa.

– Aproximação Geral

A *Carta* ou *Escrito a Diogneto*, às vezes catalogado entre os Padres Apostólicos, é propriamente uma apologia do cristianismo[1]. Composto provavelmente na Alexandria, em fins do século II (por volta dos anos 190-200, sob o mandato do imperador Septimio Severo), o escrito adota a forma de uma carta, dirigida a Diogneto, um personagem importante da administração romana (talvez o grande administrador dos bens dos templos do Egito, com o título de *archiereus,* mas sem funções propriamente religiosas). Para sua autoria foram propostos diversos nomes (Justino, Quadrato, Aristides, Teófilo de Antioquia, Meliton de Sardes, Clemente de Alexandria etc.), mas nenhum deles oferece dados suficientes para justificá-la. O que apresenta maior probabilidade é Panteno, o iniciador da escola de catecúmenos de Alexandria. Em todo caso, é mais seguro considerá-la como obra de autor desconhecido[2]. O escrito apresenta muitas interrogações em nível de crítica textual, nas quais não precisamos entrar aqui e agora[3]. De forma breve, farei alusão a suas fontes e organização temática.

A *Carta a Diogneto* é muita rica na variedade de fontes de que se serve. São abundantes as alusões ao Antigo e Novo Testamentos. Discute-se também se sua teologia é de marca pau-

---

[1] Foi descoberta no século XV e publicada pela primeira vez em 1592, edição tida por "princeps", a qual se seguiram muitas outras (Sailer em 1800, Otto em 1876, Bihlmeyer em 1924 etc.). Edições castelhanas: *Padres Apostólicos y Apologistas Griegos (século II).* Introdução, notas e versão espanhola por DANIEL RUIZ BUENO. BAC 629 (Madri, 2002) 617-663 (texto: pp. 652-663); *Padres Apostólicos.* Introdução, tradução e notas de JUAN JOSÉ AYÁN. Ciudad Nueva (Madri, 2000) 531-572 (texto: p. 555-572). Edição Francesa: H. I. MARROU, Épitre à Diognète. SC 33 bis (Paris, 2005, 1951). Edição alemã: H. E. LONA, *Na Diognet* (Friburgo – Basileia – Viena, 2002).

[2] Alguns estudos de caráter geral: R. BRÄNDLE, *Die Ethik der "Schrift na Diognet"* (Zurique, 1975); M. PERRINI, *A Diogneto. Alle Sorgenti Dell'esistenza Cristiana* (Brescia, 1984); P. F. BEATRICE, *Der Presbyter des Irenäus, Polikarp von Smyrna und der Brief na Diognet*: compostellanum 34 (1989) 135-158; E. CATTANEO, *L'enigma dell'Ad Diognetum*: Rassegna di Teologia 32 (1991) 327-332; N. J. STONE WILKINSON, *La Palabra y la Comunidad. Un Estudio Retórico de la "Carta aos Efesios" de San Ignacio de Antioquía y la "Carta a Diogneto"*: Teología y Vida 37 (1996) 239-257; L. MEULENBERG, *A "Carta a Diogneto". Um Diálogo Aberto*, Atualização 30 (2000) 387-402.

[3] Ver os dados oferecidos em: H. E. LONA, *El Discurso a Diogneto. Estado de la Cuestión*: Proyecto 13 (2001) 5-51 (estes dados são encontrados também na edição alemã que o autor fez do texto que foi citado na nota precedente).

lina ou joanina, pelo fato de apresentar referências a uma e de outra. A dependência da restante tradição apologética cristã é também volumosa (especialmente do *Kerygma Petri*, de Aristides e de Justino). Embora sem dados conclusivos, quis-se ver também a aproximação do texto com o pensamento gnóstico, considerando o autor como pertencente ao círculo do gnóstico Valentim[4].

É notável que o discurso a Diogneto não contenha referências explícitas à filosofia clássica. Somente no capítulo 8,2 fala-se explicitamente de filósofos, mas com uma expressão muito negativa, ao mencionar seus "discursos vazios e néscios". Todavia, deve-se considerar que esta crítica não é absoluta, mas está se referindo a opiniões filosóficas que identificavam a realidade de Deus com o fogo, a água ou algum outro dos elementos[5].

Tem sido questionada a unidade literária de todo o conjunto, bem como a autenticidade dos dois últimos capítulos (cc. 11-12), por questões de linguagem e também do próprio conteúdo[6]. Embora estas razões tenham certo valor, no geral, todas as partes do escrito são consideradas como um texto único.

– Os cristãos no mundo

Devido a sua singular forma de composição, o autor da Carta a Diogneto não desenvolve uma exposição de modo sistemático, mas na base de "blocos" bem definidos que vão se sucedendo, sem que o tema anterior seja retomado no seguinte. O segundo bloco se refere à presença dos cristãos no mundo (cc. 5-6) e, correspon-

---

[4] S. PÉTREMENT, *Valentin, Est-il L'auteur de l'Épître à Diognète?*: Revue d'Histoire et de Philosophie Religieuses 46 (1966) 34-62.

[5] R. JOLY, *Christianisme et Philosophie.* Études sur Justin et les Apologistes Grecs du Deuxième Siècle (Bruselas, 1973) 202-220.

[6] M. RIZZI, *La Questione Dell'unità dell'Ad Diognetum* (Milão, 1989).

de à passagem mais original e que tem causado maior impacto ao longo da história. O conjunto dos dois capítulos está construído de forma dialética: os cristãos são como os demais (c. 5), mas ultrapassam a todos, uma vez que sem eles os demais seriam como um "corpo" sem "alma" (c. 6). Essa tensão é a consequência normal da identidade do grupo que é definido no capítulo 1 como uma "nova raça" ou um "novo gênero de vida". A partir destas três perspectivas aludidas, que passamos a comentar, configura-se o paradigma de superação proposto pela Carta a Diogneto.

– *Os cristãos constituem uma "raça nova"* (*kainòn toûto génos*) (c. 1). Esta "autoconsciência" de ser uma forma nova de vida tem para os leitores de hoje uma conotação positiva; contudo, para os cristãos daquela época supunha ter de "defender-se", posto que na ocasião a grande tradição era um critério de garantia para qualquer proposta de sabedoria religiosa ou filosófica[7].

Outros textos apologéticos do século II falam dos cristãos como uma "terceira raça" (*tríton génos*). Esta caracterização aparece pela primeira vez no *Kerygama Petri* ou *Anúncio de Pedro*, um texto apologético transmitido de forma fragmentária por Clemente de Alexandria. Foi desenvolvida por Aristides em sua *Apologia* (16,4)[8], na qual os humanos são divididos em três grupos: os pagãos, os judeus e os cristãos. Estes últimos constituem o *tríton génos*, distinto dos outros dois grupos, não eram romanos nem judeus, que constituíam um "segundo gênero". Os cristãos eram algo diferente, pois não havia categoria humana em que pudessem ser enquadrados. O próprio Tertuliano teve de demonstrar que os cristãos eram da mesma natureza dos demais seres humanos, posto que havia no Império quem duvidasse disso[9].

---

[7] G. BARDY, *La Conversión al Cristianismo durante los Primeros Siglos* (Madri, 1961), 188-195.

[8] Edição castelhana: D. RUIZ BUENO, *Padres Apologistas Griegos* (século II) (Madri, 1954) 117-147. Edição Francesa: ARISTIDE, *Apologie*. Édition par M.-J Delage, B. Outtier et B. Puderon. SC 470 (Paris, 2002).

[9] *Ibidem*, c. 16: "Licet extranei a turbis aestimemur".

– *Os cristãos não se distinguem dos demais* (c. 5). O texto apresenta tal frescor que é preferível a leitura direta a qualquer comentário.

> Os cristãos, com efeito, não se distinguem dos outros seres humanos nem por sua terra, nem por sua fala, nem por seus costumes. Porque nem habitam cidades exclusivas, nem falam uma língua estranha, nem levam uma vida separada dos demais (...), mas habitando cidades gregas ou bárbaras, de acordo com a sorte que coube a cada um e, adaptando-se nas vestes, comidas e demais elementos da vida aos usos e costumes de cada país, mostram um modo peculiar de conduta, admirável e, por confissão de todos, surpreendente. Habitam sua própria pátria, mas como forasteiros; participam de tudo como cidadãos e tudo suportam como estrangeiros; toda terra estranha é para eles pátria, e toda pátria, terra estranha. Casam-se como todos; como todos geram filhos, mas não expõem os que lhes nascem. Põem a mesa comum, mas não o leito. (...) Obedecem às leis estabelecidas, mas com sua vida ultrapassam as leis (...).

É difícil encontrar nos textos cristãos primitivos formulação tão nítida como esta sobre a encarnação dos cristãos na cidadania humana comum. Tertuliano, que escreve em torno do ano 197, tentando defender os cristãos ante os ataques dos pagãos, assume a mesma postura ao afirmar: "Nós, os cristãos, não vivemos à margem deste mundo; frequentamos, como vós, os mercados, o foro, as oficinas, os banheiros, as tendas, as praças públicas; somos marinheiros, soldados, agricultores, comerciantes; nós pomos nosso trabalho e nossa indústria ao vosso serviço"[10].

– *Os cristãos são como a "alma" do "corpo" social* (c. 6). O que a alma representa para o corpo (*en sômati psyché*) é o que significa a presença dos cristãos para a sociedade. O autor constrói a imagem fazendo um transbordo de significado do corpo "individual" para o "corpo" social. Eis o essencial do texto:

---

[10] *Apologeticum*, c. 42.

> "Para falar brevemente, o que é a alma para o corpo, são os cristãos para a sociedade. A alma está difundida por todos os membros do corpo, e os cristãos por todas as cidades do mundo. A alma habita o corpo, mas não procede dele; assim também os cristãos habitam no mundo, mas não são do mundo (...). Esse é o papel que Deus lhes determinou e não lhes é lícito dele desertar".

A imagem é ampliada ao longo de todo o capítulo 6 de forma que as afirmações sejam desenvolvidas tendo como referência uma determinada concepção antropológica, que é uma mistura de diversas tendências filosóficas, tendo o platonismo e o estoicismo como as duas principais correntes[11]. A confluência de tão variados afluentes tem como resultado uma concepção antropológica de exagerado dualismo, muito favorável à "alma" e com evidente menosprezo do "corpo". O autor da Carta a Diogneto constrói sobre essa base antropológica a função dos cristãos (*alma*) na sociedade (*corpo*).

Não existe unanimidade entre os intérpretes na hora de definir o contexto em que o autor encontrou ou, ao menos, se inspirou para utilizar a imagem da "alma" a fim de expor a função dos cristãos no "corpo" social. Para alguns, esse contexto é o do uso que se fazia da imagem alma para indicar a função do filósofo (*alma do mundo*) e, depois, do governante (*alma da sociedade*)[12]. Para outros, a Carta a Diogneto toma a imagem do contexto cristão do Sermão da Montanha ("vós sois o sal da terra; vós sois a luz do mundo: Mt 5,13-16), chegando a sugerir, deste modo, a dimensão de oferenda cultual que tem a existência cristã[13].

De qualquer forma, tanto numa como noutra interpretação, compreende-se a função dos cristãos no mundo com os traços de *excelência* e de *superioridade*. Como disse H. I.

---

[11] Veja o estudo das correntes de pensamento que o autor de Diogneto utiliza para expor a função da alma no corpo em J. J. AYÁN, *Padres Apostólicos...*, 546-547.

[12] R. JOLY, *op. cit.*, 210-216.

[13] H. I MARROU, *op. cit.*, 147.

Marrou, trata-se de "uma fórmula densa, que sugere mais do que diz e que se oferece à meditação como um tema capaz de variações, transposições e modulações indefinidas"[14].

2. Atualização

A orientação do discurso a Diogneto tem sido recordada muitas vezes em escritos teológicos recentes. Restringir-me-ei ao uso que o Concílio Vaticano II fez desse escrito. Além de uma referência em contexto cristológico[15], o Concílio assume a dupla afirmação que se encontra na Carta a Diogneto sobre a forma da presença dos cristãos no mundo.

De um lado, apropria-se da afirmação de que os cristãos são cidadãos normais: "Os cristãos, provenientes de todos os povos e reunidos em Igreja, 'não se distinguem dos outros homens nem pelo país, nem pela língua, nem pela organização política' (*Epist. Ad Diognetum, 5*); devem, por isso, viver para Deus e para Cristo segundo os usos do seu próprio povo; cultivem verdadeira e eficazmente, como bons cidadãos, o amor da pátria, mas evitem absolutamente o desprezo pelas outras raças, o nacionalismo exagerado, e promovam o amor universal dos homens"[16].

Por outro lado, o Concílio também recolhe a afirmação da condição peculiar dos cristãos no mundo: "Cada leigo deve ser, perante o mundo, uma testemunha da ressurreição e da vida do Senhor Jesus e um sinal do Deus vivo. Todos em conjunto, e cada um por sua parte, devem alimentar o mundo com frutos espirituais (cf. Gl

---

[14] *Ibidem*, 174.

[15] O Concílio cita o texto do discurso a Diogneto em que Jesus Cristo é definido como o "homem enviado aos homens" (*Epist. Ad Diognetum*, 7,4): *Dei Verbum*, 4.

[16] *Ad Gentes*, 15.

TEOLOGIA PÚBLICA E O CONCÍLIO VATICANO II – Um "novo modo" de ser cristão no mundo

5,22) e nele difundir aquele espírito que anima os pobres, mansos e pacíficos, que o Senhor no Evangelho proclamou bem-aventurados (cf. Mt 5, 3-9). Numa palavra, 'sejam os cristãos no mundo aquilo que a alma é no corpo' (*Epist. Ad Diognetum,* 6)"[17].

3. Aplicação

O paradigma de superação presente na Carta a Diogneto concita uma aceitação plena por tendências ideológicas díspares, contanto que seja reduzido a uma das polaridades da tensão que se configura o modelo de relação dos cristãos com a sociedade. Mas se torna e difícil aceitar o paradigma em toda a sua configuração dialética.

– As tendências de caráter "progressista" enfatizam o valor das afirmações do capítulo 5 da Carta a Diogneto: "Os cristãos não se distinguem dos demais". A partir dessa perspectiva é lançada luz sobre questões perenes da fé cristã: a função do cristão no mundo aceitando a secularidade deste; a especificidade da ética cristã em relação com outros sistemas morais; a incorporação da racionalidade ou do "logos seminal" no discurso da fé ou do "logos total".

– De outro lado, as tendências de corte "conservador" destacam a importância da outra polaridade exposta no capítulo 6: "Os cristãos são como a 'alma' para o 'corpo' social". Partindo dessa perspectiva, isolada da anterior, é fácil propiciar uma compreensão do cristianismo como uma vida de "maior" excelência, de meios "autossuficientes" e de necessária "referência iluminadora" para o resto da sociedade.

Do meu ponto de vista, a síntese, ainda que difícil, é possível. Será alcançada desde que a dupla afirmação se realize não através da dinâmica do "poder", mas através da oferta do "ser-

---

[17] *Lumen Gentium,* 38.

viço". Os cristãos não são a "alma" do mundo para dominá-lo e para nele implantar a única "cidadania" cristã. O cristianismo deve continuar sendo o lugar de onde se faz presente a genuína oferta de salvação e de onde os seres humanos possam descobrir os "desvios" da religião (tanto as "idolátricas" dos pagãos como as "legalistas" e "autossuficientes" dos judeus) e o "ideal" de mundo secular e autônomo, mas ao mesmo tempo reconciliado pela graça da salvação transcendente[18].

---

[18] Em sentido parecido, veja a hermenêutica da Carta a Diogneto que faz: P. MÜLLER, *Die Christen als "Seele der Welt". Zur Aktualisierung eines Leitgedankens aus dem Schreiben an Diognet*: Theologie Gegenwart 46 (2003) 211-222.

4
PARA UM PARADIGMA DE "RESSOCIALIZAÇÃO COMPLEXA"

A partir do ponto de vista teórico, para mim torna-se difícil optar por um ou outro dos três paradigmas analisados, caso esta escolha comporte a exclusão dos outros dois restantes. Inclino-me mais a pensar a relação do cristão com a sociedade atual com elementos tomados dos três paradigmas, articulados em um novo que denomino paradigma de "ressocialização complexa". Devido à amplitude da presente reflexão, oferecerei somente alguns traços deste novo paradigma.

– A Socialização do Cristianismo

Entendo por *socialização* do cristianismo não a sua dimensão comunitária interna (o que H. de Lubac denominava "aspectos sociais do dogma"), mas a forma dele se fazer presente e interagir com a sociedade. Paulo constitui um elevado exemplo de "socialização do povo messiânico"[1]. Mais adiante, a socialização se concretizará na "penetração" do cristianismo nos diversos estratos sociais e nos variados ambientes geográficos e humanos. Sabemos, por exemplo, que a primeira socialização cristã foi de caráter urbano, sendo mais tardia a penetração do cristianismo no campo. Também se deve destacar a penetração

---

[1] S. VIDAL, *El Proyecto Mesiánico de Pablo* (Salamanca, 2005) 285-324.

inicial do cristianismo nas classes elevadas, sem descartar os grupos marginais[2]. Por outro lado, a socialização do evento cristão não se reduz às formas de vida correspondentes aos diversos estratos sociais, porque ele penetra também nas manifestações do espírito humano: cultura, arte, pensamento etc.[3].

– Necessidade de superar o paradigma de "Igreja constantiniana"

Sou de opinião que a existência cristã na sociedade atual precisa de uma nova socialização e, por isso, falo de "ressocialização". Para isso, é preciso superar plenamente a socialização precedente, chamada de socialização constantiniana, definida por duas características básicas: 1) A *sacralização* do humano, não reconhecendo sua "autonomia" (*GS*, 36). 2) A *confessionalização* do poder político, opondo-se ao princípio de "laicidade" (*GS*, 76). Com muitos outros, continuo pensando que essas duas orientações do Vaticano II (reconhecimento da "autonomia" do humano e aceitação da "laicidade" do poder político) ainda não alcançaram uma suficiente realização no catolicismo atual.

– Socialização "complexa"

Não concebo a nova socialização (*ressocialização*) em parâmetros simples, mas complexos; não me inclinando, em geral, a favor de uma hermenêutica de paradigma simples, mas de paradigma complexo. Por isso falo de uma ressocialização

---

[2] M. R. SALZMAN, *The Making of Christian Aristocracy. Social and Religion Changes in the Western Roman Empire* (Cambridge, Massachusetts, 2002).

[3] M. SOTOMAYOR, *El arte en el Cristianismo Antiguo*: M. SOTOMAYOR – J. FERNÁNDEZ UBIÑA (ed.), Historia del Cristianismo. I. El Mundo Antiguo (Madri, 2005) 869-905; A. VIANO, *Cristianismo y su Inculturación en el Imperio Romano* (Murcia, 2007).

"complexa", na qual o cristianismo e a sociedade, enquanto sujeitos que se relacionam, não são simples, mas complexos. De um lado, o *cristianismo* é Igreja oficial, comunidades cristãs, vida religiosa, comunidade teológica, cristãos carismáticos etc. De outro, a *sociedade* é Estado (com suas várias expressões), instâncias sociais (culturais, econômicas, laborais, recreativas etc.), grupos intermediários, cidadãos etc. A relação entre estes dois sujeitos, tão complexos entre si, só pode se dar de forma muito variada. Infelizmente, a relação da Igreja oficial com o Poder político costuma quase sempre ficar com a parte mais importante, eliminando ou calando outras múltiplas e ricas relações entre o cristianismo e a sociedade.

– Tensão entre "contestação" e "acomodação"

Creio que a tensão entre "contestação" e "acomodação" é a orientação que deve reger a nova socialização do cristianismo, uma vez que esta também foi a lei que regeu o comportamento dos cristãos dos três primeiros séculos. Evidentemente, o cristianismo foi e deve continuar sendo um fator de "contestação" frente à ordem estabelecida, pois não teria, de outra forma, explicação nem histórica nem teológica, a novidade ou singularidade do fato cristão. Mas essa afirmação não tem de ser radicalizada a tal ponto que impeça a visão de outros dados objetivos: o diálogo inegável entre o cristianismo e seu contexto social.

A dupla estratégia mencionada está em função de um mesmo objetivo: tornar a fé cristã significativa na realidade histórica concreta. Por um lado, o cristianismo é uma mensagem de "novidade" e, consequentemente, tem um dinamismo de "contraculturalidade". Mas, por outro, o cristianismo apresenta uma pretensão de universalidade e, por isso, tem de se adaptar a todas e a cada uma das situações históricas concretas. A urgência ineludível da significação histórica do cristianismo a partir dos imperativos da radicalidade e da universalidade introduziu nele, desde seus começos, a necessária tensão entre "rejeição" e "acomodação".

É fácil observar a função contracultural do cristianismo ao longo da história. Também, verifica-se facilmente sua capacidade de adaptação. No entender de uma historiadora do cristianismo antigo, "provavelmente um dos paradoxos mais apaixonantes da história seja a habilidade sem limites dos cristãos para rever seu próprio discurso e adaptá-lo às necessidades das comunidades crescentes e de sua paralela institucionalização, o que em termos sociológicos, é conhecida como a passagem de seita para Igreja"[4].

Como expressão dessa lei de tensão entre "acomodação" e "rejeição", que rege a correta relação do cristianismo com a sociedade, quero recolher como afirmação conclusiva a densa e formosa expressão que a Carta a Diogneto utiliza em 5,10: "Obedecem às leis estabelecidas, mas com sua vida ultrapassam as leis" (*nikôsi tous nómous*). O verbo "vencer" (*nikáô*) indica aqui a excelência de alguém que é capaz de "adiantar" e de "ser o primeiro" na corrida, conquistando assim o prêmio do "vencedor". De acordo com a Carta a Diogneto, os cristãos, sem se negar a obedecer às leis estabelecidas, com seu próprio comportamento (*tois idíois bíois*) vão além do exigido por essas leis.

Esse é o caminho adequado para a experiência cristã percorrer, pessoal e eclesialmente, numa sociedade "oficialmente" não cristã. Por isso, considerando os diferentes matizes que foram refletidos nas páginas precedentes, por fim, escolho o modelo de relação que descrevi através do paradigma de "superação".

---

[4] E. MUÑIZ, *La Cristianización de la Reliosidad Pagana. Cristianos y Paganos frente a la Muerte*: E. MUÑIZ – R. URÍAS (ed.), Del Coliseo al Vaticano. Claves de Cristianismo Primitivo (Sevilha, 2005) 139.

IV
COMPLEMENTOS BIBLIOGRÁFICOS E TEMÁTICOS

IV- COMPLEMENTOS BIBLIOGRÁFICOS E TEMÁTICOS

1. Bibliografia sobre o Vaticano II

A bibliografia sobre o Concílio Vaticano II é amplíssima. Existem boletins bibliográficos nos quais, sem pretensão de ser exaustivos, alude-se aos títulos de maior relevância. Por exemplo:

G. CAPRILLE, *Saggio de Bibliografia sul Vaticano II*, 3 vol. (Roma, 1963-1965).

Boletins bibliográficos de M. FAGGIOLI em: Cristianesimo nella Storia 24 (2003) 335-360, 26 (2005) 743-767; 29 (2008) 567-610; 32 (2011) 755-791.

G. ROUTHIER e COLABORADORES, *Recherches et Publications Récentes autour du Vatican II*: Laval Théologique e Philosophique 61 (2005) 613-653; 64 (2008)627-640, 783-824.

A. MODA, *Invito alla Lettura. Per una Rivistazione dei testi Conciliari*: Credere Oggi 26 (2006) n. 151, 151-161.

G. ROUTHIER, *Vatican II. Instruments de Travail en vue d'une Herméneutique des Textes Concilaires*: Transversalités n. 121 (2012) 103-113.

Nas indicações subsequentes, destacamos os títulos correspondentes às áreas de estudo mais significativas do evento conciliar.

2. Fontes: As atas

Acta et Documenta Concilio Oecumenico Vaticano II apparando. Series I (Antepraeparatoria), 16 vol. (Cidade do Vaticano, 1960-1961).

Acta et Documenta Concilio Oecumenico Vaticano II apparando. Series iI (Praeparatoria), 8 vol. (Cidade do Vaticano, 1962-1994).

Acta Synodalia Sacrosancti Concilii Oecumenici Vaticani II, 28 vol. (Cidade do Vaticano, 1970-1991)

V. Carbone ficou encarregado da edição de todas as Atas.

Sobre a edição das Atas do Concílio:

V. CARBONE, *Genesi e Criteri della Pubblicazione degli Atti del Concilio Vaticano II*: Lateranum 44 (1978) 579-594; ID., *L'Archivio del Concilio Vaticano II*: Archiva Ecclesiae 34/35 (1991/1992) 57-67.

U. BETTI, *A Proposito degli Acta Synodalia*: Antonianum 56 (1981) 3-42.

G. LEFEVRE, *Les Actes du Concile Vatican II*: Revue Théologique de Louvain 11 (1980) 186-200, 325-351.

Algumas intervenções conciliares:
Discursos Conciliares. Editados por Y. Congar, H. Kung e D. O'Hanlon (Madri, 1964).

3. Documentos

Edição oficial: *Sacrosanctum Oecumenicum Concilium Vaticanum II, Constitutiones. Decreta. Declaraciones* (Cidade do Vaticano, 1966). O texto latino dos documentos também apareceu em Acta Apostolicae Sedis.

Os documentos (constituições, decretos, declarações, bulas, discursos papais, mensagens) foram traduzidos em inúmeros idiomas. Destacamos duas destas edições:

* Tradução ao espanhol: *Concilio Ecuménico Vaticano II, Constituciones, Decretos y Declaraciones*. Edição bilíngue publicada pela Conferência Episcopal Espanhola (Madri, 2004).

* Tradução ao italiano: *Il Concilio Vaticano II. Edizione del Cinquantesimo. Enchiridion Vaticanum 1* (Bolonha, 2012), com *posfácio* do teológo jesuíta francês Ch. Theobald, reproduzido também em: Il Regno-Attualità 57 (2012) n. 1125, 385-390.

4. Instrumentos para analisar os documentos

ISTITUTO PER LE SCIENZE RELIGIOSE, *Indices Verborum et Locutionum Decretorum Concilii Vaticani II* (Bolonha, 1968-1980).

P. DELHAYE – M. GUERET – P. TOMBEUR (ed.), *Concilium Vaticanum II. Concordance, Index, Listes des Fréquences, Tables Comparatives* (Lovaina, 1977).

G. ALBERIGO – F. MAGISTRETTI (ed.), *Constitutionis Dogmaticae "Lumen Gentium" – Synopsis Historica* (Bolonha, 1975).

F. GIL HELLÍN (ed.), *Constitutio Dogmatica de Divina Revelatione. Synopsis* (Cidade do Vaticano, 1993).

ID (ed.), *Concilii Oecumenici Vaticani II. Synopsis "Gaudium et Spes"* (Cidade do Vaticano, 2003).

5. Crônicas, diários, memórias

Crônicas: N. Camels, Y. M. Congar, H. Fesquet, R. Laurentin, R. Rouquette, A. Wenge, J. L. Martín Descalzo, C. Calderón, R. M. Wiltgen, X. Yenne, M. von Galli-B. Moosbrugger e outras muitas. Destaca-se: G. CAPRILE, *Il Concilio Vaticano II. Cronache del Concilio Vaticano II,* 5 vol. (Roma, 1966-1969).

Diários: Y. M. Congar, H. de Lubac, S. Tromp, U. Betti, E. Balducci, O. Semelroth, N. Edelby, M.-D. Chenu e outros muitos.

Memórias e Notas: L. J. Suenens, G. Philips, J. Willebrands, D. Hurley, E. Schillebeeckx e outras muitas.

Fundos (no estilo de arquivos pessoasi): A. Liénart, J. Argaya, J. Le Cordier, P.-É Léger, K. Rahner, B. Häring, P. Haubtmann etc.

Comentários sobre alguns dos personagens mencionados:
S. MADRIGAL, *Memoria del Concilio. Diez Evocaciones del Vaticano II* (Mardi – Bilbao, 2005). ID., *Karl Rahner y Joseph Ratzinger, tras las Huellas del Concilio* (Santander, 2006). ID., *Tiempo del Concilio. El Vaticano II en los Diarios de Ives Congar y Henri de Lubac* (Santander, 2009). ID., *El Vaticano II en el "Diario" de Sebastian Tromp*: Razón y Fe 260 (2009) 265-282. ID., *El Vaticano II en el Diario Conciliar de Otto Semmelroth*: Estudios Eclesiásticos 87 (2012) 105-164.

Reedição de algumas "crônicas" da época do Concílio:
VÁRIOS, *Vatican II. Histoire et Actualité d'un Concile* (Paris, 2010). Textos publicados inicialmente na revista Études.

6. O Vaticano II nas histórias da teologia

E. VILANOVA, *Historia de la Teología Cristiana, III* (Barcelona, 1992), 906-943 ("El Concilio Vaticano II").

R. FISICHELLA (ed.), *Storia della Teologia, 3* (Roma – Bolonha, 1996) 617-636 ("La Teologia del Vaticano II").

B. MONDIN, *Storia della Teologia, 4* (Bolonha, 1997) 589-621 ("Il Concilio Vaticano II e la Teologia").

7. História do Concílio Vaticano II

Sobre as formas de fazer história do Vaticano II:
G. ALBERIGO, *El Vaticano II y su Historia*: Concilium n. 312 (2005) 13-25.

Tem de se destacar a obra dirigida por
G. ALBERIGO (ed.), *Storia del Concilio Vaticano II, 5 vol.*(Bolonha, 1995-2001) com tradução para muitos idiomas. Tradução espanhola: *História del Concilio Vaticano II*, 5 vol. (Salamanca, 1999-2008).

Outras histórias:

A. STACPOOLE, *Vatican II by those Who Were There* (Londres, 1986).

X. RYNNE [F. Xavier Murphy, C.Ss.R], *Vatican Council II* (Nova York, 1999).

G. ALBERIGO (ed.), *Breve Historia del Concilio Vaticano II (1959-1965)* (Salamanca, 2005).

G. O'COLLINS, *Living Vatican II. The 21st. Council for the 21st. Century* (Nova York, 2006).

J. W. O'MALLEY, *What Happened at Vatican II* (Cambridge, Massachusetts, 2008) = *L'Évenement Vatican II* (Bruxelas, 2011) = ¿Qué Paó en el Vaticano II? (Santander, 2012).

J. MORALES, *Breve Historia del Vaticano II* (Madri, 2012).

CH. PEDOTTI, *La Bataille du Vatican II (1959-1965). Les Coulisses du Concile qui a Changé l'Église* (Paris, 2012).

D. MOULINET, *Vatican II Raconté a Ceux qu ne l'ont pas Vécu* (Paris, 2012).

8. História da redação dos documentos (seleção)

(*PO*): R. WASSELINCK, *Les Prêtres*. Élaboration du Décret du Vatican II (Paris, 1968); P. J. CORDES, *Inviati a Servire. "Presbyterorum Ordinis". Storia, Esegesi, Temi, Sistematica* (Casale Monferrado, 1990).

(*NA*): M. RUOKANEN, *The Catholic Doctrine of Non-christian Religions accordin to Second Vatican Council* (Leiden, 1992).

(*LG*): G. PHILIPS, *La Chiesa e il suo Mistero. Storia, Texto e Commento della "Lumen Gentium"* (Milão, 1993).

(*IDV*): R. BURIGANA, *La Bibbia nel Concilio. La Redazione della Costituzione "Dei Verbum" del Vaticano II* (Bolonha, 1998).

(*GS*): G. TURBANTI, *Un Concilio per il Mondo Moderno. La Redazione della Costituzione Pastorale "Gaudium et Spes" del Vaticano II* (Bolonha, 2000).

(*OT*): A. GREILER, *Das Konzil und die Seminare. Die Ausbildung der Priester in der Dynamik des Zweiten Vatikanums* (Lovaina, 2003).

(*DH*): S. SCATENA, *La Fatica della Libertà. L'elaborazione della Dichiarazione "Dignitatis Humanae" sulla Libertà Religiosa del Vaticano II* (Bolonha 2003).

(*CD*): M. FAGGIOLI, *Il vescovo e il Concilio. Modello Episcopale e Aggiornamento al Vaticano II* (Bolonha, 2005).

IV– COMPLEMENTOS BIBLIOGRÁFICOS E TEMÁTICOS

9. Comentários dos documentos conciliares (seleção)

Revisem com interesse especial os volumes da coleção *Unam Sanctam* (volumes 51, 60, 61, 62, 64, 65, 66, 67, 68, 70, 74, 75 e 76) de Éditions du Cerf, Paris. Muitos destes comentários foram traduzidos ao espanhol, com destaque para os comentários a *Lumen Gentium* (2 vol., Barcelona, 1967), *Gaudium et Spes* (3 vol., Madri, 1970) e *Sacrosanctum Concilium* (Madri, 1969).

O Editorial Católico (BAC) publicou também comentários à Constituição sobre a Liturgia (Madri, 1965, BAC 238); à Constituição sobre a Igreja (Madri, 1966, BAC 253); à Constituição sobre a Revelação (Madri, 1969, BAC 284) e ao Decreto *Optatam Totius* (Madri, 1970, BAC 309).

O Editorial Herder publicou o comentário de H. Schmidt sobre a Constituição sobre a Sagrada Liturgia (Barcelona, 1967).

Pode-se destacar também o comentário à *Dei Verbum* dirigido por L. Alonso Schöckel (Bilbao, 2004), o comentário à *Lumen Gentium* realizado por G. Philips (Barcelona, 1968) e o dedicado à *Ad Gentes* por S. Hernández (Madri, 1966).

LEXIKON FÜR THEOLOGIE KIRCHE, *Das Zweite Vatikanische Konzil. Dokumente und Kommentare*, 3 vol. (Friburgo, 1966-1968), onde cada texto conciliar (no original latim e em alemão) é comentado detalhadamente.

P. HÜNERMANN B. J. HILBERATH (ed.), *Herders Theologischer Kommentar*, 5 vol. (Friburgo, 2004-2006).

10. Estudos sobre o significado eclesial e teológico do Vaticano II

Estudos Individuais

H. RONDET, *Vaticano II. El Concilio da Nova Era* (Bilbao, 1970).

G. MARTELET, *Les Idées Maîtresses de Vatican II* (Paris, 1967, 2012). ID., *N'oublions pas Vatican II* (Paris, 1995, 2010).

H. JEDIN, *Vatikanum II und Tridentinum* (Colônia, 1968).

J. THOMAS, *Le Concile Vatican II* (Paris, 1989).

O. H. PESCH, *Das Zweite Vatikanische Konzil. Vorgeschichte. Verlauf. Ergebnisse. Nachgeschichte* (Wüsburg, 1994) = *Il Concilio Vaticano II. Preistoria, Svolgimento, Risultati, Storia Post-conciliare* (Brescia, 2005).

J. M. ROVIRA, *Vaticano II. Un Concilio para el Tercer Milenio* (Madri, 1997). ID., *El Concilio Vaticano II. Su Significación*: Phase 52 (2012) n. 310, 315-328.

P. HÜNERMANN, *Das II Vatikanum* (Paderborn, 1998).

V. BOTELLA, *El Vaticano II ante el Reto del Tercer Milenio. Hermenéutica y Teología* (Salamanca, 1999).

P. POUPARD, *Concile Vatican II* (Paris, 2012).

S. MADRIGAL, *Vaticano II. Remembranzas y Actualizaciones* (Santander, 2002). ID., *Unas Lecciones sobre el Vaticano II y su Legado* (Madri, 2012).

J. ESPEJA, *A los 50 Años del Concilio. Camino Abierto para el Siglo XXI* (Madri, 2012).

Estudos coletivos

F.-X. KAUFMANN – A. ZINGERLE (ed.), *Vatikanum II und Modernisierung. Historische, Theologische und Soziologische Perspektiven* (Paderborn, 1996).

M. T. FATTORI – A. MELLONI (ed.), *L'evento e le Decisioni. Studi sulle Dinamiche del Concilio Vaticano II* (Bolonha, 1997).

P. HÜNERMANN (ed.), *Das II. Vatikanum – Christlicher Glaube im Horizont Globaler Modernisierung, Einleitungsfragen* ((Paderborn, 1998).

A. MELLONI – CH THEOBALD (ed.), *Vatican II, un Avenir Oublié* (Paris, 2005).

R. BULMAN – F. J. PERELLA (ed.), *From Trent to Vatican II. Historical and Theological Investigation* (Nova York, 2006).

CH. THEOBALD (ed.), *Vatican II sous le Regard des Historiens* (Paris, 2006).

PH. BORDEYNE – L. VELLEMIN (ed.), *Vatican II et la Théologie. Perspectives pour le XXIe. Siècle* (Paris, 2006).

D. G. SCHULTENOVER (ed.), *Vatican II: Did Anything Happen?* (Nova Yoirk, 2007).

M. L. LAMB – M. LEVERING, *Vatican II. Renewall within Tradition* (Osford, 2008).

A. MELLONI – G. RUGGIERI (ed.), *Chi Ha Paura del Vaticano II* (Roma, 2009).

G. ROUTHIER – G. JOBIN (ed.), *L'autorité et les Autorités. L'herméneutique Théologique de Vatican II* (Paris, 2010).

Concilium n. 346 (2012): "Vaticano II, 50 Años Deuspués". Antes: Concilium 312 (2005): "El Vaticano II. ¿Un Futuro Olvidado?".

Recherches de Science Religieuse 100 (2012) n. 1: "Le Concile Vatican II en Débat".

Razón y Fe 266 (2012) n. 1357: "El Concilio de Juan y Pablo. A los 50 Años del Vaticano II".

Reedição de estudos anteriormente publicados
P. LATHUILIÈRE, *Vatican II, Fruit et Ferment de Prophétisme* (1962): La Documentation Catholique 108 (2011) n. 2463, 240-245.
J. RATZINGER, *Le Catholicisme après le Concile* (1966): La Documentation Catholique 109 (2012) n. 2484, 172-182.
F. KÖNIG, *"Le Concile Est L'affaire de toute l"Église* (1961): La Documentation Catholique 109 (2012) n. 2481, 29-32.

11. Sobre os principais atores do evento conciliar

O Papa João XXIII (1881-1963)
João XXIII deve ser considerado como o principal ator humano tanto da ideia como da realização do Concílio. Sua relação com o Vaticano II é chave decisiva para a compreensão do evento conciliar. Entre os muitos estudos sobre essa relação, destacamos:
G. ALBERIGO – A. MELLONI (ed.), *Fede, Tradizione, Profezia. Studio su Giovanni XXIII e sul Vaticano II* (Brescia, 1984).
J. GROOTAERS, *Actes et Acteurs à Vatican II* (Lovaina, 1998) 3-30: "Jean XXIII à l'origine de Vatican II".
P HEBBLETHWAITE, *Jean XXIII, le Pape du Concile* (Paris, 1988).
G. CARZANIGA (ed.), *Givanni XXIII e il Vaticano II* (Cinisello Balsamo, 2003).
A. J. DE ALMEIDA, *João XXIII, o Papa do Concílio. "Veio um homem enviado por Deus cujo nome era João"*: Revista Eclesiástica Brasileira 71 (2011) 831-860.
A. MELLONI, *Roncalli y "su" Concilio*: Concilium n. 346 (2012) 31-42.
ID., *Papa Giovanni. Un Cristiano e il suo Concilio* (Turim, 2009).

O Papa Paulo VI (1897-1978)

– A atuação do cardeal Montini durante o primeiro período do Concílio foi mais discreta: J. GROOTAERS, *Actes et Acteurs...*, 31-58. Com a morte de João XXIII (3 de junho de 1963), após a primeira sessão conciliar, o papa Montini decidiu continuar o Concílio. Sua primeira encíclica,

Ecclesiam Suam (6 de agosto de 1964), constituiu um apoio decisivo para a orientação do Concílio. Sobre a recepção conciliar das orientações de Paulo VI sobre o diálogo:

ISTITUTO PAOLO VI (ed.), *"Ecclesiam Suam", Première Lettre Encyclique de Paul VI* (Brescia, 1982).

G. TURBANTI, *La Recezione Comparata dele Enciclique "Pacem in Terris" e "Ecclesiam Suam"*: Centro Vaticano II. Ricerche e Documenti 4/ IV/2 (2004) 111-140.

– Uma vez retomado o Concílio, a atuação do Papa Montini foi muito ativa, porém, com traços de ambiguidade ao apoiar decididamente as propostas mais audaciosas do Concílio (*Gaudium et Spes, Dignitatis Humanae, Nostra Aetate*) e, ao mesmo tempo, ceder às exigências da "minoria" (sobre a colegialidade, sobre a revelação, sobre o ecumenismo, sobre a ética matrimonial etc.). Isto ocorreu, sobretudo, na etapa final da terceira sessão do Concílio.

– Sobre a influência de Paulo VI nos temas básicos do Concílio:

ÉCOLE FRANÇAISE, *Paul VI et la Modernité dans l'Église* (Roma, 1984).

ID. (ed.), *Paolo VI e i Problemi Ecclesiologici del Concilio* (Brescia, 1989).

ID. (ed.), *Paolo VI e il Rapporto Chiesa-Mondo al Concilio* (Brescia, 1991).

R. MARANGONI, *La Chiesa Mistero di Comunione. Il Contributo di Paolo VI All'Elaborazione Dell'Ecclesiogia di Comunione1963-1978* (Roma, 2001).

– Sobre as intervenções diretas do papa nas comissões conciliares:

J. GROOTAERS, *Le Crayon Rouge de Paul VI: Les Interventions du Pape dans le Travail des Comissions Conciliaires*: M. LAMBERIGTS – CL SOETENS – J. GROOTAERS (ed.), Les Comissions Conciliaires à Vatican II (Lovaina, 1996) 316-351.

– Mais precisamente sobre as emendas de Paulo VI sobre as questões matrimoniais:

J. HEUSCHEN, *Gaudium et Spes: les Modi Pontificaux*: M. LAMBERIGTS – CL SOETENS – J. GROOTAERS (ed.), Les Comissions Conciliaires..., 353-358.

J. GROOTAERS, *Actes et Acteurs...*, 223-250 (Chapitre VIII. Des Amendements de Paul VI qui Tratent de la Doctrine du Mariage).

P. HÜNERMANN, *Le Ultime Settimane del Concilio*: G. ALBERIGO (ed.), Storia del Concilio Vaticano II (Bolonha, 2001) 379-491, hic: 416-427 ("La Questione del Matrimonio. I 'Modi' del Papa")

J. GROOTAERS, *La Régulation des Naissances à Vatican II: une Semaine de Crise* (Lovaina, 2002).

12. Alguns Cardeais

Domenico Tardini (1888-1961)

Era o Secretário de Estado ao qual João XXIII confiou a ideia de Concílio Ecumênico. O papa se surpreendeu pela acolhida positiva do cardeal ao projeto. Ele presidiu a comissão antepreparatória, constituída na solenidade de Pentecostes de 1959.

G. NICOLINI, *Il Cardinale Domenico Tardini* (Pádua, 1980).

C. F. CASULA, *Domenico Tardini, 1888-1961* (Roma, 1988).

V. CARBONE, *Il Cardinale Domenico Tardini e la Preparazione del Concilio Vaticano II*: Rivista di Storia della Chiesa in Italia 45 (1991) 42-88.

Agostinho Bea (1881-1968)

Teólogo e biblista de renome, tinha sido confessor de Pio XII e conselheiro de João XXIII. Tinha sido nomeado presidente (1960) do recém-criado Secretariado para a Unidade dos Cristãos. Foi um dos maiores atores do Concílio, contribuindo principalmente na Constituição *Dei Verbum* e nas declarações *Nostra Aetate* e *Dignitatis Humanae*.

ST SCHIMDT, *Agostino Bea. Cardinale Dell'ecumenismo e del Dialogo* (Cinisello Balsamo, 1996).

J. GROOTAERS, *Le Cardinal Bea et son Énigme*: ID., *Actes et Acteurs à Vatican II* (Lovaina, 1998) 277-286.

J.-M VEREB, *"Because He Was German". Cardinal Bea and the Origins of Roman Catholic Engagement in the Ecumenical Moviment* (Gran Rapids, 2006).

S. MADRIGAL, *El Concilio del Cardenal Bea*: Razón y Fe 266 (2012) 145-158.

Cardeais do Grupo da "Maioria"

Ao lado do Cardeal A. Bea devem ser colocados outros cardeais vinculados do grupo da "maioria" e de notável significado durante o Concílio:

Jan Bernard Alfrink (1900-1987), arcebistpo de Utrech.

Julius Döpfner (1913-1976), arcebispo de Munique.

Josef Frings (19887-1978), arcebispo de Colônia.

Gabriel-Marie Garrone (1901-1994), arcebispo de Toulouse.

Franz König (1905-2004), arcebispo de Viena.

Paul-Émile Léger (1904-1991), arcebispo de Montreal.

Giacomo Lercaro (1891-1976), arcebispo de Bolonha.

Achille Liénart (1884-1973), bispo de Lille.

Joseph Elmer Ritter (1892-1967), arcebispo de Saint-Louis.

Léon-Joseph Suenens (1904-1996), arcebispo de Malinas-Bruxelas.

Também de colocar neste grupo o cardeal Fernando Cento (1883-1973).

Alfredo Ottaviani (1890-1979)

Presidente (Secretário) do Santo Ofício desde 1959, canonista de renome. Caso o Concílio fosse uma peça de teatro, os papéis de "protagonista" e "antagonista" corresponderiam ao cardeal Bea e ao cardeal Ottaviani respectivamente.

F. LEONI, *Il Cardinale Alfredo Ottaviani, Carabiniere della Chiesa* (Roma, 2002).

Cardeais (e bispos) do Grupo da "Minoria"

Ao lado do cardeal Ottaviani, devem ser colocados outros cardeais (e bispos) que, a partir do grupo da "minoria" e de orientação tradicionalista, tiveram também grande influência no desenvolvimento do Concílio:

Benjamín de Arriba y Castro (1886-1973), arcebispo de Tarragona.

Michael Browne (1887-1971), antigo superior geral dos dominicanos (1955-1962).

Luigi Carli (1914-1986), bispo de Segni (Itália).

Arcadio Larraona (1887-1973), prefeito da Congregação dos Ritos.

Marcel Lefbvre (1905-1991), arcebispo de Dakar.

Fernando Quiroga y Palacios (1900-1971), arcebispo de Santiago de Compostela.

Ernesto Ruffini (1888-1968), arcebispo de Palermo.

Giuseppe Siri (1906-1989), arcebispo de Gênova.

Deve-se incluir também neste grupo o secretário do Concílio Pericle Felici (1911-1982).

13. Representantes de algumas áreas geográficas

R. CAPORALE, *Les Hommes du Concile. Étude Sociologique du Vatican II* (Paris, 1965).

V. A YZERMANS (ed.), *American Particpation in the Second Vatican Council* (Nova York, 1967).

CL. SOETENS (ed.), *Vatican II et la Belgique* (Ottignies, 1996).

K. WITTSTADT – W. VERSCHOOTEN (ed.), *Der Beitrag der Deutschsprachigen und Osteuropäischen Länder zum Zweiten Vatikanischen Konzil* (Lovaina, 1996).

L. DECLERCK, *Le Rôle Joué par Évêques et Periti Belges au Concile Vatican II. Deus Exemples*: Ephemerides Theologicae Lovanienses 76 (2000) 445-464.

G. ROUTHIER (ed.), *L'Église Canadienne et Vatican II* (Quebec, 1997); ID. (ed.), Évêques du Québec (1962-1965): Entre Révolution Tranquille et Aggionamento Conciliaire (Quebec, 2002).

P. HÜNERMANN, *Deutsche Theologie auf dem Zweiten Vatikanum*: W. GEERLINGS – M. SECKLER (ed.), Kirche Sein. Nachkonziliare im Dienst der Kirchenreform (Friburgo, 1994) 141-162.

14. O grupo da Igreja dos pobres

Durante o Concílio foram formados diversos grupos entre os padres conciliares ou os peritos com uma determinada orientação ou com um interesse muito concreto. Em 1963, por exemplo, formou-se um grupo de bispos que pertenciam a Ordens e Congregações Religiosas para defender os interesses dos religiosos. Esse "Secretariado de Bispos" teve seu escritório na casa geral da Companhia de Jesus.

Dentre esses grupos informais, o mais interessante foi o que pretendia chamar a atenção do Concílio sobre os pobres.

H. RAUGER, *Primera Fisionomía de la Asamblea*: G. ALBERIGO (ed.), Historia del Concilio Vaticano II II.2. La Formación de la Conciencia Conciliar. El Primer Período y la Primera Intersesión (outubro de 1962-setembro de 1963) (Salamanca, 2002) 196-223: "El Grupo de 'La Iglesia de los Pobres'".

Esse grupo era formado por 45 membros, dentre os quais 25 eram provenientes da América Latina, e contavam com Maximos IV Saignh e os cardeais Giacomo Lercaro, de Bolonha, e Pierre-Marie Gerlier de Lyon. Seus porta-vozes foram Helder Câmara, arcebispo de Recife, e Georges Mercier, bispo de Laghouat (Argélia). Este grupo, que se reunia no colégio belga (no Quirinale), desempenhou um papel de sensibilização para a causa dos pobres. Foi famosa, e muito aplaudida, a intervenção do cardeal G. Lercaro em 6 de dezembro de 1962, na qual ele pediu: 1) A limitação no uso dos meios materiais. 2) Um novo estilo ou "etiqueta" para os pontífices de forma a não ferir a sensibilidade dos homens de nosso tempo. 3) A fidelidade das instituições religiosas à "santa pobreza", não somente individual, mas também comunitariamente.

G. LERCARO, *Per la Forza dello Spirito. Discorsi Conciliari* (Bolonha, 1984) 113-122.

Veja textos similares em: P. GAUTHIER, *Los Pobres, Jesús y la Iglesia* (Barcelona, 1965); ID., *La Pobreza en el Mundo* (Barcelona, 1966).

A questão dos pobres se faz apenas presente nos textos conciliares aprovados pelo Vaticano II, com duas modestas referências: *LG* 8; *AG* 5. "Em *Gaudium et Spes* e no Concílio em Geral, os pobres não ocupam o lugar que deveriam ter em função do Evangelho e do Novo Testamento em geral. Para o Concílio, o mais importante é a modernidade, isto é, o desenvolvimento. Tudo aconteceu como se os bispos tivessem caído na armadilha da ideologia do desenvolvimento e pensavam que a pobreza fosse um acidente da evolução e que o desenvolvimento geraria uma solução. O problema da pobreza não entrava nas preocupações gerais, somente uma pequena minoria tentou, sem êxito, introduzir essa problemática. Essa pequena minoria nunca conseguiu fazer chegar sua mensagem. Obviamente, não se davam as condições necessárias para isso" (J. COMBLIM, *Signos de los Tiempos*: Concilium n. 312 [2005] 97-98).

Embora as afirmações precedentes sejam corretas, também é real que "o espírito da Igreja dos pobres permaneceu até o final na aula conciliar. Em 16 de novembro de 1965, poucos dias antes do encerramento do Concílio Vaticano II, perto de 40 padres conciliares celebraram uma eucaristia nas catacumbas de Santa Domitila. No final desta celebração, firmaram o que chamaram '*o pacto das catacumbas*', que é o compromisso com uma vida de pobreza e uma Igreja servidora e pobre como queria João XXIII" (F. J. VITORIA, *Quo Vadis, Ecclesia? Hermanos Obispos Tenemos que Hablar*: Iglesia Viva n. 250 [2012] 81-82. Vale a pena ler o texto do "pacto das catacumbas": *Ibidem*, 82-83).

Os frutos dessa sensibilização a favor da "Igreja dos Pobres" foram colhidos mais tarde e fora do Concílio, especialmente em Medellín (1968).

D. PELLETIER, *Une Marginalité Engagé: Le Groupe "Jésus, l'Église et les Pauvres"*: M. LAMBERIGTS – CL. SOETENS – J. GROOTAERS (ed.), Les Comissions Conciliaires à Vatican II (Lovaina, 1996) 63-89.

J. SOBRINO, *"La Iglesia de los Pobres" no Prosperó en el Vaticano II. Promovida en Medellín, Historizó Elementos Esenciales en el Concilio*: Concilium n. 346 (2012) 91-101.

IV– COMPLEMENTOS BIBLIOGRÁFICOS E TEMÁTICOS

15. O "Coetus Internationalis Patrum"

Não reconhecido oficialmente, este grupo informal, "em número e por uma atuação eficazmente ordenada, foi o mais importante de todos os de tendência conservadora. Além dos membros explicitamente adscritos, este grupo permanecia sempre aberto aos simpatizantes. Seus membros e simpatizantes se comportavam com grande fidelidade às orientações emanadas da direção do grupo, porém, esta disciplina não era devida a nenhum regulamento interno, mas à coincidência de convicções" (H. RAGUER, *Primera Fisionomía*...: l. c., 191-196, hic: 191).

Fundador e alma do grupo foi monsenhor Geraldo de Proença Sigaud, arcebispo de Diamantina (Brasil), pertencente à Sociedade do Verbo Divino. Estava vinculado aos elementos e organizações mais reacionários do Brasil e do estrangeiro, mesmo tendo consciência de estar em minoria no episcopado de seu país. Pertenceu também ao grupo Marcel Lefebvre e o ativo M. L. Carli, bispo de Segni (Itália). Além destes três grandes líderes, compunham o grupo bispos superconservadores (do Brasil, da França, da Espanha etc.) e alguns superiores gerais (Dom Jean Prou da Congregação Beneditina da França; Luciano Rubio da Ordem dos Eremitas de Santo Agostinho). Tomavam parte do *Coetus* alguns peritos e também certos membros da Cúria, porém seus dirigentes sempre foram os padres conciliares.

16. As comissões e alguns responsáveis nelas

– Não se abordará o suficiente o trabalho realizado pelas diversas comissões (e subcomissões) conciliares.

M. LAMBERIGTS – CL. SOETENS – J. GROOTAERS (ed.), Les Comissions Conciliaires à Vatican II (Lovaina, 1996).

M. T. FATTORI – A. MELLONI (ed.), *Experience, Organizations and Bodies at Vatikan II* (Lovaina, 1999).

– Neste âmbito é onde adquire todo o seu significado o tenaz e lúcido esforço de alguns bispos como:

Emiel-Josef De Smedt (1909-1995), bispo de Bruges (Bélgica): como vice-presidente do Secretariado para a Unidade dos Cristãos e porta-voz na aula conciliar sobre o tema da liberdade religiosa, interviu na elaboração da Declaração *DH*.

John E. Dearden (1907-1988), arcebispo de Detroit, foi presidente da subcomissão para os temas do matrimônio e da família na Constituição Pastoral *GS*.

– Ainda no âmbito das comissões, tem de se valorizar o trabalho ingente de alguns teólogos:

Gérard Philips (1899-1972), sacerdote da diocese de Liége (Bélgica) e professor em Lovaina, foi um dos teólogos mais importantes do Concílio. Seu trabalho foi decisivo para a redação de *LG*.

Pierre Haubtmann (1912-1971), sacerdote da diocese de Grenoble (França), *peritus* em 1963), responsável da informação conciliar do episcopado francês, responsável da redação final de *GS* e coordenador das 10 subcomissões que trabalharam sobre esse documento. Foi ajudado pelos jesuítas R. Tucci e J. B. Hischmann e pelo cônego de Lovaina, Ch. Moeller.

* Testemunho pessoal: P. HAUBTMANN, *Le IIe. Concile du Vatican*: La Documentation Catholique 109 (2012) n. 2492, 585-590 (reprodução de um texto já publicado na mesma revista em 1966, no qual se recolhe o conteúdo de uma conferência do autor na Academia de Ciências Morais e Políticas da Academia Francesa, em 14 de novembro de 1966).

Estudos sobre sua atuação: PH. BORDEYNE, *Pierre Haubtmann au Concile Vatican II. Un Historien et un Théologien de l'Inquiétude Contemporaine*: Ephemerides Theologicae Lovanienses 77 (2001) 356-383. ID., *La Collaboration de Pierre Haubtmann avec les Experts Belges*: D. DONNELLY – J. FAMERÉE – M. LAMBERIGTS – K. SCHELKENS (ed.), The Belgian Contribution to the Second Vatican Council (Lovaina, 2008) 585-610; ID., *Mgr Pierre Haubtmann (1912-1971): un Théologien de la Communication de la Foi*: Transversalités n. 116 (2010) 127-149.

John Courtney Murray (1904-1967). Este jesuíta estadunidense, que foi capa da revista *Time* (12/12/1960), foi "desconvidado", como ele mesmo dizia, na primeira sessão, porém, esteve presente no Concílio como teólogo do cardeal Spellman desde 1963. Sua atuação foi decisiva para a orientação da Declaração *Dignitatis Humanae*.

* D. HOLLENBACH, *Religion, Freedom, Morality and Law: John Courtney Murray Today*: Journal of Moral Theology 1 (2012) n.1,69-91.

Pietro Pavan (1903-1994). Sacerdote italiano, professor na Universidade do Latrão, foi o principal colaborador de João XXIII na redação da encíclica *Pacem in Terris*. Seu trabalho foi importante, junto com o de J. C. Murray, para a redação de *DH*.

Jan Willebrands (1909-2006). Sacerdote da diocese de Haarlem (Holanda), foi muito ativo nos temas relacionados ao ecumenismo a partir do Secretariado para a Unidade dos Cristãos; foi criado cardeal em 1969.

Bernhard Häring (1912-1998): a ele foi dedicado um capítulo na primeira seção desta obra.

IV- COMPLEMENTOS BIBLIOGRÁFICOS E TEMÁTICOS

17. Os teólogos e o Vaticano II

Em seu *Diário*, Y. Congar chegou a fazer a afirmação de que o Vaticano II "era um concílio dos teólogos", pois nunca se viu tantos teólogos reunidos. Pôde-se contemplar ali a geopolítica da teologia mundial daquele momento: "A insistência francesa na missão, a seriedade alemã nas fundamentações dogmáticas, o despertar bíblico dos norte-americanos, a pneumatologia – pouco escutada – dos orientais, e já, então, as preocupações sociais e evangélicas dos latino-americanos (que depois interpretariam profeticamente o Concílio em Medellín, em 1968)" (E. VILANOVA, *Historia...*, III, 922).

A lista dos teólogos é longa: Marie-Dominique Chenu (1895-1990), Carlo Colombo (1909-1991), Yves-Marie Congar (1904-1995), Jean Daniélou (1905-1974), Giuseppe Dosseti (1913-1996), Hermenegildo Florit (1901-1985), Bernhard Häring (1912-1998), Henri de Lubac (1896-1991), Karl Rahner (1904-1983), Joseph Ratzinger (1927-), Edward Schillebeeckx (1914-2009), Otto Semelroth (1902-1979) e um longo etc.

Sobre os teólogos dominicanos (Saulchoir): M. QUISINSKY, *Geschichtlicher Glaube in einer Geschichtlichen Welt. Der Beitrag von M-D. Chenu, Y. Congar und H.-M. Féret zum II Vatikanum* (Berlim, 2007).

18. Atenção a alguns temas concretos, sintomáticos do Vaticano II

(Episcopado): U. BETTI, *La Dottrina Sull'episcopato del Concilio Vaticano II. Il Capitolo terzo della Costituzione Dogmatica "Lumen Gentium"* (Roma, 1984).

(Transmissão da Revelação): U. BETTI, *La Dottrina del Concilio Vaticano II sulla Trasmissione della Rivelazione. Il Capitolo Secondo della Costituzione Dogmatica "Dei Verbum"* (Roma, 1985).

(Primado e Colegialidade): J. GROOTAERS, *Primauté et Collégialité. Le Dossier de Gérard Philips sur la "Nota Explicativa Previa" (Lumen Gentium, chap. III)* (Lovaina, 1986).

(Igreja: Corpo Místico): S. ALBERTO, *"Corpus suum Mystice Constituit" (LG 7). La Chiesa Corpo Mistico di Cristo nel Primo Capitlo della "Lumen Gentium"* (Regensburg, 1996).

(Igreja: dimensão missionária): S. MAZZOLINI, *La Chiesa è Essenzialmente Missionaria. Il Rapporto "Natura della Chieda" – "Missione della Chiesa" nell'iter della Costitzuione "De Ecclesia"* (Roma, 1999).

(A Igreja na "Igreja Católica"): A. VON TEUFFENBACH, *Die Bedeutung des "Subsistit in" (Lg 8). Zum Selbstverstandnis der Katholischen Kirche* (Munique, 2002).

ÍNDICE

Apresentação 7

I – O SIGNIFICADO HISTÓRICO-TEOLÓGICO DO VATICANO II 9

1. A História dos Concílios 11
Complemento Bibliográfico 14

2. História Interna do Concílio 15
1. O Anúncio 15
2. Fase Preparatória 17
3. Inícios do Concílio 21
4. Desenvolvimento do Concílio 26
Complemento Bibliográfico 35

3. A Ativa Participação do Moralista B. Häring no Concílio Vaticano II 37
1. Dados sobre a Participação de B. Häring no Concílio 37

2. A Moral de B. Häring segundo
o Espírito do Vaticano II 43

4. Traços Peculiares do Vaticano II 47

5. Os Documentos e a Teologia do Concílio 59
1. Os Documentos Aprovados pelo Concílio 59
2. A Teologia do Concílio 64
Complemento Bibliográfico 68

6. As Limitações do Concílio Vaticano II 71

**7. A Recepção do Vaticano II. Entre
a "Recusa" e a "Exaltação Retórica"** 77
1. Postura dos Lefebvrianos: Rejeição ao Concílio 78
2. Postura Oficial da Igreja 79
3. Balanço 87
Complemento Bibliográfico 90

8. A(s) Hermenêutica(s) do Vaticano II 91
1. Hermenêuticas Refutáveis 92
2. Hermenêuticas Válidas 95
3. As Advertências de Bento XVI 98
4. Balanço 102
Complemento Bibliográfico 105

9. Vigência e Atualidade do Concílio Vaticano II 107

II – DIÁLOGO COM O MUNDO
E COMPROMISSO MORAL 113

1. A Relação da Igreja com o Mundo
segundo o Concílio 115
1. Mudança de Sinal na Relação da Igreja
   – do Cristão-com o Mundo 118
2. Orientações Teológicas para a Compreensão
   da Relação com o Mundo 120
3. Um Esboço de Antropologia Teológica 123
4. Articulação entre o Humano e o Cristão:
   História e Escatologia 125
5. A Prática da Relação da Igreja com o Mundo 128
6. Algumas Limitações 131
Complemento Bibliográfico 133

2. O Tema da Moral no Concílio Vaticano II 141
1. Os Temas Morais no Desenvolvimento do Concílio ... 142
2. A Opção Decisiva e Inequívoca do Concílio
   pela Renovação da Teologia Moral 159
3. A Teologia Moral Implícita nos
   Grandes Documentos Conciliares 161
Complemento Bibliográfico 166

3. As Orientações Ainda Atuais
de "Gaudium et Spes" 171
1. Orientações para a Moral Fundamental 172
2. Orientações de Caráter Prático 180

3. Nota sobre a Recepção da Constituição
Pastoral *Gaudium et Spes* 186
Complemento Bibliográfico 188

4. A "Virada Personalista" do Vaticano II
na Teologia do Matrimônio 191
1. O Contexto Histórico e Teológico 191
2. As Orientações do Vaticano II 193
3. A Difícil Recepção da Orientação Personalista
pelo Magistério Eclesiástico
Posterior ao Vaticano II 199
4. Ambiguidades na Fase de Redação 212
Complemento Bibliográfico 218

III – COMO SER CRISTÃO, SEGUNDO O ESPÍRITO
DO VATICANO II, NUMA SOCIEDADE
"OFICIALMENTE" NÃO CRISTÃ 219

1. O Paradigma Martirial 225
1. Verificação Histórica 225
2. Atualização 231
3. Aplicação 234

2. O Paradigma "Integrador" 237
1. Verificação Histórica 237
2. Atualização 243
3. Aplicação 246

3. O Paradigma de Superação.................251
1. Verificação histórica.................251
2. Atualização.................257
3. Aplicação.................258

4. Para Um Paradigma de
"Ressocialização Complexa".................261

IV – COMPLEMENTOS BIBLIOGRÁFICOS
E TEMÁTICOS.................265

1. Bibliografia sobre o Vaticano II.................267
2. Fontes: as Atas.................267
3. Documentos.................268
4. Instrumentos para Analisar os Documentos.................268
5. Crônicas, Diários, Memórias.................268
6. O Vaticano II nas Histórias da Teologia.................269
7. História do Concílio Vaticano II.................269
8. História da Redação
dos Documentos (seleção).................270
9. Comentários dos Documentos
Conciliares (seleção).................271
10. Estudos sobre o Significado Eclesial
e Teológico do Vaticano II.................271
11. Sobre os Principais Atores do Evento Conciliar.........273
12. Alguns Cardeais.................275
13. Representantes de Algumas Áreas Geográficas.........277
14. O Grupo da Igreja dos Pobres.................277

15. O "Coetus Internationalis Patrum" 279

16. As Comissões e Alguns Responsáveis Nelas 279

17. Os Teólogos e o Vaticano II 281

18. Atenção a Alguns Temas Concretos,
Sintomáticos do Vaticano II 281